GERHARD WALTER / CHRISTOPH MATZL

Schlagzeilen 1995

Ueberreuter

Buch und Redaktion: Gerhard Walter, Christoph Matzl
Idee: Dr. Friedrich Dragon

Bildschirmlayout: Werner Galli, Hermann Müller, Hermann Riedl, Herbert Szokoll, Fritz Tomicek

Archiv: Hildegard Gstöttner, Martin Kriegel

Sekretariat und Register: Sandra Reiterer, Silvia Simon, Petra Bauer und Margit Wudernitz

Umwelthinweis: Dieses Buch und der Schutzumschlag wurden auf chlorfrei gebleichtem Papier gedruckt. Die Einschrumpffolie – zum Schutz vor Verschmutzung – ist aus umweltfreundlicher und recyclingfähiger PE-Folie.

Die Deutsche Bibliothek -CIP- Einheitsaufnahme

Schlagzeilen 1995:
Neue Kronen Zeitung – Wien: Ueberreuter
Erscheint jährl. – Früher begrenztes Werk,
– Aufnahme nach 1991
Forts. von: Schlagzeilen, die Österreich bewegten 1991
ISBN 3-8000-3586-3

AU 368/1

Druck und Bindung: M. Theiss, 9400 Wolfsberg
Printed in Austria
3 2 1

1995 Wie die tägliche „Krone“

Heuer erscheint das Krone-Schlagzeilenbuch zum fünften Mal. Es ist längst ein Bestseller. Georg Markus war Vorreiter eines phantasievollen, von seiner Resonanz her aber schwer abschätzbaren Projekts, als er sich an das „Jahrhundert der Krone“ wagte, 1900 bis 1990. Der große Erfolg veranlaßte uns, jährlich ein Schlagzeilen-Buch herauszugeben.

Erfindung der Krone ist das Schlagzeilenbuch nicht. New York Times und Herald Tribune sind schon lange mit Jahrbüchern auf dem Markt. Sie dokumentieren sich und das Jahr, indem sie ihre Titelseiten aneinanderreihen. Dieses System ist auf amerikanische Großformate zugeschnitten, die nahezu alle wichtigen Tagesthemen auf der Front Page anreißen.

Ein Kleinformat wie die Krone, das auf Seite 1 meist nur ein Ereignis wuchtig in den Mittelpunkt stellt, muß das Zeitungsjahr in einem Buch anders darstellen. So gesehen ist die Art der Aufbereitung dieses Schlagzeilen-Buchs Erfindung der Krone. Unser Jahrbuch wird neu geschrieben, weil es aus der Retrospektive die Ereignisse neu werten will. Schlagzeilen werden neu formuliert. Erst aus der Distanz können die Autoren beurteilen, was eine Story wirklich wert war.

Als Nachfolger von Georg Markus verfassen die beiden Lokalredakteure Gerhard Walter und Christoph Matzl seit drei Jahren die Schlagzeilenbücher. Das ist kein Zufall. Der Lokalteil ist das Herz der Zeitung. Sie sind mehr als Archivare der Zeitgeschichte.

Mit journalistischem Spürsinn gewichten sie die Ereignisse des Jahres, ähnlich, wie sie Tag für Tag abschätzen müssen, was den Krone-Lesern wichtig ist. Die Arbeit ist ihnen also vertraut. Daher ist hier auch selten der Tagesaufmacher wiedergegeben, sind Dutzende Artikel über ein Thema zu einer Doppelseite zusammengefaßt.

Wie bei der Tagesarbeit stehen Walter und Matzl auch bei den Schlagzeilen unter Zeitdruck. Die Vorbereitungen laufen im Juli an. Trotzdem brauchen sie unjournalistische Geduld: Sie müssen die oft verblüffende Entwicklung mancher Ereignisse abwarten.

Ein Beispiel: Die Regierungsumbildung wurde begrüßt. Aber wenige Wochen später erfüllten sich die Erwartungen nicht. Das gilt auch für den Sport. Thomas Musters großes Jahr war erst gegen Ende der Tennissaison richtig einzuschätzen.

Das Schlagzeilenbuch ist gewissermaßen eine Jahreszeitung. Die Jahresausgabe der Krone, nach den selben Kriterien geschrieben und zusammengestellt wie die tägliche Krone.

Das macht vermutlich auch den Erfolg dieses Buches aus.

Michael Kuhn
Stellvertr. Chefredakteur und Sportchef der Kronen Zeitung

Das Autorenteam: Christoph Matzl (li.) und Gerhard Walter (re.)

● Zwei Anschläge, neue Briefbombenserie: 6 Tote!

von links TERROR

Jagten sich beim Versuch, in Ebergassing einen Mast der 380-kV-Stromleitung zu sprengen (unten), selbst in die Luft: Peter Konicek (links oben) und Gregor Thaler (rechts oben). Die zwei Terroristen gehörten der linksradikalen Szene an. Und auf deren Konto gehen mehr Attentate, als man bisher vermutete.

Auch 1995 steht die Republik im Bann des Terrors. Im burgenländischen Oberwart tötet eine Höllenmaschine vier Roma. Im niederösterreichischen Ebergassing sterben zwei Terroristen – beim Versuch, einen Strommast zu sprengen, jagen sie sich selbst in die Luft. Und schließlich sind wieder Briefbomben unterwegs, erstmals auch in das benachbarte Deutschland. Prominenteste Zielscheibe ist die beim Privatsender „Pro 7“ beschäftigte TV-Schöne Arabella Kiesbauer. Wurden bisher alle Anschläge ohne Vorbehalt rechtsextremen Gruppierungen zugeschrieben, so ist spätestens seit Ebergassing klar: Der Terror kommt aus verschiedenen politischen Lagern. Die zwei Ebergassing-Terroristen beispielsweise gehörten nachweislich der linksradikalen Szene an. Die Staatspolizei ist ratlos, Innenminister Einem gerät ins Kreuzfeuer der Kritik.

Am 4. Februar, kurz vor Mitternacht, zerbricht die Hoffnung, daß der Terror in Österreich 1995 keine Fortsetzung finden würde.

Vier Männer patrouillieren am Rande der Roma-Siedlung bei Oberwart im Südburgenland: Josef Simon (40), Peter Sarközi (27) sowie die Brüder Karl (22) und Erwin Horvath (18). Drohungen haben die Volksgruppe veranlaßt, nächtliche Sicherheitsstreifen durchzuführen. Die Vierergruppe entdeckt ein an einem Rohr befestigtes Blechschild mit der Aufschrift: „Roma zurück nach Indien.“

Natürlich wollen sie das gegen sie gerichtete Zeichen entfernen. Bereits bei der ersten Berührung explodiert die heimtückische Sprengfalle, die vier Romas werden durch die Wucht der Explosion getötet.

Am Montag, dem 6. Februar, folgt der nächste Bombenanschlag im nur unweit entfernten Stinatz, das mehrheitlich von Kroaten

BITTE BLÄTTERN SIE UM

Die Attentäter kommen aus verschiedenen politischen Lagern

von rechts

▲ War die prominenteste Zielscheibe der Briefbombenwelle 3: Die beim Privatsender „Pro 7" beschäftigte Arabella Kiesbauer.

Doch der an die TV-Schöne adressierte Brief explodierte in den Händen einer jungen Assistentin, die schwer verletzt wurde. ▶

▲ Ein Bild des Grauens: Die Leichen der vier Roma, die im burgenländischen Oberwart einem feigen Attentat zum Opfer fielen.

Die heimtückische Sprengstoff-Falle war am Rande der Roma-Siedlung aufgestellt. Sie detonierte beim Versuch, die Tafel wegzuräumen. ▶

Mast der Stromautobahn

● Attentat hätte die Energieversorgung von Wien lahmgelegt
● Doch Links-Terroristen jagten sich selbst in die Luft

▲ Trauer beim Begräbnis der Bombenopfer von Oberwart. Josef Simon, Erwin Horvath und dessen Bruder Karl (rechts unten) hatten ebenso wie ihr Freund Peter Sarközi keine Chance. ▶

◀ Tatort Oberwart. Der Bombenleger war bestens informiert, wußte, daß die Roma nach wiederholten Drohungen ihre Siedlung mit Patrouillien bewachten.

FORTSETZUNG VON SEITE 7

bewohnt wird. Diesmal hat der Attentäter in der Nähe des Kinderspielplatzes eine Spraydose auf die Hauptstraße gelegt. Gegen 11 Uhr will der 29jährige Erich Preißler, Mitarbeiter der Müllabfuhr, die Dose aufheben. Sie explodiert und zerfetzt ihm die rechte Hand.

Vieles deutet darauf hin, daß die Anschläge in Oberwart und Stinatz auf das Konto Rechtsextremer gehen. Aber die Stapo kommt zu keinen brauchbaren Ermittlungsergebnissen. Völlig klar sind dagegen die Hintergründe des Attentates von Ebergassing.

Der 34jährige Landwirt Alois Grübler entdeckt am 19. April zwei verkohlte Leichen in einem Waldstück bei der niederösterreichischen Gemeinde. Sie liegen am Fuße eines Mastes der 380-kV-Leitung, die im Volksmund „Stromautobahn" genannt wird und halb Wien versorgt. Bei den Toten, die erst eine Woche nach dem „Unfall" gefunden werden, handelt es sich um den 33jährigen Peter Konicek und den 30jährigen Gregor Thaler, zwei Mitglieder der linksradikalen Szene.

Der Mordkommission der niederösterreichischen Kri-

sollte gesprengt werden

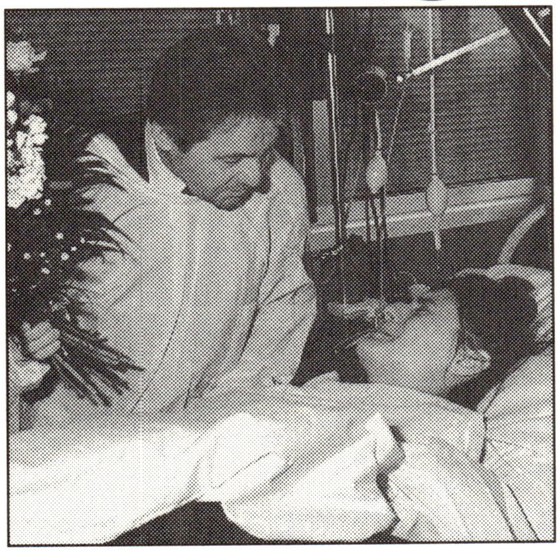

◀ Erster Besuch bei der Linzerin Eva Kulmer, der Miteigentümerin des Partnerinstitutes „Intercontact", das sich auf die Vermittlung heiratswilliger Ausländerinnen spezialisiert hat. Die Briefbombe zerfetzte ihre linke Hand. ▶

minalabteilung gelingt es, den Anschlag aufzuklären. Konicek und Thaler haben sich beim Versuch, den Mast mit Sprengladungen zu pulverisieren, selbst in die Luft gejagt. Der Zünder hat frühzeitig ausgelöst.

Einziger Wermutstropfen für die Ermittler: Der mutmaßliche Komplice der zwei Terroristen, ein in Wien lebender gebürtiger Syrer und PLO-Mann, taucht unter. Er dürfte das Auto der Attentäter chauffiert haben.

Völlig ratlos stehen hingegen die Terrorfahnder des Innenministeriums wenig später einer neuerlichen blutigen Briefbombenwelle gegenüber. Der dritten seit der ersten Serie im Dezember 1993, der Bürgermeister Helmut Zilk zum Opfer fiel.

Freitag, 9. Juni 1995. Die erste Schreckensnachricht kommt aus dem Münchener Studio des deutschen Privatsenders „Pro 7". Eine an den exotischen österreichischen TV-Export Arabella Kiesbauer gerichtete Bombe explodiert in den Händen der 26jährigen Redaktions-Assistentin. Sie öffnet den als Fanpost getarnten Brief, weil Kiesbauer nicht in der Sendeanstalt ist, und erleidet Gesichtsverletzungen.

Eine halbe Stunde später, um 12.15 Uhr explodiert der nächste Brief. Diesmal im Büro der Linzer Partner- und Adressenagentur „Intercontact". Diesmal ist die 27jährige Miteigentümerin Eva Kulmer Zielscheibe, der Sprengsatz zerfetzt drei Finger ihrer linken Hand.

Tagelang zittert die Öffentlichkeit in Österreich und Deutschland vor weiteren Attentaten. Nicht ohne Grund, wie sich leider herausstellen sollte. Denn

BITTE BLÄTTERN SIE UM

◀ Ein weiterer Schauplatz der Briefbombenwelle 3: Im Rathaus von Lübeck (links) explodiert ein Kuvert in den Händen des 36jährigen SPD-Geschäftsführers (unten) ▼

Die sonntägige Fernsehdiskussion über die Affäre Einem hat überraschenderweise enttäuscht. Haider mußte gegen lauter Gegner – vier an der Zahl – antreten. Man hatte dieses unfaire Kräfteverhältnis offenbar aus Angst vor ihm geschaffen. So konnte das Wesentliche des ganzen Falles nur ungenügend zum Ausdruck gebracht werden: Österreich hat jetzt einen Innenminister, der aus Sympathie oder politischem Kalkül Linksextremisten mit Geld unterstützte und mit ihnen freundschaftlichen Kontakt pflegte. Für welchen unmittelbaren Zweck er den Anarchos Geld gegeben hat, ist dabei unwesentlich. Ein Innenminister, der sich für Leute einsetzte, die sich zur Gewalt bekennen und diese auch ausüben, ist nicht tragbar, auch wenn die Geldspenden vor seiner Zeit als Innenminister erfolgt sind; immerhin hat er noch als Staatssekretär Geld an die Gewaltszene gespendet. Wie soll dieser Einem Extremismus bekämpfen, wenn er ihn persönlich mitfinanziert hat?

Daß der Staat in selbstvernichtender Freigebigkeit die Anarchisten ebenfalls mit erheblichen Summen unterstützte, die er gar nicht hat, weil das Geld der Steuerzahler ja längst nicht mehr für all die überflüssigen und zum Teil verderblichen Subventionen ausreicht, ist ein anderes trauriges Kapitel.

So lebt diese Republik, während sie überschwenglich ihren 50. Geburtstag feiert, in einem Zustand schwelenden Bankrotts.

Der keineswegs rechte Max Frisch hat, offensichtlich unter dem Eindruck des kommunistischen Umsturzes von 1948 in der Tschechoslowakei, sein Theaterstück „Biedermann und die Brandstifter“ geschrieben. Es ist eine Warnung vor links- und rechtsextremer Infiltration.

Ein gutsituierter Bürger namens Biedermann sitzt in seinem behaglichen Wohnzimmer. Da kommen zwei Männer, die um Unterkunft bitten. Die beiden sind Biedermann zwar nicht sympathisch, aber sie verstehen es, sein Mißtrauen zu zerstreuen. Dabei spielt auch Biedermanns Sicherheitsdenken in unruhiger Zeit eine Rolle. Er meint, wenn man Unruhestifter in seinem Haus aufnimmt, sei man geschützter, denn sie würden ja nicht das Haus, in dem sie wohnen, anzünden.

Selbst als dann schon mit Zündschnüren hantiert wird, kommt Herr Biedermann nicht zur Einsicht, daß er sich von den „Gästen“ trennen müßte. Im Gegenteil, sein Konformismus bringt ihn dazu, sich anzubiedern. So gibt er ihnen sogar die Streichhölzer zum Anzünden des Hauses.

Die Streichhölzer, das sind die Spenden Einems und die Subventionen des Staates für die Brandstifter unserer Tage . . .

Cato

„Biedermann und die Brandstifter“

Wirbel um

● Er unterstützte „TATblatt“
● Fahnder stehen völlig an
● Wer ist das Bombenhirn?

FORTSETZUNG VON SEITE 9

Dienstag, um 8.30 Uhr, explodiert das dritte Kuvert der Briefbombenwelle 3. Diesmal trifft es den 36jährigen Geschäftsführer der deutschen SPD im Rathaus Lübeck. Er geht die Post durch und öffnet routinemäßig auch den explosiven Brief, der an seinen Parteikollegen gerichtet ist – Vizebürgermeister Dieter Szameit. Der 36jährige wird an beiden Händen verletzt, muß einer stundenlangen Notoperation unterzogen werden.

▲ *Der Lübecker Bürgermeister: Er verurteilte die Brandanschläge auf die Synagoge*

Auffällig ist vor allem die Auswahl der Opfer:

● Der Vizebürgermeister verurteilte scharf die Brandanschläge auf die jüdische Synagoge in Lübeck.

● Das völlig unbekannte Linzer Partnerinstitut ist auf die Vermittlung heiratswilliger Ausländerinnen spezialisiert.

● Und die farbige TV-Schöne Arabella Kiesbauer ist Aktivistin bei „SOS-Mitmensch“.

Darüber hinaus scheint es auch sachliche Zusammenhänge zwischen den Terroranschlägen zu geben. Außer den drei Briefbombenwellen zeigen die Rohrbombe von Klagenfurt, durch die ein Gen-

Schwere Zeiten für die Terrorfahnder des Innenministeriums

„spendablen“ Minister

Innenminister Caspar Einem: Auf dem linken Auge blind?

▲ *Die Auswertung der Oberwarter Sprengfalle (links) und der Briefbomben (oben) bringt keine Anhaltspunkte. Im Gegenteil: Der Verfasser der Bekennerschreiben macht sich über die Qualität der Untersuchungen lustig . . .* ▶

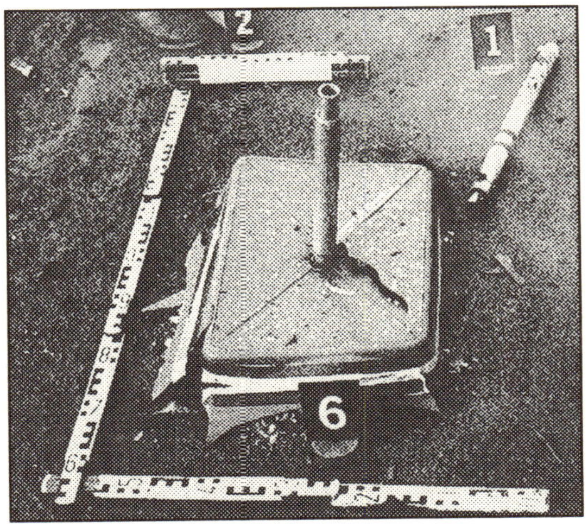

darm beide Unterarme verlor, und die Höllenmaschine von Oberwart auffällige Ähnlichkeiten. In der Bauart, im verwendeten Sprengstoff und nicht zuletzt – in einer Organisation, die sich zu den Anschlägen bekennt.

Sie nennt sich „Bajuwarische Befreiungsarmee“ und „Salzburger Eidgenossen“. In seitenlangen Bekennerschreiben, die tatsächlich fast immer zeitgleich mit den Attentaten auftauchen, übernehmen die Verfasser die Verantwortung für sämtliche Briefbomben und Sprengstoff-Anschläge seit Dezember 1993. Mit Ausnahme von Ebergassing.

Die „Eidgenossen“ rühmen sich, als Kampftruppen unter den Namen „Graf Ernst Rüdiger von Starhemberg“, „Andreas Hofer“, „Oadilo“ und „Friedrich II, der Streitbare“ aufzutreten. Sie haben historische Persönlichkeiten, die in ihr seltsames Weltbild passen und die Heimat „heldenhaft gegen ausländische Invasoren“ verteidigt hatten, sozusagen zu Wappenfiguren gemacht.

Die Staatspolizei nimmt die „Eidgenossen“ äußerst ernst. Muß sie auch, schließlich liegen einem Bekennerschreiben sogar authentische Proben des Zünders und des Sprengstoffes der Briefbomben-Wellen 1 und 2 bei. Allein, die Terrorfahnder haben keine Ahnung, wer hinter den „Bajuwaren“ und „Eidgenossen“ steckt. Ihre Annahme: Vermutlich das Bombenhirn, ein 50- bis 70jähriger Mann mit akademischer Ausbildung, möglicherweise sogar aus dem Staatsdienst. Kein Rechtsradikaler im herkömmlichen Sinn, sondern ein „Austro-Nationaler“ mit sektenhaft organisierten Vollstreckern.

Er macht sich in den Schreiben über die Stapo lustig und brilliert mit sensationellem Insiderwissen, etwa über strenggeheime Auswertungen der Bombenreste. In der Tat bekleckern die Ermittler sich seit Jahren nicht mit Ruhm, werden in der Öffentlichkeit verhöhnt.

Und ein Mann macht die Arbeit noch undankbarer. Innenminister Caspar Einem. Denn peinlicherweise kommt im Zuge der Ebergassing-Ermittlungen heraus, daß der frühere Sozialarbeiter an die „TATblatt“-Redaktion gespendet hat.

Also an das „Zentralorgan“ des österreichischen Linksterrors, auf dessen Konto 40 Anschläge in den vergangenen zehn Jahren gehen. Einem ist dem Vorwurf ausgesetzt, auf dem linken Auge blind zu sein.

Die „Eidgenossen“ – hinter ihnen steckt das Bombenhirn

Greise tschetschenische Stammeskrieger werfen sich todesmutig den Russen entgegen, um für ihre Unabhängigkeit zu kämpfen

Kriegsdebakel der Roten Armee

In Grosny irren von Horror gezeichnete Menschen durch die Stadt

Hoher Blutzoll der Russen im Kaukasus

Tschetschenen kämpfen mit Todesmut

In einer Orgie von Tod und Zerstörung geht zu Jahresbeginn der Unabhängigkeitstraum Tschetscheniens vorerst unter. Nach drei Wochen Invasionskrieg rollt die russische Vernichtungswalze Grosny nieder. Doch die Tschetschenen ziehen sich in die Berge zurück und bereiten sich auf einen Guerillakrieg vor.

Obwohl Tschetschenien tausendmal kleiner als Rußland ist, halten die Kaukasus-Partisanen der zahlenmäßig weitaus überlegenen russischen Armee lange stand. Mit Todesmut und „Allah akbar" (Gott ist groß)-Rufen werfen sie sich der Übermacht entgegen. Die Schwäche der Roten Armee wird augenscheinlich. Die Panzerbrigade ist eine Truppe blutjunger Soldaten: Schlecht ausgebildet und ausgerüstet. So gelingt es den Kaukasus–Rebellen, hundert russische Panzer schrottreif zu schießen.

Chaos und Anarchie macht sich in den Reihen der Russen breit. Ganze Truppeneinheiten samt ihren Kommandeuren drehen um und treten den Rückmarsch an. In Moskau wird die Situation immer brenzliger. Erst als Boris Jelzin die Hauptstadt Grosny und somit auch russische Einwohner bombardieren läßt, flüchtet Unabhängigkeits Präsident Dschochar Dudajew mit seinen Anhängern in das zerklüftete Bergland. Die Eroberung der Kaukasusprovinz bedeutet aber noch lange keinen Frieden.

Krone-Chronik Jänner '95

- Der Franzose Luc Alphand schafft in Kitzbühel den Doppel-Triumph und gewinnt beide Abfahrten auf der Streif.
- Die große Chefin des einflußreichsten Familienclans der Vereinigten Staaten, Rose Kennedy, stirbt am 22. Jänner im Alter von 104 Jahren.
- Andre Agassi (USA) schlägt im Tennisfinale der Australian Open in Melbourne seinen Landsmann Pete Sampras.
- Am Freitag den 13. heiratet „Gipsy-King" Tony Wegas seine Herzensdame Sonja Wobornik.

Einbruch bei Kommissar Rex. *Auf dem Bildschirm jagt er Verbrecher - am 3. Jänner holt den Meisterkriminalist auf vier Pfoten und sein Filmherrl Moser (Tobias Moretti) der graue Wiener Alltag ein: Diebe brechen in das Büro der Film-Produktionsfirma ein und stehlen 40.000 Schilling.*

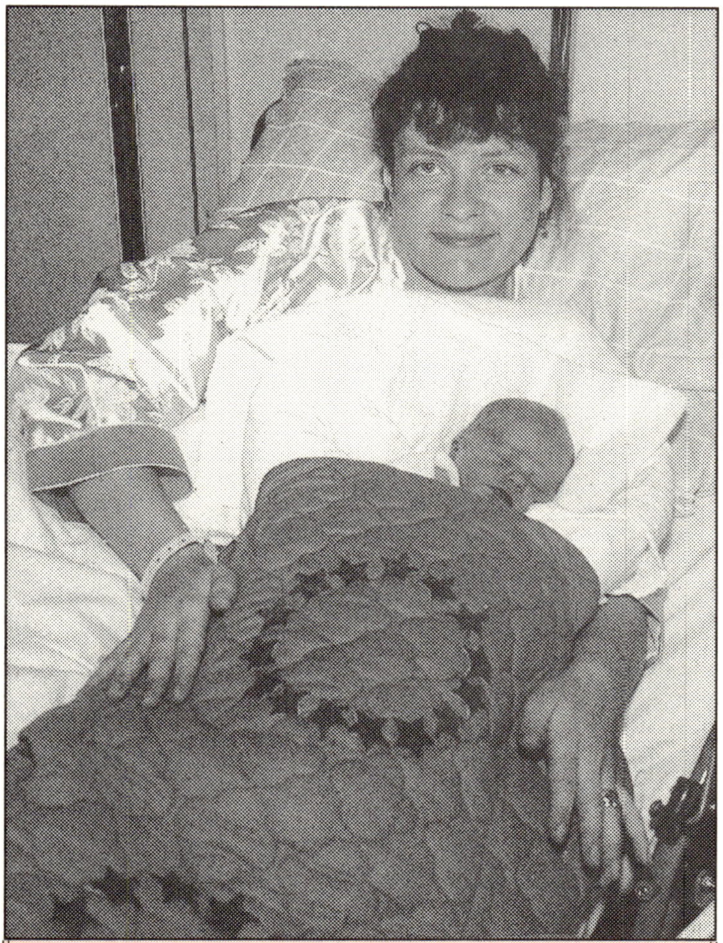

Das Neujahrsbaby *wird zum Jahreswechsel genau um null Uhr bei den ersten Klängen des Donauwalzers im Wiener AKH geboren. Der 49 Zentimeter große und 3370 Gramm schwere Patrick Mainz ist nicht nur ein Sonntagskind, sondern auch das erste EU-Baby Österreichs.*

Landtagspräsidentin streift 1,8 Millionen ein

Smejkal-Abfertigung sorgt für Politwirbel

1,8 Millionen Schilling streift die Wiener Landtagspräsidentin Ingrid Smejkal als „Entschädigung" dafür ein, daß sie ihre Funktion als Sozialstadträtin aufgegeben hat. Der Wechsel vom Stadtsenat in das Landtagspräsidium, der für Smejkal auch zum finanziellen Volltreffer wird, sorgt für dementsprechenden Politwirbel.

„Wie soll man jenen Wienerinnen und Wienern, die diese Stadt nach dem Krieg aufgebaut haben, die magere Pensionserhöhung von 2,8 Prozent erklären, wenn die frühere Sozialstadträtin allein für einen Funktionswechsel 1,8 Millionen als Abfertigungs-Geschenk nimmt", sieht FP-Chef Rainer Pawkowicz diese Haltung als Affront gegen alle Pensionisten.

Vielleicht braucht Frau Landtagspräsidentin, die 136.290 Schilling brutto monatlich erhält, die Entschädigung, um sich ihre Gemeindewohnung (!) leisten zu können . . .

Manila: 4 Millionen bei Papst-Messe

Vor vier Millionen Gläubigen, der größten Menschenmenge, die je zu einem Gottesdienst zusammengekommen ist, feiert Papst Paul Johannes II. in der philippinischen Hauptstadt Manila den 10. Weltjugendtag.

Poigenfürst: Spitzenarzt wird in Zwangspension geschickt ● Aber „Krone"-Leser

Präpotente AUVA-Bonzen liefern

Die Bonzen der Allgemeinen Unfallversicherungsanstalt (AUVA) liefern einen an Präpotenz und Sturheit kaum zu überbietenden Skandal: Sie schicken unter fadenscheinigen Vorwänden Primarius Poigenfürst, einen der weltbesten Unfallchirurgen und Chef des Wiener Lorenz-Böhler-Spitals, in Zwangspension.

Professor Johannes Poigenfürst beging nach Ansicht des AUVA-Vorstandes folgendes „Verbrechen": Mit überwältigender Zustimmung seiner Ärztekollegen weigerte der 65jährige Spitzenchirurg sich, in seinem Spital die gesetzlich vorgeschriebene Arbeitszeit von 13 Stunden einzuführen. Eine Regelung, die übrigens nur für private Kliniken, nicht aber für öffentliche Krankenhäuser gilt. Statt dessen blieb er beim bewährten 25-Stunden-Dienstrad, das Personal und Patienten gleichermaßen nur Vorteile bringt.

In ihrer Arroganz beschließen die Vorstandsmitglieder der AUVA, den weltbekannten Arzt „wegen Vollendung des 65. Lebensjahres" gegen dessen Willen in Pension zu schicken.

Es folgt eine Protestwelle, die binnen Stunden ganz Österreich erfaßt und den „Fall Poigenfürst" zu einem der heißesten Politthemen macht. Die „Krone" startet eine Unterschriftenaktion, an der sich in zwei Tagen 18.000 Personen beteiligen. Denn nur so lange dauert es, bis die große „Krone"-Leserfamilie die AUVA-Bonzen in die Knie gezwungen und den zuständigen Sozialminister Josef Hesoun ein Machtwort sprechen lassen hat: Letzterer hebt die Zwangspensionierung auf.

Der Mediziner selbst beweist während des kurzen aber heftigen Tauziehens um seine Person bemerkenswerte Steherqualitäten, die er in einem Interview mit „Krone"-Redakteurin Alexandra Wehner trefflich charakterisiert: „Ich heiße Poigenfürst. Und nicht Beugenfürst."

Nach seinem persönlichen Triumph wird der Arzt stürmisch gefeiert. Die AUVA-Bonzen hingegen ziehen sich trotzig in ihren protzigen Marmor-Bunker zurück.

Zornige Anja Kruse: Die TV-Schöne, die in der „Winnetou"-Inszenierung in der Wiener Stadthalle die Schwester des großen Apachen-Häuptlings gespielt hat, fällt um ihre Gage um, da die Produktion ein Flop war. Ihrem Kollegen Raimund Harmstorf boten die bankrotten Veranstalter gar ein Pferd statt Geld.

Franzosen sind bei Sex absolute Spitze

Eine internationale Umfrage stellt Frankreichs Männern das beste Zeugnis aus: Sie sind in Sachen Liebeslust einsame Spitze, haben viermal in der Woche Sex. Die Ungarn sind die Einfallsreichsten, die Deutschen die größten Egoisten und die Polen die Treusten. Österreichs „Romeos" werden gar nicht erwähnt . . .

zwingen Verantwortliche in die Knie

Riesenskandal!

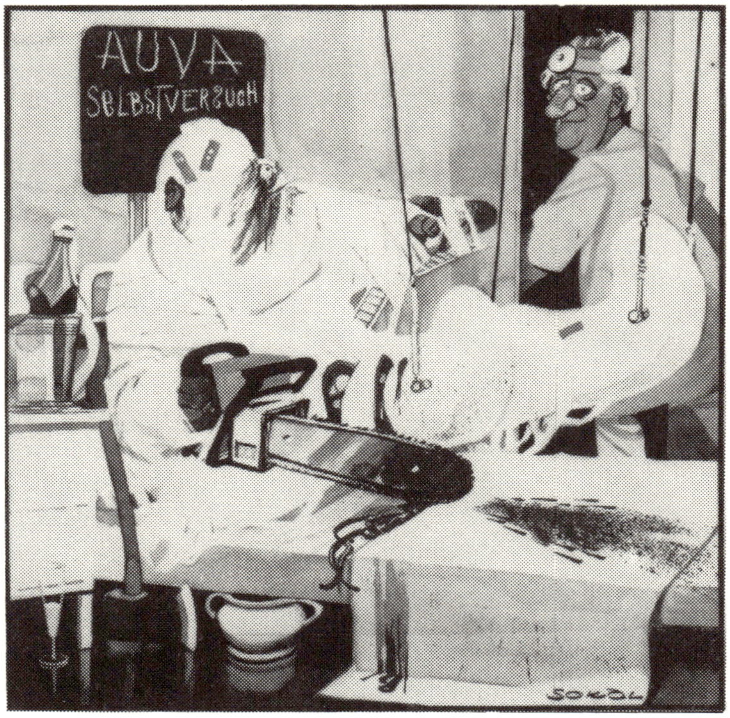

▲ *Der Fall Poigenfürst (Porträt unten) und die Sturheit der AUVA-Bonzen werden zum Polit-Skandal. Sozialminister Hesoun muß die Zwangspensionierung aufheben* ▼

Das Schweizer Militär *löst die letzte und in Europa einzigartige Brieftauben-Einheit auf. Die zur Beförderung von geheimen Nachrichten eingesetzten Vögel werden trotz massiver Proteste der Eidgenossen in den Ruhestand geschickt. Die „gefiederte Luftwaffe" ist sozusagen Opfer des Computerzeitalters und wird durch moderne Nachrichtentechnik ersetzt.*

Wilde Hasch-Partys in Grazer Kaserne

Skandal in der Grazer Belgierkaserne: Monatelang hat ein 20jähriger Präsenzdiener seine Kameraden mit Haschisch versorgt, wilde Drogenpartys gefeiert und den Soldaten den angeblich tristen Heeresalltag „erleichtert".

Der Grazer kannte sich in der Wiener Szene gut aus, es war kein Problem für ihn, den Stoff zu besorgen. So kam er auf die Idee, seinen mageren Sold durch Dealen ein wenig aufzubessern. Was ihm monatelang auch gelingt.

Ausgerechnet am Freitag, dem 13. Jänner, bekommt ein Unteroffizier Wind von den Drogenpartys und alarmiert die Polizei. Nach Auffliegen der Affäre kündigt das Militärkommando regelmäßige Spind-Kontrollen mit Spürhunden an.

Wirbel um horrende Telefon-Rechnungen

Fälle, in denen österreichische Telefonrechnungen mysteriöserweise auf 50.000 bis 100.000 Schilling explodieren, häufen sich. Dafür gibt es zwei Gründe: Illegales Anzapfen von Leitungen und – teure Sex-Telefondienste.

Neben selbstverschuldeten erotischen Verbalabenteuern mit Sex-Hotlines in der Südsee ist eine der Hauptursachen das Anzapfen der eigenen Leitung durch Fremde – was bei digitalen Anschlüssen besonders leicht möglich ist.

Für den zuständigen Minister Viktor Klima Anlaß, im Jänner die Notbremse zu ziehen. Er ordnet an, daß bis zur Klärung der Sachlage nur ein Betrag zu zahlen ist, der dem Schnitt der vergangenen drei Telefonrechnungen entspricht.

Rußlands Präsident Boris Jelzin zeigt sich zum Atom-Krieg gegen den gesamten Westen bereit

Jelzin löst fast Atomkrieg aus

Alarmstufe rot! Für höchste Besorgnis und Krisenstimmung sorgt wieder einmal Boris Jelzin. Der russische Präsident erklärt, seine Hand bereits am Code-Schlüssel des Atom-Koffers zur Aktivierung des russischen Nuklear-Arsenals gehabt zu haben. Jelzin war knapp davor, den „Roten Knopf" für einen Atom-Krieg gegen den Westen zu drücken, da Militärs eine in Norwegen abgefeuerte NASA-Versuchsrakete für einen West-Angriff hielten.

Mehr Rechte und Hilfen für die Käufer

Michalek verschärft Konsumentenschutz

Justizminister Michalek leitet im Hinblick auf den EU-Beitritt Anfang Jänner die rigorose Verschärfung des Konsumenteschutzes ein. Das Rücktrittsrecht wird verbessert, die Schadenersatzpflicht ausgeweitet und so manche Vertragsfalle entschärft: wie beim Kauf von Autos, Wohnungen, Reihenhäusern oder Urlaubsreisen.

Die Palette der legistischen Neuerungen, die der Justizminister ausarbeiten läßt, bringt Österreichs Konsumenten die schon seit langem dringend benötigte rechtliche Hilfe.

- Das Rücktrittsrecht bei Haustürgeschäften von einer Woche beginnt erst zu laufen, wenn der Kunde durch eine per Post übersandte Urkunde darüber belehrt wird, daß er von dieser Möglichkeit Gebrauch machen kann.
- Verträge über Kauf oder Vermittlung von Wohnungen müssen Mindestangaben enthalten. Werden diese Anforderungen nicht eingehalten, kann der Kunde in Monatsfrist vom Vertrag zurücktreten.
- Die Zusendung unbestellter Waren wird eingedämmt. Das bloße Behalten oder Verwenden dieser Produkte gilt nicht mehr als Annahme eines Kaufangebotes.
- Haben manche Unternehmer wie Autovermieter vertraglich eine Schadenersatzpflicht für Körperschäden ausgeschlossen, so ist dies hinkünftig verboten.
- Beim Rücktritt von einem Werkvertrag oder einer Urlaubsbuchung ist das Entgelt dennoch zu bezahlen.

Freunde geleiten Pezzey im Stift Wilten zur letzten Ruhe

Trauer um Bruno Pezzey

Fußballidol stirbt bei Eishockeymatch

Die Fußballwelt trauert um den großen Bruno Pezzey. Am Silvesterabend bricht der 84fache Nationalspieler bei einem Jux-Eishockeymatch zusammen. Obwohl der Trainer des österreichischen Unter-21-Teams sofort mit der Rettung in die Innsbrucker Klinik gebracht wird, stirbt das 39jährige Fußball-Idol an Herzversagen. Pezzey hinterläßt Frau, zwei Kinder und eine Vielzahl geschockter Anhänger.

Insgesamt wurde der sympathische Vorarlberger mit Innsbruck viermal österreichischer Meister, sowie mit Frankfurt deutscher Cup- und UEFA-Cup-Sieger 1980.

Bruno Pezzey ist nicht mehr

Als „absolut erdbebensicher" gepriesene Autobahnen auf Stelzen knicken wie Zündhölzer ein

Massenmörder erhängt sich

Wie der österreichische Serientäter Jack Unterweger erhängt sich der britische Massenmörder Frederick West in seiner Zelle. Der 53jährige Bauarbeiter, bekannt als „Schlächter von Gloucester" wird am Neujahrstag im Gefängnis von Winson Green tot aufgefunden. West soll mit seiner Ehefrau Rosemary zwölf Frauen getötet und dann im Keller und Garten seines „Horror-Hauses" verscharrt haben. Zu den Opfern gehörten auch seine erste Frau und zwei seiner Töchter.

Iran verbietet Satelliten-TV

Die Mullahs und Ajatollahs in Teheran ändern sich nicht. Um ihre Macht uneingeschränkt ausüben zu können, lassen sie den „Wald" von TV-Satellitenschüsseln von den Dächern abmontieren: „Satanszeug!" Auf den Empfang sündiger Satellitenstrahlen, die westliche Dekadenz und schamlose Bilder liefern, stehen strenge Strafen. Das Ministerium für „Islamische Führung und Kultur" beweist einmal mehr, daß es mit Verboten und Zensur die Menschen kontrollieren will.

Autobahnen eingestürzt ● Hunderte Häuser zerstört ● 150.00 obdachlose Opfer

3500 Tote bei Erdbeben in Japan

Das schwerste Erdbeben seit 50 Jahren fordert am 17. Jänner in der Region um die japanischen Millionenstädte Osaka, Kobe und Kyoto mehr als 3500 Tote und 13.000 Verletzte. Binnen vierzig Sekunden werden etwa 3000 Häuser zerstört, Brände wüten, Züge entgleisen und Stelzen-Autobahnen brechen ein.

Das Zentrum des katastrophalen Bebens, das die meisten Einwohner im Schlaf überrascht, liegt etwa 20 Kilometer unter der Insel Awajishima in der Bucht vor Kobe und Osaka. Die Region ist nach dem Großraum Tokio das größte Industrie-, Finanz- und Wirtschaftszentrum Japans: Zehn Millionen Menschen werden durch die Erdstöße der Stärke 7,2 aufgeweckt und laufen, noch in ihren Schlafanzügen und mit Decken, auf die Straßen.

In den betroffenen Städten herrscht das Chaos: Rettungsmannschaften graben unter den Trümmern zusammengebrochener Häuser, Straßen und Brücken verzweifelt nach Überlebenden. 400 kleine Nachbeben sorgen immer wieder für Panik unter der Bevölkerung.

Da lecke Gasleitungen Dutzende Brände verursachen und auch die Strom-, Wasser- und Telefonversorgung zusammenbricht, verlassen Zehntausende Menschen fluchtartig das Katastrophengebiet.

Ein schwerer Schlag für Japans Techniker, die bisher glaubten, auch auf große Beben vorbereitet zu sein: Die als „erdbebensicher" gepriesenen Stelzenautobahnen brechen wie Spielzeugbauten ein.

Peinliche Abhör-Affäre um den Ehemann der Umweltministerin, Graf Mensdorff

Provisionsskandal im Parlament

Für sie unangenehm: Kallat

Politbombe um geheime Tonbandaufzeichnungen eines brisanten Vier-Augen-Gesprächs im Parlament: SP-Bundesgeschäftsführer Peter Marizzi und VP-Wehrsprecher Hermann Kraft plaudern über 70 Millionen Schilling Parteisubventionen, die beim Ankauf von Militärhubschraubern kassiert werden könnten.

Konkret geht es um die Beschaffung von 36 Kampfhubschraubern und eines Transportflugzeuges des Rüstungskonzerns „British Aerospace“ für das österreichische Bundesheer. In dem delikaten Gespräch schmieden die zwei Politiker Pläne, wie 70 Provisionsmillionen aus dem Vier-Milliarden-Schilling-Auftrag zwischen der SP und VP verteilt werden könnten. Als Vermittler wird der Mann der Umweltministerin Maria Rauch-Kallat, Graf Mensdorff-Pouilly, genannt.

Das Tonband wird Medien zugespielt, der Inhalt veröffentlicht. VP-Wehrsprecher Kraft zieht sofort die Konsequenzen und tritt zurück. Peter Marizzi befindet sich auf Urlaub und ziert sich, ebenfalls den Hut zu nehmen. Doch schließlich ist auch er seinen Job los.

Graf Mensdorff erklärt zwar, Konsulent des Rüstungsunternehmens zu sein, betont aber, vertragsgemäß über keinerlei Verhandlungsmandat zu verfügen. Daher sei es ihm auch unmöglich, Provisionszahlungen einzufädeln.

Völlig im unklaren bleibt, wer das Gespräch abgehört und aufgezeichnet haben könnte. Zumal der Ort des Zusammentreffens im Parlament sich zufällig ergab.

__Abgesagt__ und auf 1996 verschoben wird drei Tage vor der offiziellen Eröffnung die alpine Ski-WM in der Sierra Nevada. Grund: chronischer Schneemangel nach einer wochenlangen Trockenperiode mit Frühlingstemperaturen. Petrus' Launen bescheren den frustrierten Spaniern 130 Millionen Schilling Verlust.

Fußballer-Wahl: Otto Konrad schafft Double

Zum zweiten Mal in Serie gewinnt Otto Konrad, Salzburgs letzter Mann und fast unbezwingbares Bollwerk, die bereits traditionelle „Krone“-Wahl zum Fußballer des Jahres – diesmal mit 236.261 Stimmen, 50.000 mehr als im Vorjahr. Kickerin des Jahres wird die Niederösterreicherin Alexandra Salinger (Neunkirchen).

Tätowierung, daher nicht zur Polizei

Der 27jährige Bodyguard der US-Botschafterin in Wien bewirbt sich bei der Polizei und besteht sämtliche Aufnahmetests mit Bravour. Dennoch kommt die Kommission zu dem Schluß, daß der hochqualifizierte Mann nicht tauglich für den Exekutivdienst ist – wegen einer winzig kleinen Tätowierung auf der Schulter . . .

Krone-Chronik Jänner '95

- Er ist auch nicht mehr der Jüngste: Rod Stewart, 49jährige Rocklegende, bricht nach einem Benefizkonzert vor 3,5 Millionen Fans in Rio de Janeiro zusammen und muß beatmet werden.
- Rapid Wien gewinnt mit einem 6:1 über Vienna zum vierten Mal das Stadthallenturnier. Platz drei geht an Admira Wacker, die Sturm Graz 7:2 schlägt.
- Die Kontrollore der Wiener Verkehrsbetriebe, im Volksjargon „Schwarzkappler“ genannt, melden einen neuen Rekord: 1994 ertappten sie nicht weniger als 152.753 Schwarzfahrer.
- In der Nacht zum 27. Jänner fegt ein Orkan mit Spitzen bis zu 180 Stundenkilometern über Österreich. Ein Deutscher wird in Vorarlberg von einem umstürzenden Baum erschlagen, Dächer werden abgedeckt und Bahnlinien unterbrochen. Der Schaden geht in die Millionen.

***Shocking!** Peter Alexander, der unumstrittene Megastar der deutschsprachigen TV-Unterhaltung, schlüpft in seiner Show zu Jahreswechsel gewohnt perfekt in die Rollen von Prinz Charles, Lady Diana und der Kummer gewohnten Queen. Er ist damit topaktuell: Denn einer Umfrage zufolge lehnt die Mehrheit der skandalmüden Briten-Charles als Thronfolger ab. Sie wollen die Krone lieber auf dem Haupt von Schwester Anne oder Sohn William sehen. Lady Di hingegen haben sie längst verziehen.*

„Sparmeister" Busek blitzt bei Lehrern ab

Schwere Schlappe für Unterrichtsminister Erhard Busek: Die streitbaren Lehrer-Gewerkschafter lassen ihn im wichtigsten Einsparungspunkt, der Kürzung der Unterrichtsstunden von 50 auf 45 Minuten, abblitzen. Es gibt sie nicht.

Dem Rückzieher des Vizekanzlers gingen massive Streikdrohungen der Lehrer voran. Sie befürchteten, daß durch die Rationalisierung Tausende Arbeitsplätze verloren gehen würden.

Busek, resignierend: „Weiterzuverhandeln wären nur leere Kilometer gewesen." Das angepeilte Sparziel in seinem Unterrichtsministerium wird jedenfalls um eine Milliarde verfehlt.

„Elvis lebt!“ Vor dem 60. Geburtstag des verstorbenen „König des Rock'n' Roll“ herrscht in den USA Presley-Hysterie. Hunderte Elvis-Fans sind überzeugt, daß der „King“ noch am Leben ist. Soziologe Dr. Ray Browne hat eine Erklärung für das groteske Verlangen nach einem unsterblichen Elivis: „Die Fans werden alt und versuchen verzweifelt, Gefühle aus ihrer Jugend zu erhalten.“

ÖGB-Präsident (49) wäre für Beruf zu alt

Es ist ein trauriges Phänomen, daß immer mehr Arbeitnehmer um die 50 abgebaut werden, keinen Job bekommen und in Frühpension gehen müssen. ÖGB-Präsident Verzetnitsch unternimmt dazu einen ‚Selbstversuch‘, indem er in neueröffneten Arbeitsämtern via Computer einen Posten sucht – und keinen erhält.

Fritz Verzetnitsch tippte, wie er „Krone“-Redakteur Dieter Kindermann berichtet, seine Daten in den „Blechtrottel“ – Alter: 49, erlernter Beruf: Gas-Wasser-Installateur, angestrebter Lohn: 25.000 Schilling brutto. Das groteske Ergebnis des Experiments: Der ÖGB-Präsident bekommt seit drei Jahren keinen Job. Immer mit derselben Begründung, daß er für die Stelle eben zu alt sei.

Der mutige „Selbstversuch“ illustriert nur einmal mehr, mit welchem sozialpolitischen Dilemma wir in Österreich konfrontiert werden: Einerseits müßte das faktische Pensionseintrittsalter an das gesetzliche angenähert werden, um die Pensionsfinanzierung zu sichern. Andererseits kündigen immer häufiger Arbeitgeber die älteren Beschäftigten, weil sie ihnen zu teuer kommen.

◄ Würde sich der 49jährige ÖGB-Präsident Fritz Verzetnitsch auf dem freien Arbeitsmarkt um eine Stelle bewerben, würde er arbeitslos bleiben und sich vielleicht auf dem Arbeiterstrich einen Job suchen . . . ▼

Affäre Vetsera: „Grabräuber“ muß dem Stift Kosten ersetzen

Im Dezember 1992 brachte der Möbelhändler Helmut Flatzelsteiner ein weltweites Medienspektakel ins Rollen. Er behauptete, im Besitz der Gebeine Mary Vetseras, der Geliebten Kronprinz Rudolfs, zu sein. Durch die Berichte von „Krone“-Autor Georg Markus und seine Anzeige wird geklärt, daß Flatzelsteiner selbst die Gebeine der Baronesse aus der Gruft geraubt hat. 1995 endet die Affäre in einem banalen Streit um Sand und Schotter: Für die Öffnung der Gruft, die Rückführung der Gebeine sowie für Sand und Schotter muß Flatzelsteiner Stift Heiligenkreuz 27.500 Schilling zahlen.

Frau will Kind von totem Ehemann

Die Technik kennt nahezu keine Grenzen. Die 28jährige Maribel Baez aus New York wünscht sich an der Bahre ihres Mannes ein Kind von dem Verstorbenen. Sie bekommt ihren Wunsch erfüllt. Auf ihr Bitten entnimmt der Fruchtbarkeits-Arzt Dr. Peter Schlegel der Leiche von Anthony Baez Samen und läßt ihn einfrieren. Der 29jährige Ehemann ist kurz zuvor bei einem Unfall verstorben.

Dank einer Unterschriftenaktion geht es dem absurden „Killerhunde-Gesetz“ an den Kragen.

Grauenhafte Busunglücke Anlaß für nötige Gesetzesänderung

Klima erfüllt „Krone“-Forderung: Ab 1997 Gurtenpflicht in Bussen

Nach zwei grauenhaften Autobus-Unfällen, bei denen elf Menschen getötet und Dutzende verletzt werden, fordert die „Krone“ technische Einrichtungen zur Verbesserung der Sicherheit für Buspassagiere. Verkehrsminister Klima handelt und erfüllt den Vorschlag: Per 1. Juli 1997 müssen Reisebusse und Schülertransporte mit Gurten ausgerüstet sein.

Im Nebel bemerkt der Lenker eines Gastarbeiter-Busses am 9. Jänner auf der Westautobahn bei Amstetten einen vor im fahrenden Lkw zu spät: Der Bus kracht gegen den Anhänger. Vier Passagiere werden auf die Fahrbahn geschleudert und getötet, zwei sterben im Bus, 45 kommen ins Spital.

Zwei Wochen später kommt in Liebenfels ein vollbesetzter Reisebus aus Villach trotz Schneeketten von einer Bergstraße ab. Die furchtbare Bilanz: fünf Tote und 40 Verletzte.

Da viele der Opfer noch leben könnten, wären sie bei den Unfällen nicht aus den Bussen geschleudert worden, fordert die „Krone“, daß jeder Sitzplatz mit einem Gurt ausgestattet wird.

Verkehrsminister Viktor Klima reagiert: Ab Anfang Juli 1997 bekommen Busse nur noch dann die Zulassung, wenn sie mit Sicherheitsgurten ausgerüstet sind. „Diese Verpflichtung“, so der Minister, „gilt natürlich auch und vor allem für Schülertransporte.“

Viele getötete Fahrgäste hätten den schrecklichen Autobusunfall in Liebenfels überlebt, wären sie angegurtet gewesen.

Amtliche Jagd auf Tiere

Protestwelle gegen absurde Hunde-Hatz

Eine Welle der Empörung löst ein Bericht über die „amtliche Jagd“ auf Hunde aus. Tausende Tiere sollen getötet werden, nur weil sie bestimmten Rassen angehören – die von Amts wegen als gefährlich erklärt werden . . .

Aufgrund der umstrittenen steirischen „Kampfhunde-Verordnung“ droht 50.000 Hunden der schmerzliche Tod – nur weil sie Rottweiler oder Dobermann sind oder einer von sieben anderen Rassen angehören. Dank einer Unterschriftenaktion gegen die unglaubliche Hunde-Hatz beginnen im Landtag neue Verhandlungen zum „Killerhunde-Gesetz“, Tausende Tiere werden gerettet.

Es gibt vorerst zwar keine Einigung, doch die konsequente Berichterstattung von „Krone“-Redakteur Erich Vorrath bewirkt, daß bei der Vollziehung des Gesetzes Fachleute beigezogen werden müssen. Und die wissen sehr wohl, daß Hunde nur dann „Killer“ werden, wenn gewissenlose Geschäftemacher sie scharf machen.

100 Jahre Kino

„Casablanca“, Mythos des Kino-Melodrams. Mit Ingrid Bergmann und Humphrey Bogart als tragisch Verliebte. ▼

Traumfabrik Hollywood hat ihren Reiz noch lange nicht verloren: Megastars garantieren Rekorde

Totgesagte leben eben länger. – Das Kino feiert 1995 seinen 100. Geburtstag und erfreut sich bester Gesundheit. Nicht zuletzt deshalb, weil die Geschichte des Filmes auch eine Geschichte unglaublicher Rekorde ist.

Als bisher teuerster Film der Zeiten gilt der Arnold-Schwarzenegger-Streifen „Terminator II“ mit einem Budget von 1,2 Milliarden Schilling. Die meisten Oscars jedoch gingen an „Ben Hur“. Der Monumentalklassiker mit Charlton Heston in der Titelrolle erhielt elf der goldenen Statuen.

Die am häufigsten im Kino dargestellte Rolle ist jene von Meisterdetektiv Sherlock Holmes. Die Romanfigur von Arthur Conan Doyle kam gleich in 211 Filmen zu Ehren. Graf Dracula bringt es auf 160 Darstellungen, Frankensteins Monster auf 120, Tarzan auf 98, Zorro auf 70 und Robin Hood immerhin auf 58.

Nach den Hollywood-Legenden James Dean und MarilynMonroe sowie den „Komikerzwillingen“ Jack Lemmon und Walter Matthau prägen heute Star-Regisseure wie Steven Spielberg und Kevin Costner das Kino der Zukunft.

Die steirische Eiche, Arnold Schwarzenegger, in seiner Glanzrolle als der eiskalte „Terminator“ ▼

„Ben Hur“ mit Charlton Heston in der Hauptrolle erhält die meisten „Oscars“: elf an der Zahl ▶

Walter Matthau und Jack Lemmon, Meister der Situationskomik in vielen Billy Wilder-Streifen.

Eines der wohl bekanntesten Bilder der M.M. aus „Das verflixte siebte Jahr“

▲ Mit „Meuterei auf der Bounty“ steigt Marlon Brando weltweit zum absoluten Megastar des Kinos auf.

„Denn sie wissen nicht was sie tun ...“ James Dean, unvergeßliche Hollywood-Legende der Sentimentalität. ▶

Mit Steven Spielbergs „E.T.“ beginnt das „Zukunftskino.“ Millionen Menschen lachen und weinen mit dem außerirdischen Wesen.▼

„Der mit dem Wolf tanzt“, Kevin Costner, Regisseur und Star in einer Person.

Machen „Normalfrauen" krank: Supermodels mit Traumkörpern

Depressionen, Streß und Schamgefühle

Supermodels machen „Normalfrauen" krank

Im Jahr der Traumfrauen – noch nie waren Supermodels wie Claudia Schiffer oder Cindy Crawford so anerkannt wie 1995 – entdecken Mediziner eine neue Zivilisationskrankheit: das „Barbie-Syndrom". Es befällt „Normalfrauen", bei denen die Lektüre von „Zeitgeist-Magazinen" zu bedenklichen Komplexen führt.

Der ständige Vergleich mit den Traummaßen der Models sowie der „Genuß" von Diät- und Fitneßtips löst gravierende Gesundheits- und Verhaltensstörungen aus, wollen Wissenschafter der US-Universität in Arizona herausgefunden haben.

Das „Barbie-Syndrom" äußert sich vor allem in Depressionen, Streß, Schuld- und Schamgefühlen sowie Ernährungsstörungen. Angeblich leiden in der westlichen Welt bereits sieben von zehn Frauen unter diesem Phänomen.

Goldberger gewinnt Schanzen-Tournee

Andreas „Goldi" Goldberger gewinnt zum zweiten Mal die Vierschanzen-Tournee, die Königsveranstaltung der Skisprungsaison. Den Vogel unter den Adlern schießt aber der erst 17jährige Salzburger Reinhard Schwarzenberger ab: Das Teambaby gewinnt sensationell die Konkurrenz in Oberstdorf.

Die strengeren Bestimmungen sind eine

Verbotsgesetz

Als Reaktion auf eine Serie von grausigen Bluttaten wird der freie Besitz von Pumpguns ab 1. Jänner verboten. Künftig darf die gefährlichen Schrotgewehre nur noch besitzen, wer eine Waffenbesitzkarte oder einen Waffenpaß innehat. Doch eine „lasche" Übergangsfrist hat zur Folge, daß die Bestimmung zur Farce wird.

Endgültigen Ausschlag für das Verbot, auf das sich die Parlamentsparteien einigen, gibt eine Mordserie mit Pumpguns, bei der in den letzten vier Monaten des Jahres 1994 neun Menschen ums Leben kommen.

Die neue Gesetzesregelung sorgt zunächst für heillose Verwirrung und erweist sich bald als viel zu großzügig. Zwar wird der Verkauf der gefährlichen Waffen, die früher nicht einmal registrierungspflichtig waren, verboten. Es sei denn an jene Personen, die über eine entsprechende Berechtigung verfügen und einen „Bedarf" nachweisen können.

Doch für alle, die bereits eine Pumpgun besessen haben – und das sind in Österreich immerhin geschätzte 100.000 Personen – gelten großzügige Ausnahmeregelungen:

● In den ersten sechs Monaten, also bis Ende Juni 1995,

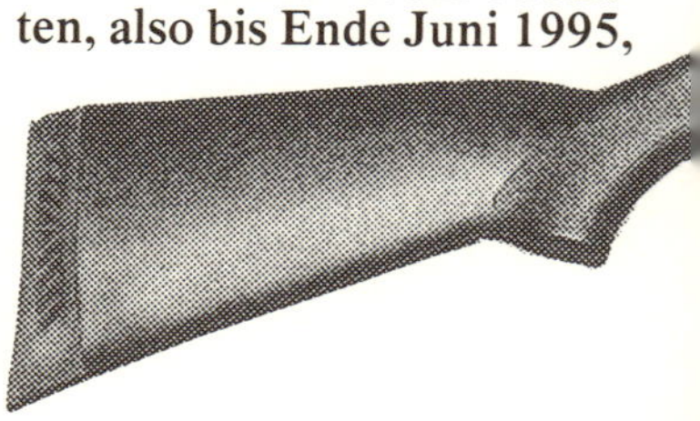

Das Ende einer Legende. *Der britische Traditionsrennstall Lotus, im Jahre 1958 vom schrulligen Schotten Colin Chapman gegründet, gibt den Rückzug aus der Formel I bekannt. Lotus stellte sechsmal den Fahrer-Weltmeister, unter ihnen der unvergessene Jochen Rindt († 1970).*

Krone-Chronik Jänner '95

- Dr. Johannes Hübner, seit Jahrzehnten Pächter das Kursalons im Wiener Stadtpark, muß ausziehen. Der Walzertreff wird von den Casinos Austria übernommen.
- Erich Hof, Fußballgenie des Wiener Sportklubs, Team-Kicker und langjähriger Trainer, stirbt im 59. Lebensjahr.
- Graf Albert Eltz, blaublütiger Society-Dino aus Altaussee, feiert den 80. Geburtstag.
- Ein Skilehrer führt seine Gruppe in Lech am Arlberg in einen Lawinenhang. Traurige Bilanz: zwei Todesopfer.

Farce und werden nicht einmal ignoriert

für Pumpguns

kann jeder Besitzer eine Waffenkarte beantragen und seine Pumpgun nachträglich registrieren lassen. Dazu muß man wissen, daß jeder unbescholtene Österreicher Anspruch auf die Ausstellung einer Waffenbesitzkarte hat.

● Weiters wird eine „Rückgabe-Aktion" gestartet. Darin werden Pumpgun-Besitzer aufgefordert, bis 1. Juli ihre Waffen abzugeben – gegen einen Wertausgleich. Ab diesem Zeitpunkt ist der Besitz illegal und strafbar.

Beide Übergangsregelungen – Waffenbesitzkarte und Rückholaktion – erweisen sich als Farce – sie werden nicht einmal ignoriert. Nur rund 60 von den geschätzten 100.000 Pumpguns werden abgegeben, auch der Ansturm auf Waffenberechtigungen bleibt aus. Typisch österreichisches Fazit: Es gibt ein Gesetz, das kaum exekutiert wird. Und die Mordwaffen bestenfalls zum Sammelstück und Kultobjekt gemacht hat.

▲ *Das Verbot der Mordwaffen greift nicht – ganz im Gegenteil: Die neuen Bestimmungen werden nicht einmal ignoriert und machen Pumpguns bestenfalls zu Sammelstücken und Kultobjekten.*

Der letzte der „großen Drei" *gibt auf: Frank Sinatra, hier im Bild mit Freund und Trinkkumpan Dean Martin, nimmt mit 79 Jahren Abschied von der Bühne, da er an Alzheimer leidet. „Frankieboy", Dean Martin und Sammy Davis jr. waren die letzten weltberühmten Entertainer.*

◀ Beendet im Februar das Rätselraten um seine Krankheit: Alois Mock

Outing des Politikers: „Habe Parkinson in milder Form"

Außenminister Mock beendet Rätselraten um seine Krankheit

Außenminister Mock beendet am 21. Februar das Rätselraten um seine angeschlagene Gesundheit: Er leidet nach eigenen Angaben an einer milden Form der Parkinsonschen Krankheit. Seine Arbeit werde dadurch aber nicht beeinträchtigt, erklärt „Mr. Europa" in einer Pressekonferenz. Das bestätigt auch sein Arzt, der eigens nach Wien eingeflogene britische Neurologe Dr. Gerald Stern.

Der Experte, eine weltweit anerkannte Kapazität, berichtet, er habe den Außenminister zweimal in London untersucht. Und zwar im Mai 1994 und im Februar 1995. Er bestätigt in der Presserkonferenz im Roten Salon des Außenministeriums seine Diagnose, die er in einer Expertise festgehalten hat:

- Mock leide an einer „gutartigen Ausformung" der Parkinsonschen Krankheit.
- Es gebe keinen wie immer gearteten Hinweis auf Beeinträchtigung der „intellektuellen Leistungsfähigkeit".
- Der Minister sei voll in der Lage, den Anforderungen seines Amtes zu entsprechen.

Die Schüttellähmung, wie die Pakinsonsche Krankheit auch genannt wird, ist unheilbar, kann aber medikamentös gebremst werden.

Außenminister Alois Mock auf die Frage, warum er erst jetzt das Geheimnis um seine Krankheit lüftet, obwohl die Symptome seit langem bereits deutlich zu erkennen waren: „Ich wollte es nicht wahrhaben, habe mich in die Arbeit gestürzt."

VON MARGA SWOBODA

TAG FÜR TAG

Adieu, Chris Lohner

Ziemlich radikal wurden allerlei Fernseh-Gesichter ausgemustert. Leute, mit denen man bisher so intim war, daß man sie bis ins Schlafzimmer ließ, verschwinden von heute auf morgen von der Bildfläche. Gestern haben sie einem vielleicht noch gute Nacht wie stets gesagt und wußten selber nicht, daß es ein Abschied für immer war.

Man hat, das ist irgendwie erfreulich, die Fernsehansagerinnen nicht nach ihrem jahrgangsmäßigen Ablaufdatum gefeuert. Ziemlich langgediente und auch nicht mehr ganz faltenfreie Frauen haben beispielsweise die eine oder andere naßforsche Junge besiegt, weil die Leute es anscheinend lieber haben, wenn einem die Ansagerinnen nicht mit dem Gesicht plump ins Haus fallen, sondern sehr dezent die Menükarte für den jeweiligen Fernsehabend servieren.

Wie in einem eleganten Restaurant, wo der Oberkellner zwar die feinsten Häppchen wie das Evangelium verliest, den Gast aber nicht überrumpelt damit.

Eine, die das immer besonders gut konnte, ist leider auch aus der Truppe der Ansagerinnen aussortiert worden. Die unvergleichliche Chris Lohner, die man nun schon seit Jahrzehnten kennt und bei der man sich von Jahr zu Jahr mehr wundern mußte, warum sich ein lebendiges Geschöpf so frischhalten kann.

Egal, was sie ansagte – ob es nun ein abscheulicher Gruselfilm war oder eine total verblödete Serie –, sie drängte einem nie etwas auf und ließ niemals durchblicken, was sie selbst, wenn sie unbedingt fernsehen müßte, sich anschauen würde.

Man wird sie sehr vermissen, denn sie war längst in jedem österreichischen Haushalt so gut wie daheim.

Vielleicht wird auch sie diese Leute vermissen, bei denen sie immer zu Gast war, die sie jedoch, ein Glück für Chris Lohner, nicht persönlich kennenlernen mußte.

Generalintendant Zeiler krempelt das

Walter Schiejok

Chris Lohner

Hans-Georg Heinke

Elmar Oberhauser

Programm um ● Neues Motto: Starprinzip

Licht und Schatten bei der großen ORF-Reform

In Reaktion auf teils dramatisch sinkende Einschaltquoten zu den besten Sendezeiten krempelt ORF-Generalintendant Gerhard Zeiler das komplette Programmschema um. Das neue „Zauberwort" heißt Starprinzip. Publikumswirksame Zugpferde wie Vera Russwurm und Walter Schiejok sollen die Zuseher wieder fesseln.

Gleichzeitig heißt es Abschiednehmen von liebgewonnen Bildschirmstars wie ZIB-Mann Hans Georg Heinke oder Chris Lohner.

Alles in allem kommt die ORF-Reform bei den Österreichern relativ gut an, wie auch „Krone"-Kritiker Werner Urbanek feststellt. Doch er ortet natürlich viel Licht und Schatten: Während Walter Schiejok und TV-Lady Vera Russwurm ihre schwierige Aufgabe bravourös meistern, kämpft etwa Elmar Oberhauser mit gewaltigen Anlaufschwierigkeiten. Die Sportshow des früheren Polit-Stars kommt anfangs nicht so recht an, da der Vorarlberger sich in seinem neuen Metier spürbar nicht wohlfühlt. Dazu kommt der ungünstige Sendetermin am Samstagabend.

Empörung löst bei den Zusehern übrigens die penetrante ORF-Eigenwerbung mitten in Sendungen aus. Zeiler reagiert und reduziert sie auf ein Minimum.

Stolze Mama: Panzernashorn-Dame „Jhjansi" hat im Tierpark Berlin-Friedrichsfelde Nachwuchs zur Welt gebracht. Nach 16 Monaten Tragzeit gebar sie ein putziges, 50 Kilo schweres Baby, an dem bereits alles dran ist, was ein Nashorn ausmacht. In Indien sind die gewichtigen Dickhäuter von der Ausrottung bedroht, ihre Zucht ist äußerst schwierig.

Ein schwerer Verlust: Ermacora gestorben

Sein Ableben ist ein überraschender und umso schmerzlicher Verlust für Österreichs Politik: Der weltweit anerkannte Menschenrechts-Experte und ÖVP-Politiker Professor Felix Ermacora kehrt von einer Afghanistan-Mission geschwächt heim und stirbt im 72. Lebensjahr. Politiker aller Parteien zollten dem Fachmann zeit seiner politischen Tätigkeit Achtung und Anerkennung.

Morde auf Fußballplätzen

Internationales Entsetzen über sinnlose Gewaltverbrechen auf Fußballplätzen: In Italien wird in einem Stadion vor dem Spiel des FC Genua gegen Milan ein 24jähriger Fan erstochen. Nur sieben Tage später stirbt in Frankreich auf einem Fußballplatz in der Nähe von Paris ein Anhänger an einer Schußverletzung. Italiens Innenminister wendet sich in seiner erschütterten Reaktion an die Wahnsinnstäter: „Wer im Stadion tötet, der tötet auch den Fußball."

„Kommissar Rex" Tobias Moretti und Arabella Kiesbauer

Das Fest in

Beim Opernball '95 stimmt zum ersten Mal wieder alles: Stars, Stimmung und die Atmosphäre

„Nein - das ist kein Ball! Ein Ereignis ist das. Eine Sensation. Ein Wiener Weltwunder", ist Deutschlands Ministerpräsident Johannes Rau bei seiner ersten Opernballnacht vor Begeisterung kaum zu bremsen. Im Gegensatz zu den Vorjahren zeigt sich der Opernball '95 endlich wieder als traumhaftes Fest der Superlative.

4200 verkaufte Karten, alle 165.000 Schilling-Logen überfüllt, 16.000 rosa Nelken, 50 Fliederstöcke, 800 Palmen, Kirschmyrten und Loorbeerbäumchen sowie 500 Kalanchoen in 800 floristischen Arbeitsstunden im ganzen Haus duftend drapiert und Sophia Loren als „Königin der Nacht": Ein Opernball für das Buch der Rekorde!

Erfreulicherweise stimmt auf dem Staatsfest zum ersten Mal seit Jahren einfach alles. Atmosphäre und Stimmung. Kavaliere wie TV-Kommissar Tobias Moretti oder Placido Domingo tanzen und flirten in Champagnerlaune mit den Schönen der Ballnacht.

Als Highlight und Gustostückerl des „Wiener Weltwunders" gilt sicher Richard „Mörtel" Lugners Auftritt mit Weltstar Sophia Loren. Von ADABEI Michael Jeannée wie folgt miterlebt: „Maria und Josef, Leutln – mocht's ma mei Sopherl net narrisch. Sie pascht ma sonst ab!" beschwört der Baumeister die entfesselte Fotografenmeute, die Frau Loren indes an „gute alte Cannes-Zeiten" erinnert, wie sie glücklich bemerkt, und gar nicht daran denkt, „abzupaschen".

Und als es dann noch zu einem „Kniefall" des Ankerbrot-Schusters vor der Diva kommt („Mörtel: „A very wichtig Semmerlman, this

„Kniefall" von Helmut Schuster vor der Filmdiva Sophia Loren

Traumhafte Tanz-Impressionen von einer großen Ballnacht in

der Wiener Staatsoper

Alles Walzer in der prächtig geschmückten Oper auf dem schönsten Ball der Welt. Mehr als 4200 Gäste feiern das „Fest der Feste"

man") hat Sophia den Opernball endgültig in ihr – großzügig dekolletiertes – Herz geschlossen. Was „die Loren" auf Kurzbesuch in der Loge des Bundespräsidenten Thomas Klestil auf gewohnt temperamentvolle Art kundtut: „Fantastico!"

der Wiener Staatsoper

Eindeutiges Lieblingsziel der „Reichen und Schönen" wird aber die Loge des Bundeskanzlers, wo Vranz & Christine, wohlbefrackt und bunt berobt, buchstäblich „hofhalten."

Am allerseligsten auf und über den Opernball ist aber Lotte Tobisch. Die Ballmutter: „Nach all dem Hickhack, der Häme und den Anfeindungen im Vorfeld bin ich heute die glücklichste Frau der Welt. Weil wir bewiesen haben: So ein Fest macht uns keiner nach!"

Und als ADABEI „Mörtel" ertappt, wie er ein Dutzend Austern – „oba mit viel Ketchup" – ordert, da weiß er: Der Erfolg, Filmdiva Loren nach Wien gebracht zu haben, ist dem Baumeister nicht zu Kopfe gestiegen. Er ist – der alte geblieben ...

Bundeskanzlergattin Christine Vranitzky im farbenfrohen Kleid

***Einen mittleren Theaterskandal** verursacht Dagmar Koller als „Aldonza" in der „Mann von La Mancha" auf der Bühne der Wiener Volksoper. Die mitreißende Mittfünfzigerin gestaltet die berühmte Vergewaltigungsszene dermaßen realistisch, daß ältere Damen im Publikum den Saal verlassen. Was „Dagi" stolz macht: „Das beweist doch, daß ich gut drauf bin."*

Hitlers „Mein Kampf" erscheint in Hebräisch

Weltweites Aufsehen erregt die Nachricht, daß im Februar ausgerechnet in Israel Adolf Hitlers „Mein Kampf" in vollständiger hebräischer Übersetzung erscheint. Dieser auf den ersten Blick paradox erscheinende Neudruck macht die tiefgreifenden Veränderungen in der Gesellschaft des jüdischen Staates deutlich.

Selbst die „Kommission für Holocaust" interveniert beim israelischen Parlament, die Verbreitung von Hitlers Buch nicht zu behindern. Der Verlag der „Hebräischen Universität von Jerusalem" kann die „Mein Kampf"-Übersetzung in großer Auflage ungehindert veröffentlichen.

Internationale Experten sehen die spektakuläre Bucherscheinung als „Ausdruck des Sicherheitsgefühls Israels, das jetzt genügend stark und reif" ist. Allerdings hat es in Israel schon früher keine staatliche Zensur für die Schriften des Adolf Hitler gegeben.

Krone-Chronik Februar '95

- Wegen Werbeplakaten, die menschliche Körperteile mit dem Stempel „HIV positiv" zeigen, muß die Firma Benetton drei Infizierten 105.000 Schilling Entschädigung bezahlen.
- Fred Perry, einer der legendärsten Tennisspieler aller Zeiten, stirbt im Alter von 85 Jahren im australischen Melbourne. Der Engländer gewann von 1934 bis 1936 Wimbledon und hatte großen Anteil an vier britischen Daviscup-Siegen.
- High-tech-Schummeln: Weil 15jährige Schüler während Schularbeiten per Mobiltelefon über die richtige Lösung von Mathematik-Aufgaben konferieren, verfügt der Direktor eines Londoner Internats ein rigoroses Handy-Verbot.
- Im Alter von 82 Jahren stirbt die Schauspielerin und Sängerin Maria Andergast. Bekannt wurde die geborene Bayerin durch Filme wie „Der Hofrat Geiger" mit Paul Hörbinger, in dem sie das „Mariandl-Lied" sang, und „Der alte Sünder".

Essen bewirkt weit mehr, als nur unseren Hunger zu stillen

Schokolade, Bananen und sogar Pfeffer machen glücklich . . .

Essen macht mehr, als nur unseren Hunger zu stillen: Ernährungsforscher können erklären, warum manche Speisen oder Gewürze – wie Schokolade, Bananen und Pfeffer – wahrliche Glücksgefühle bewirken. Auslöser dafür sind chemische Substanzen, die wiederum wohltuende Reaktionen im Körper hervorrufen.

Die süßen Schoko-Tafeln enthalten „Phenylethylamin", das die Stimmung hebt und unser psychisches Gleichgewicht erhält. Ebenfalls glücksbringend wirken Chili und Pfeffer. Durch sie werden im Gehirn körpereigene Opiate, die Endorphine, freigesetzt.

Ähnlich wirkt die Banane durch ihren Wirkstoff „Harman-Alkaloid". Leicht stimmungsaufhellend ist Käse, während Schüchterne zu Paradeisern greifen sollten. Die roten Früchte enthalten das enthemmende „5-Hydroxy-Tryptamin". Schwache Nerven wieder werden durch Butter gestärkt, und wer ein gesundes natürliches Aufputschmittel sucht, sollte Petersilie kauen.

Wobei die chemische Bezeichnung der Wirkstoffe im Grunde keine Rolle spielt – die Wirkung zählt.

Gendarmen kassierten falsche Strafe

Unwissenheit schützt vor Strafe nicht – dieser eherne Grundsatz gilt auch für Gendarmen: Beim ARBÖ melden sich mehr als 100 Autofahrer, die Strafe zahlen mußten, weil ihre Bordapotheke keine Gummihandschuhe enthält, die vor einer AIDS-Infektion schützen. Allein, es gibt kein Gesetz, daß das Mitführen solcher Handschuhe vorschreibt – lediglich eine „empfehlende" Ö-Norm. Fazit: Alle Einsprüche gehen durch.

Der Verschwender

Österreichs Regierung will mehr Mitarbeiter in Brüssel als Deutsche und Franzosen

Eklat um unser EU-Personal!

Ein neuer Fall von Steuergeld-Verschwendung zeichnet sich ab: Österreichs EU-Botschaft in Brüssel soll mit 81 Beschäftigten – viele davon in Diplomaten-Status – doppelt so groß werden wie jene der Deutschen und Franzosen. Auf Kosten der Steuerzahler will unser kleines Land sich sozusagen zur Großmacht aufblähen!

Die Großmannsucht des kleinen Österreich hat prompt peinliche diplomatische Folgen. Bereits bei den EU-Beitrittsverhandlungen erntete die Alpenrepublik leisen Spott der Briten und Dänen. Keine der Delegationen war so spektakulär besetzt wie die rot-weiß-rote.

Anfang Februar zeichnet sich ein Fortsetzung dieses kostspieligen und rekordverdächtigen Personalaufwandes ab. Durch die Forderungen einiger Ministerien und Sozialpartner wird Österreichs „Ständige Vertretung in Brüssel" 81 hauptberufliche Mitarbeiter zählen – Sekretärinnen, Boten und Chauffeure gar nicht mitgerechnet. Das bedeutet für die EU-Verwaltung natürlich einen erheblichen Aufwand, da diese Personen aufwendig akkreditiert und betreut werden müssen – etwa durch Bereitstellen von Diplomaten-Kennzeichen.

Österreichs geplanter Aufwand ruft Erstaunen, aber auch Verärgerung hervor. Zumal andere Staaten sich viel bescheidener geben. Von Spanien über Frankreich bis Deutschland bewegt sich die Zahl der Mitarbeiter zwischen 30 und 50. Vor unserem Beitritt Spitzenreiter war lediglich Griechenland mit 60 Vertretern.

Zwar erklingen aus dem Kanzleramt und von Europa-Staatssekretärin Gitti Ederer Sparaufrufe. Die allerdings wie blanker Hohn klingen, in Anbetracht der Tatsache, daß prompt auch die Bundesländer neben den bereits bestehenden Österreich-Einrichtungen noch eigene „Botschaften" in Brüssel eröffnen und für ihr Personal geeignete Häuser in besten Lagen suchen.

Ein EU-Diplomat kommentiert Österreichs Verschwendungssucht trocken: „Dieses pompöse Auftreten ergänzt den Eindruck von einem kleinen Land, das zu Gipfeltreffen gleichzeitig mit Bundespräsident, Bundeskanzler und Außenminister anreist . . ."

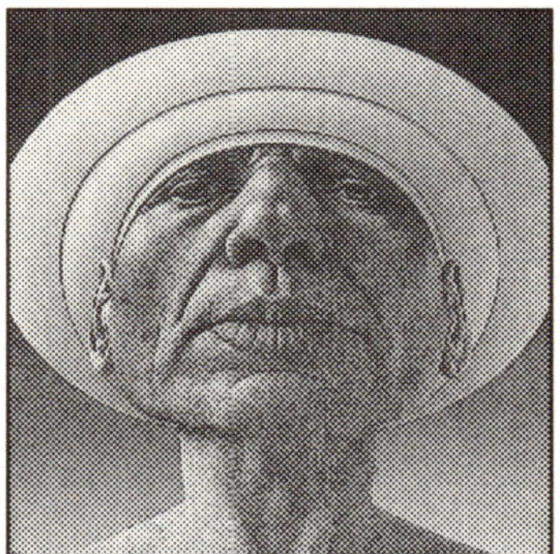

Leitfigur „Adam"

Abschied von „Adam" Rudolf Hausner

Mitbegründer des phantastischen Realismus: Hausner

Rudolf Hausner, einer der bedeutendsten österreichischen Maler der Nachkriegszeit, stirbt 80jährig an Krebs in seinem Haus in Mödling (NÖ). Ausgehend vom französischen Surrealismus begründete er den phantastischen Realismus der „Wiener Schule" mit. Leitfigur seiner Malerei war „Adam", ein Spiegelbild, in dem er eigene Züge analytisch aufbereitete.

Totaler Erfolg für Opernpremiere

Die Premiere von Jules Massenets „Hérodiade“ an der Wiener Staatsoper endet mit einem triumphalen Erfolg. Vierzig Minuten lang Ovationen an Placido Domingo, Nancy Gustafson und auch für den Maler Hermann Nitsch, der das Bühnenbild gestaltete.

Waldheim-Preis für König Hussein

Die unermüdliche Nahost-Diplomatie des jordanischen Königs Hussein ist ebenso legendär wie seine große Freundschaft mit Österreich: Der Monarch wird bei einem offiziellen Wienbesuch mit dem „Kurt-Waldheim-Friedenspreis“ ausgezeichnet.

Rückholaktion für 58.000 Fahrzeuge

Für 700 Millionen Schilling startet „Opel“ eine gigantische Rückholaktion. Besitzer von Opel Astra und aller Opel-Modelle mit Airbag werden aufgerufen, ihre Autos überprüfen zu lassen. Allein in Österreich sind es 58.000, weltweit 2,3 Millionen Fahrzeuge.

Elektro-Fallen in Prager Taxis

Um überhöhte Preise zu erzielen, greifen einige Prager Taxifahrer zu drastischen Mitteln: Sie versehen die Beifahrersitze mit Drähten, um die Fahrgäste mit Stromstößen traktieren zu können, falls diese sich weigern sollten, die geforderte Summe zu zahlen.

Verbrechen aus Spaß. *- Ein Raubüberfall auf die Besitzerin eines Wiener Süßwarengeschäftes erschüttert selbst die Kriminalisten. Zwei Vierzehnjährige stechen Christine Alexandroff (kleines Bild) „als Gaudi“ mit einem Messer nieder. Zuvor hatten sie einem gehbehinderten Pensionisten die Krücken weggenommen - ebenfalls „aus Spaß“.*

Drei-Tages-Romanze in Bonner Luxus-Suite

Juhnkes Affäre mit 18jähriger Schülerin

Eine 18jährige Schauspielschülerin verbringt drei Tage und Nächte mit dem deutschen Entertainer Harald Juhnke in dessen Berliner Hotel-Suite. Der zu dieser Zeit meist betrunkene 65jährige wird danach zum Entzug nach Hause gebracht. Die blutjunge Christine wird zum Freiwild für die Boulevard-Presse.

Das deutsche Mädchen hat sich während eines Konzertes in Bonn in den um 47 Jahre älteren Showstar verliebt. Nach der Affäre kann es sich wegen seiner Unerfahrenheit in Mediendingen nicht wehren und erklärt sehr ausführlich, was es mit Harald alles erlebt hat.

Angefangen vom ersten Rendezvous bis hin zu intimen Geschichten schildert Christiane findigen Society-Reportern so gut wie alles. Die 18jährige darüber heute bitter: „Ich habe aus der Sache gelernt, daß man gefälligst den Mund hält.“

◄ Drei-Tages-Affäre einer 18jährigen mit dem betrunkenen Harald Juhnke

Mobiles Radar für das Heer

Ende Februar gibt der Landesverteidigungsrat grünes Licht dafür, 22 mobile Radargeräte für das Bundesheer zu kaufen. Der 1,3 Milliardenauftrag wird, wie es Verteidigungsminister Werner Fasslabend vorgeschlagen hat, an den französischen Rüstungskonzern Thomson vergeben. Bei den Radaranlagen handelt es sich um 16 Zielzuweisungs- und sechs Tiefflieger-Erfassungsradar. Fasslabend weist jede Kritik an dem Beschaffungsvorgang energisch zurück.

„Raini" stellt sein Leben um

Anläßlich seines Vierzigers beschließt Rainhard Fendrich, Österreichs Top-Star des Show-Business, sein Leben umzustellen. Nach drei Wochen Tee- und Suppenkur bei Willi Dungl im Waldviertel hat sich sein Weltbild verändert: „Ich hab' viel erreicht in meinem Leben und viel Geld verdient – jetzt muß ich wieder lernen, Vater zu sein."

16 Großmütter beschämen Wall-Street

Börsen-Omas besser als Finanzexperten

16 Großmütter aus dem US-Staat Illinois beschämen seit zehn Jahren die Börsen-Experten der New Yorker Wall-Street: Die Damen, die sich lediglich einmal im Monat in der Sonntagsschule von Beardstown zu einer Beratung treffen, haben ihren Einsatz durch kluge Investitionen bereits vertausendfacht . . .

„Am Anfang haben Profis über unseren Oma-Klub gelacht, jetzt schon lange nicht mehr", erklärt Gründungsmitglied Maxine Thomas, 73, stolz. Jahr für Jahr landen die Damen, die ihre Börsenkenntnisse durch Zeitungslektüre und einige Analysen erworben haben, unter den zehn erfolgreichsten Investment-Klubs der USA, ihr Gewinn ist doppelt so hoch wie der Durchschnitt der registrierten Vereine. Ihr Startkapital von 100 Dollar pro Kopf hat sich seit 1983 vertausendfacht.

Krone-Chronik Februar '95

- Der älteste Baum Österreichs, eine etwa 1500 Jahre alte Eibe im Pielachtal (NÖ), fällt einer Sturmböe zum Opfer.
- Familiendrama im Hause Zgonc: Martin, 31jähriger Millionenerbe der Baumarkt-Dynastie, begeht in der Slowakei Selbstmord.
- In China wird der 1,2 milliardste Mensch geboren. Ein Ereignis, das erst für das Jahr 2000 erwartet wurde.
- Gerald Fuchsbichler, in den sechziger Jahren Stammtorhüter Rapids, erliegt im 50. Lebensjahr einem Krebsleiden.
- Ab Ende Februar wird das Bahnfahren in Österreich um satte acht Prozent teurer.
- Doppelerfolg für die beiden Skiasse Michael Tritscher und Mario Reiter beim Weltcup-Slalom in Furano.
- Popstar Sting verliert sein Gehör. Der 43jährige Brite: „Schuld ist der Lärm bei den Konzerten."

Erneut Gefahr aus Tschernobyl: „Sarkophag" hat große Risse!

Neun Jahre nach der Atomkatastrophe von Tschernobyl droht aus dem ukrainischen Kernkraftwerk neue, schwere Gefahr: Die Schutzhülle um den Sarkophag ist brüchig. Aus handbreiten Rissen entweicht Radioaktivität und im Inneren bildet sich ein „Nuklear-Tümpel" mit der dutzendfachen Sprengkraft von Hiroshima.

„Es ist dies eine Warnung an die Welt! In Tschernobyl tickt eine Mega-Atombombe. Es geht um das Überleben Europas." Diese Alarmmeldung wird „Krone"-Redakteur Christoph Matzl Ende 1994 über geheime Kanäle aus der Ukraine zugespielt. Die Absender sind Atomphysiker, die 1986 beim Super-GAU selbst in Tschernobyl waren und heute sterbenskrank sind.

Bei einem Geheimtreffen in Kiew packen die Physiker, die nichts mehr zu verlieren haben, aus. Geben Details über den katastrophalen Zustand des Todesreaktors und das Sicherheits-Chaos bekannt. Nach Erscheinen der „Krone"-Reportage reisen West-Experten in die Ukraine und bestätigen: „Der Sarkophag ist voller Lecks." Dank des darauf wachsenden internationalen politischen Drucks erklärt sich die Ukraine bereit, Tschernobyl bis 1999 zu schließen.

Große Auszeichnung kurz vor dem Ableben

Abschied von Alfred Böhm

„Die größte Ehre ist die Liebe meines Publikums." Das war die Lebensmaxime des Alfred Böhm, der im Februar 1995 mit dem Goldenen Ehrenzeichen der Stadt Wien ausgezeichnet wird. Es ist einer der letzten öffentlichen Auftritte des von einer schweren Krankheit gezeichneten Schauspiel-Stars. Am 22. September stirbt er im 75. Lebensjahr friedlich zu Hause, umgeben nur von engsten Vertrauten.

Familienvater plante Zwei-Millionen-Coup

„Krone" entlarvt Erpresser

Einem „Krone"-Reporter gelingt es, einen Erpresser zu überführen. In Briefen und Anrufen fordert ein hochverschuldeter Familienvater von einem Unternehmen in Rabenstein (NÖ) zwei Millionen Schilling. Unter der Drohung, der Zeitung Informationen über eine angeblich illegale Mülldeponie zuzuspielen. Unserem Mitarbeiter gelingt es, nach genauen Recherchen den Erpresser zu überführen.

„Quietschi" – diesen wenig schmeichelhaften Künstlernamen verleiht „Krone"-Adabei Birgit Sarata, die mit Brillen-Barden Heino gemeinsam unterwegs ist. Und zwar auf dem deutschen Traumschiff „Europa", wo sie 600 Passagieren die Seereise von Singapore nach Thailand verschönert (?).

Obszöne Anrufe: Körperverletzung!

Psycho-Terror ist gerichtlich strafbar

Aufsehenerregendes Gerichtsurteil in Wien: Jahrelang quälte ein Mann eine 35jährige Frau mit obszönen Anrufen und Anzeigen in Kontaktmagazinen. Er wird für den Psychoterror zu sechs Monaten bedingt und 144.000 Schilling Strafe verurteilt – wegen Körperverletzung.

Was der 28jährige Angeklagte nicht verstehen kann. Er habe sich „nur einen Spaß erlaubt", behauptet der Mann, der sein Opfer 1990 auf dem Weg zu Arbeit gesehen hat – es aber nicht wagte, die Frau anzusprechen.

Stattdessen forschte er die Telefonnummer aus und terrorisierte die Auserwählte mit Anrufen und fingierten Anzeigen, in denen er Männer um Zusendung obszöner Fotos bat.

Die Frau reagierte auf die Psychofolter mit Nervenzusammenbrüchen, Schlafstörungen, Weinkrämpfen und Übelkeit. Für den Richter kein Zweifel: schwere Körperverletzung!

Katastrophe in BRD: Regulierungen schuld

Jahrhundert-Hochwasser

In Deutschland tritt der Rhein Anfang Februar aus den Ufern und sorgt für katastrophale Überschwemmungen. In Köln wird die Jahrhundert-Hochwassermarke erreicht. Wissenschafter haben eine Erklärung für die immer häufiger werdenden Überschwemmungen: Die übertriebene Flußregulierung, die ein natürliches Versikkern und Ausweichen der Wassermassen in Auen verhindert.

Tiroler Pater starb 1943 unter Hitlers Fallbeil

Priester wird seliggesprochen

Der österreichische Marianisten-Pater Jakob Gapp wird als „Märtyrer des Glaubens" seliggesprochen. Der 1897 in Tirol geborene Priester wurde 1943 von Hitlers Blutrichtern zum Tode verurteilt und enthauptet, weil er von der Kanzel das „glaubensfeindliche und menschenverachtende NS-Regime" angeprangert hatte. In seinem letzten Brief schrieb er: „Alles geht vorüber – nur der Himmel nicht."

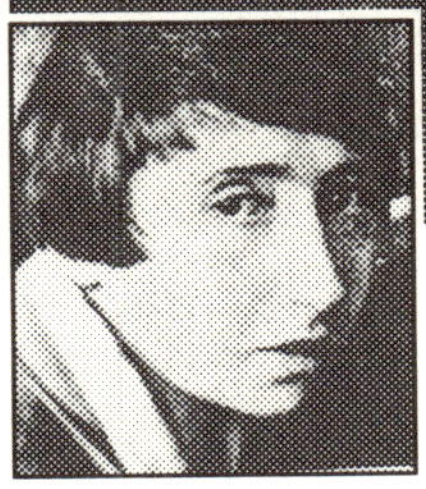

Trude Fleischmann (1895-1990): Fotografin der Kunst- und Theaterszene

Olga Wlassics (1896-1969) wurde mit Glamour-Akt-Fotos berühmt

Madame d'Ora (Dora Kallmus, 1881-1963): Unser „Weltstar"

Krone-Chronik Februar '95

● Professor Viktor Frankl, weltberühmter Mediziner („Der Sinn des Lebens") und jahrzehntelanger Chef der Wiener Poli-Klinik, feiert seinen 90. Geburtstag.

● Ungewöhnlicher Zwischenfall während eines Fußballmatch auf der spanischen Atlantik-Insel Teneriffa: Ein Geier greift den Schiedsrichter und mehrere Spieler an. Angeblich, weil diese sich so wenig bewegten, daß der Aasfresser sie für tot hielt . . .

● Eine 63jährige Witwe gewinnt im deutschen Lotto umgerechnet 92 Millionen Schilling – der dritthöchste Einzelgewinn in der Geschichte.

● Laut einer Studie leben in Österreich mehr als 270.000 Kinder in Armut. Als Hauptursache für die unzureichende Versorgung gelten die schlechten Erwerbschancen von jungen alleinerziehenden Müttern.

● Die Französin Jeanne Calment, älteste Frau der Welt, feiert in einem Altersheim in Arle den 120. Geburtstag. Einziges Zugeständnis an ihr Alter: Mit 117 hat sie das Rauchen aufgegeben.

● Ein Gericht spricht fünf Wiener frei, die in alkoholisiertem Zustand eine Straßenbahn übersehen und den Zugführer zu einer Notbremsung, bei der ein Fahrgast verletzt wurde, gezwungen haben. Begründung: Die Promillegrenze gelte nur für Fahrzeuglenker.

● Polit-Skandale erschüttern Frankreich: Sozialisten-Chef Henri Emanuelli steht wegen einer Affäre um Parteispenden vor Gericht, der frühere Postminister Alain Carignon sitzt wegen Korruption in U-Haft.

„30er"-Ausstellung in der Galerie Würthle

Mit dem Blick der Frau

Frauen fotografieren Frauen – Im Wien der 20er und 30er Jahre wurden drei Fotografinnen mit ihren Bildern berühmt: Madame d'Ora (Dora Kallmus), Trude Fleischmann und Olga Wlassics. Wiens Galerie Würthle zeigt in einer wunderbaren und vielbeachteten Ausstellung 200 der wertvollen Meisterbilder.

Das Genre des „Glamour-Fotos" wurde nicht in Hollywood, sondern in Wien erfunden – und von Frauen:

● Dora Kallmus nannte sich als Fotografin „Madame d'Ora" (1881-1963): Mit Arthur Benda gründete sie 1907 ein Atelier, wurde durch Porträts und Modefotos weltberühmt, übersiedelte 1925 nach Paris, wo sie für Chanel, Hermès und andere fotografierte.

Olga Wlassics fotografierte die Schauspielerin Lil Dagover in Kostüm und Schmuck der „Kaiserin Elisabeth".

● Trude Fleischmann (1895-1990) war die Chronistin der Wiener Kunst- und Literaturszene (z.B. Loos, Altenberg), fotografierte Tänzerinnen und Schauspielerinnen.

● Olga Wlassics (1896-1969) gründete mit ihrem Mann Adorjan 1924 das Atelier „Foto-Kunst-Manassé" und wurde mit glamourösen Porträts und Aktbildern bekannt.

Skandal um

Eine Ex-Schwester packt aus: Brutale Übergriffe sind Routine Patienten werden gefesselt! Alltag mit Hieben und Spritzen

Ein ungeheuerlicher Skandal um mißhandelte Patienten erschüttert Österreich Mitte März: In Pflegeheimen der Stadt Wien werden wehrlose alte Menschen wie Tiere gehalten und von den Betreuern sadistisch gequält. Die „Krone"-Redakteure Tom Klinger und Gerhard Walter decken die demütigenden und schokkierenden Vorfälle schonungslos auf.

Entsetzliche Übergriffe des Personals in Pflegeheimen beschäftigen die Staatsanwaltschaft. Glaubt man Zeugenaussagen, so werden wehrlose Pensionisten vom Betreuungspersonal ausgepeitscht, mit glühenden Zigaretten mißhandelt und mit wüsten Beschimpfungen gedemütigt. Windeln werden so schnell gewechselt, daß Striemen zurückbleiben. Aufgrund dieser Vorwürfe wird gegen vier Pflegehelfer Strafanzeige erstattet, der Direktor abgesetzt.

Ermutigt durch den Bericht packt dann auch eine 46jährige Frau, die jahrelang in Pflegeheimen der Gemeinde Wien gearbeitet hat, in einem „Krone"-Exklusivinterview aus.

„Ich habe die Übergriffe an einigen Stationen nicht mehr ausgehalten und wollte die Patienten beschützen", erzählt Ex-Schwester Monika Bednar, „daher wage ich es jetzt, diese Mißstände aufzuzeigen." Die „unhaltbaren Zustände", die sie glaubwürdig beschreibt, lösen eine Welle der Empörung aus.

● Wenn Patienten nachts schrien, wurden sie brutal ans Bett gefesselt.

● Oder es wurden ihnen Spritzen verabreicht, um sie stillzulegen. „Diese hilflosen alten Menschen sind tagelang apathisch herumgelegen", erzählt die Zeugin.

● Damit es „schneller geht", wurde ihnen das Essen mit Gewalt in den Mund gestopft. Bednar: „Oft kam es vor, daß die heiße Suppe den Rachen verbrühte. Die Leute haben dann vor Qualen geschrien. Den Pflegern war es egal, sie haben bestenfalls kaltes Wasser nachgeleert."

● „Unliebsame" Patienten wurden für geisteskrank erklärt und in eine geschlossene Anstalt abgeschoben.

● Alte, bettlägrige Menschen wurden wochenlang nicht gewaschen. „Wenn die Bettwäsche gewechselt wurde, haben Pfleger sie derart brutal heraugehoben und wieder zurückgeschmissen, daß sie sich vor Schmerz gekrümmt haben."

● Körperliche Mißhandlungen durch Schläge und Zwikken waren Alltag. Ebenso wie verbale Demütigungen.

Obwohl es sich bei den Tätern in diesen Fällen bestimmt um schwarze Schafe unter der Heerschar selbstloser, aufopfernder und unermüdlicher Helfer handelt, drängt die „Krone" auf eine lückenlose Untersuchung der Vorfälle.

Bürgermeister Michael Häupl und Gesundheitsstadtrat Sepp Rieder setzen sich rasch für ein restlose Aufklärung der Affäre ein.

Achtung und Respekt

In China ist es selbstverständlich: Betagte Menschen werden verehrt. Man schätzt ihre Erfahrung, ihre Weisheit, würdigt ihre Verdienste.

In westlichen Ländern sieht das leider meist anders aus: Das dominiert der Jugendkult – nicht zuletzt aus materiellen Gründen. Und die Senioren? Sofern sie nicht zur privilegierten Minderheit der Reichen und Würdenträger zählen, werden sie dann oft ins Abseits geschoben.

Erschütterung, Beklemmung und Empörung erfaßt uns in Anbetracht der aufgedeckten Mißstände in den Altersheimen von St. Andrä und Liesing. Und es muß unbedingt Vorsorge getroffen werden, daß solche Tyranneien nicht mehr passieren, daß Sadisten schon im Ansatz das Handwerk gelegt wird.

Achtung, Respekt und menschenwürdige Behandlung ist das wenigste, daß man Pensionisten, die auf unsere Hilfe (und nicht zuletzt Nächstenliebe) angewiesen sind, entgegenbringen muß. Gerade wir Jungen sollten nciht vergessen: Auch wir werden einmal alt . . .

Peter Kunze

Quälerei in Pflegeheimen

„Das kulturelle Niveau unserer gesamten Gesellschaft wird", so der Bürgermeister, „nicht zuletzt daran gemessen, auf welche Weise wir mit unseren Alten umgehen. Da schmerzt es natürlich ganz besonders, wenn solche Vorfälle bekannt werden. Und es ist mehr als schmerzlich, wenn die Würde des alten Menschen im wahrsten Sinne des Wortes mit Füßen getreten wird."

Damit die Menschlichkeit in den Pflegeheimen nicht an Bürokratie und Sparmaßnahmen erstickt, erklärt Rieder, daß alle Hinweise auf Mißstände genau überprüft werden. „Die Anonymität der Mitarbeiter, die sich an uns wenden, bleibt selbstverständlich gewährt", versichert der Gesundheitsstadtrat, eine unabhängige Expertenkommission aus zwei Universitätsprofessoren, einem Pflege-Gutachter und einer Psychologin einzusetzen. Eine Reform der schlechten Personalpolitik, die als Hauptursache für die Mißstände gilt, wird eingeleitet. Bleibt zu hoffen, daß die Ankündigung nicht nur politische Schönfärberei ist.

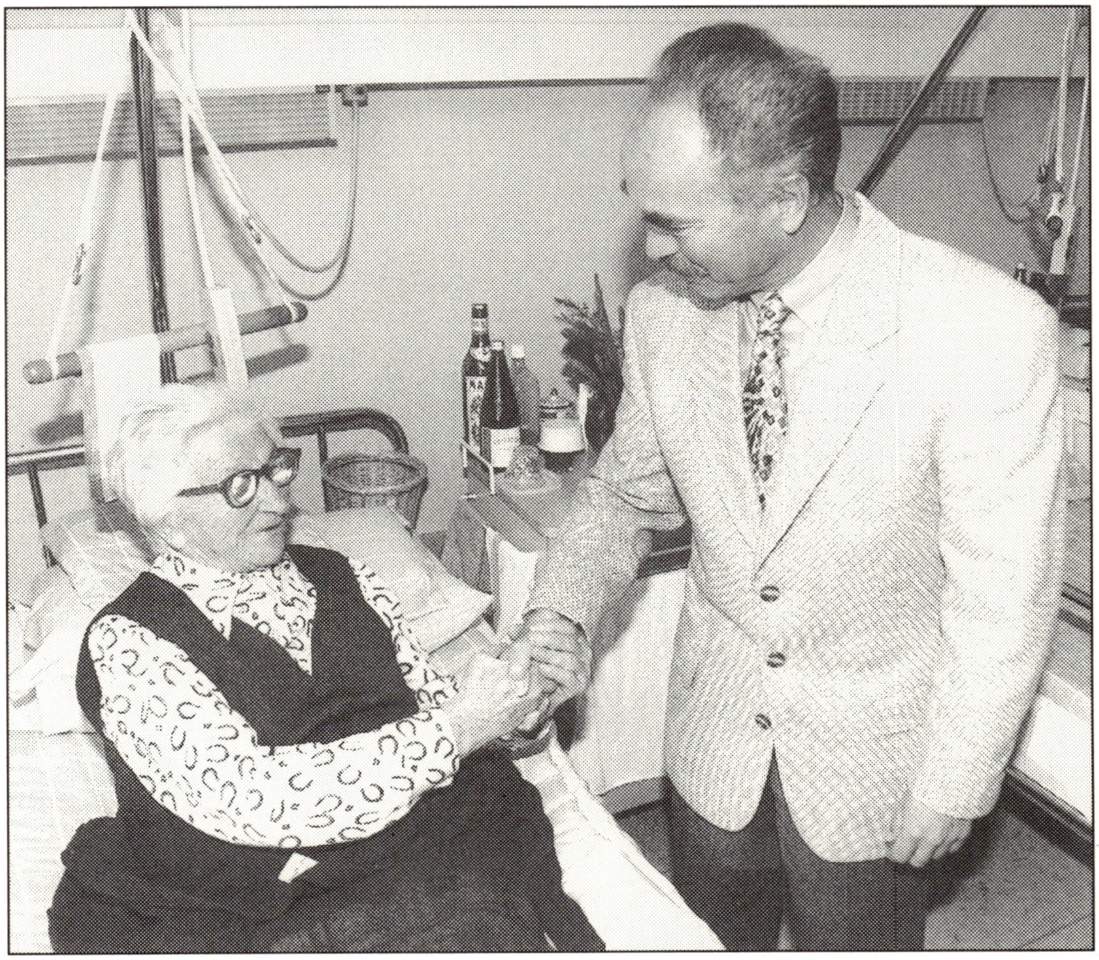

Gesundheitsstadtrat Dr. Sepp Rieder setzt auf den Vorschlag der „Krone" einen Untersuchungsausschuß ein, um die Pflegeheimaffäre zu klären: „Schließlich hat jeder Mensch ein Recht auf Würde!"

Ein Küßchen als Dank ans Gala-Publikum

Deutschlands Schlagerstar Nicole („Ein bißchen Frieden") feiert bei der „Krone"-Gala in der Wiener Stadthalle einen sensationellen Auftritt. Als Dank ans Publikum schickt die Songcontest-Siegerin Kuß-Händchen ins Publikum. Das Schlagerfest bricht alle Rekorde: Sechs Stunden lang heizen die Stars des deutschen Schlagers, von Rex Gildo bis Thomas Forstner, den Besuchern voll ein. Als Austro-Popper beeindrucken vor allem die wiedervereinten Waterloo & Robinson. Rocco Granata greift bei seinem Hit „Marina" selbst zum Akkordeon.

27 Schüsse: Raubmord an

● Wiener Architektin stirbt im Kugelhagel
● Fürchterliche Panne bei der Fahndung

Sie schaltet die Alarmanlage in ihrer Villa in Wien-Döbling erst vor dem Schlafengehen ein. Eine Angewohnheit, die der 56jährigen Architektin Margareta Wolf zum Verhängnis wird. Denn in der Nacht dringt ein irrer Raubmörder in den Garten ein und feuert durch die Terrassentür 27 Schüsse auf die Witwe.

Um 20.30 Uhr führt die freundliche, von Nachbarn als „eher ängstlich" beschriebene Frau noch ein Telefongespräch mit der Tochter. Ihr letztes. Denn in der Zeit zwischen diesem Anruf und Mitternacht stirbt die 56jährige im Kugelhagel ihres Mörders.

Der sich, wie später Rekonstruktionen der Polizei ergeben, in den Garten geschlichen und offenbar auf sein Opfer gewartet hat. Und zwar an der Rückseite des Hauses, in der Nähe des überdachten Swimmbeckens.

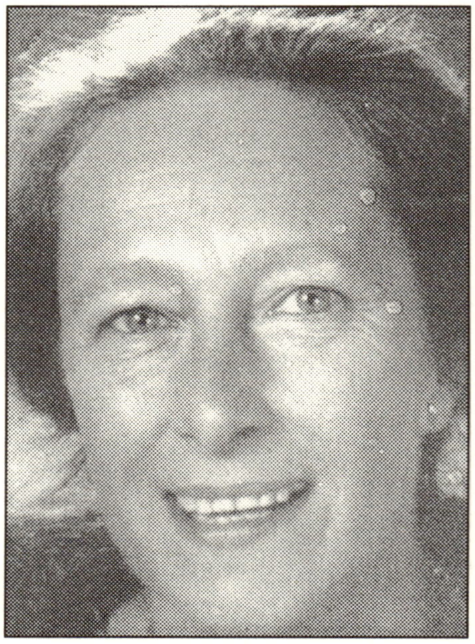

Ermordet: Margareta Wolf (56)

Die attraktive Witwe gibt im hellerleuchteten Wohnzimmer eine ideale Zielscheibe ab. Der Mörder jagt die ersten Kugeln durch die geschlossene Verandatür. Dann läuft er ums Haus, um eine weitere Feuersalve zu eröffnen. Die Architektin und ihre Hündin, der dreijährige schwarz-weiße Springerspaniel „Nanni", sterben im Kugelhagel.

Die Ermittlungen der Polizei verlaufen von Anfang an äußerst zäh. Und sollten in einer fürchterlichen Pleite enden. Zunächst steht fest, daß der Mörder eine Schußwaffe des Kalibers 7,65 Millimeter mit Schalldämpfer verwendet hat. Ein Munitionstyp, den bei uns eigentlich nur Jäger verwenden, der aber in Staaten des früheren Ostblocks durchaus gängig ist.

Erbeutet hat er vier wertvolle Gemälde im Gesamtwert von mehr als 200.000 Schilling sowie den Videorekorder der mit der Alarmanlage gekoppelten Hausüberwachungsanlage.

Psychologen erstellen in weiterer Folge ein Täterprofil, von dem bis heute nicht klar ist, ob es zutrifft. Sie gehen jedenfalls von einem „irren Einzeltäter" aus. Keinem gewöhnlichen bewaffneten Einbrecher, der nur dann tötet, wenn er sich entdeckt oder bedroht fühlt. Sondern einem Mann, der sozusagen die fixe Idee hatte, die Frau umzubringen. An die psychologische Beschreibung des Geisteskranken, der in blindem Haß und blinder Zerstörungswut handelt, schließen die Gutachter eine Warnung: Er wird weitertöten – soferne er nicht überführt wird.

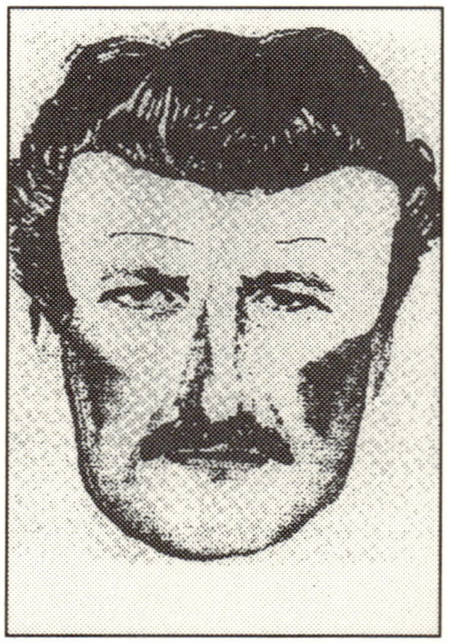

▲ Der Raubmörder (Phantombild oben) entkam der „genialen" Polizeifalle auf dem Neustifter Friedhof (rechts) ▶

Shakehands: Polizeipräsident Bögl (re.) mit Nachfolger Stiedl

Wachablöse an der Spitze der Wiener Polizeidirektion

Lange angekündigt, wird Ende März die große Wachablöse an der Spitze der Wiener Polizeidirektion vollzogen: Präsident Dr. Günther Bögl geht in Pension und soll künftig als Berater dem Innenministerium zur Verfügung stehen. Sein „logischer" Nachfolger heißt Hofrat Dr. Peter Stiedl.

Logisch deshalb, da Stiedl als ruhiger Pragmatiker gilt, der über das tagespolitische „Hickhack" rund um die Exekutive erhaben ist – was er bereits in der heiklen Position als Chef der Wirtschaftspolizei bewiesen hat.

Auch an der Spitze der Staatspolizei gibt es einen Wechsel: Dr. Oswald Kessler wird abgelöst und übersiedelt in die EDV. Als neuer oberster „Geheimer" wird Mag. Jürgen Mastallier, bisher Leiter der Kärntner Stapo, bestellt.

Witwe

Um den Witwenmörder zu fassen, hecken die Kriminalisten einen einfachen, aber rein theoretisch genialen Plan aus. Der Täter hat auf seiner Flucht nämlich einen Koffer mit Beutestücken zwischen Gräbern auf dem nicht weit entfernten Neustifter Friedhof versteckt. Offenbar in der Absicht, die heiße Ware zu einem späteren Zeitpunkt abzuholen. Also beschließen die Fahnder, sich auf die Lauer zu legen.

Tagelang harren Spezialisten der Beobachtungsgruppe auf dem Friedhof aus. Um den Raubmörder auch eindeutig identifizieren zu können, montieren sie sogar eine Videokamera mit Überwachungsschirm.

Dann, am Freitag dem 18. März, ist es tatsächlich soweit. Kurz nach Mitternacht taucht der Verbrecher bei dem Versteck auf und öffnet den Koffer. Doch anstatt der erhofften Beutestücke – fünf Bilder, der Videorekorder und eine kleine Standuhr – findet er das Gepäckstück leer. Er stellt den Koffer seelenruhig ab und geht völlig gelassen weg.

Was folgt, ist eine an peinlichen Pannen nicht zu überbietende Polizeischlappe:

- Nur zwei der insgesamt zehn Beamten, die auf Lauer gelegen sind, nehmen die Verfolgung auf. Die übrigen sind zu weit entfernt.
- Obwohl allen bekannt ist, daß der nächtliche Friedhofsbesucher ein irrer und stets bewaffneter Raubmörder ist, versucht einer der Beamten, ihn mit dem Ruf „Stehenbleiben, Polizei!“ anzuhalten.
- Zu diesem Zeitpunkt wird dem gefährlichen Verbrecher klar, daß er in eine Falle getappt ist. Der sportliche und durchtrainierte Mann läuft davon, springt wie eine Katze über einen Graben und hechtet über einen 1,20 Meter hohen Stacheldrahtzaun. Die Fahnder feuern ihm noch fünfmal nach, ihre Projektile verfehlen aber das Ziel.
- Danach wird eine chaotische Suchaktion mit 200 Polizisten und Unterstützung von Hubschraubern gestartet. Der Heurigenort Neustift wird wie ein Kriegsgebiet hermetisch abgeriegelt, doch indes ist bereits wertvolle Zeit vergangen. Genug Zeit jedenfalls für den Mörder, der entkommt.
- Zu allem Überdruß stellt sich noch heraus, daß auch die Bilder der Polizei-Überwachungskamera nahezu unbrauchbar sind. Das magere Ergebnis ist ein gezeichnetes Phantombild, über dessen Trefflichkeit massive Zweifel angebracht sind.

Die Polizeischlappe, unbestritten eine der größten in der Geschichte der Zweiten Republik, sorgt für Empörung in der Bevölkerung und für massive Kritik an der schlampigen Umsetzung der von der Idee her hervorragenden Falle. Eine von vielen berechtigten Fragen, die unbeantwortet bleiben, ist die, warum der Koffer nicht präpariert worden ist – etwa mit einem Blendsatz, der nach Öffnen den Täter durch einen grellen Lichtblitz vorübergehend blind und handlungsunfähig macht.

So aber läuft ein irrer Mörder frei umher.

▲ *In dieser Villa in Wien-Döbling wurde die 56jährige Architektin von dem irren Raubmörder erschossen – aus dem Hinterhalt.* ▶

Apropos

Dr. Georg Wailand

Konsum: Wieder alles paletti?

Die in langer Nacht erzielte Vereinbarung zwischen Banken und Lieferanten verschafft bei der Abwicklung der Konsum-Pleite eine kurze Atempause. Aber alles paletti ist damit sicherlich nicht. Ganz im Gegenteil: Es wäre unerträglich, wenn sich bei Österreichs größter Nachkriegspleite die Verantwortlichen einfach davonstehlen könnten, so als sei nicht wirklich was passiert. Vielleicht gar auch noch „belohnt" mit zweistelligen Millionenabfertigungen. So geht's sicher nicht! Denn das, was bisher öffentlich wurde, stellt bloß die Spitze eines Eisbergs dar.

Atemberaubende Unvereinbarkeiten wurden als selbstverständlich dargestellt. Wenn etwa jahrelang der Konsum-Boß Gerharter an der Spitze des Bawag-Aufsichtsrates darüber entschied, wieviele Milliarden Kredit der Konsum noch bekommt. Oder wenn sich jetzt Gewerkschaftskaiser Sallmutter kritisch über den Konsum und „die Banken" äußert – und dabei zu erwähnen vergißt, daß auch er dort im Aufsichtsrat mitbestimmt hat.

Statt ein Selbstbedienungsladen für Kunden zu sein, war der Konsum offenbar eher ein Selbstbedienungsladen für seine Funktionäre. Wie richtig sind die Bilanzen? Was alles wurde falsch in der Öffentlichkeit dargestellt? Gegen den Konsum-Mega-Flop war die Intertrading-Pleite noch ein Kinderspiel. Hier geht es um über 15 (!) Milliarden, die verwirtschaftet wurden und nun zahllose Lieferanten in ihrer Existenz bedrohen.

Würde diese Pleite nicht lückenlos aufgerollt werden, so wäre das der noch größere Skandal. Mitleid mit den handelnden Personen ist unangebracht, ihr Hochmut, selbst in der jüngsten Vergangenheit noch, gibt dazu keinen Anlaß . . .

Konsum-Konzern

- **Die größte Finanz-Pleite der Zweiten Republik**
- **Überschuldung beträgt 26 Milliarden Schilling**
- **Direktor will 52 Millionen Schilling Abfertigung**

Mit 26 Milliarden Schilling Schulden schlittert der „rote Handelsriese" Konsum in die größte Pleite der Zweiten Republik. Während 87 Filialen geschlossen und etwa viertausend Mitglieder gekündigt werden, wagt es Generaldirektor Gerharter, die Summe von 52 Millionen Schilling Abfertigung einzufordern. Er wird von der Konsum-Führung gekündigt.

Ex-General Gerharter

Der Kapitän verläßt das sinkende Schiff . . .

Jahrzehntelang gehört er einfach dazu, wie die Butter aufs Brot. Der Konsum, nicht wegzudenken aus der österreichischen Nahversorgung. Als einer der ersten startete er das Supermarkt-Prinzip, die riesigen Konsum-Großmärkte gelten als Vorreiter der Shopping-Center.

Doch die Situation in dem österreichischen Traditionsbetrieb wird im Frühjahr untragbar: Jeden Tag fallen Verluste zwischen sieben und neun Millionen Schilling an. Eine Besserung ist mittelfristig nicht in Sicht. Die Regale bleiben leer, weil die Lieferanten keine Waren mehr bringen.

„Krone"-Wirtschaftsredakteur Manfred Schumi sieht die Ursache für den Untergang der „roten Riesen" in einer Reihe von Fehlentscheidungen, die bereits vor 15 Jahren begonnen haben: Seit 1979 schloß der Konsum nur einmal mit einem positiven Betriebsergebnis ab.

Im immer härter werdenden Konkurrenzkampf wirkt sich die fehlende Finanzkraft fatal aus: Während andere großzügig in ihre Filialen investieren, hinkt der Konsum hinten nach. Der Umsatz pro Quadratmeter liegt um 30 Prozent unter dem Branchenschnitt. Die Personalkosten sind die höchsten.

Um in der Bilanz einen Gewinn auszuweisen, müssen Reserven aufgelöst werden. Viele Jahre kann die Ertragsschwäche vor der Öffentlichkeit geheim gehalten werden.

meldet den Ausgleich an!

Und das, obwohl ein Wirtschaftsexperte bereits 1987 Alarm schlug und die Pleite voraussagte. Wie „Krone"-Reporterin Trude Sagmeister enthüllt, hat der Wirtschaftsexperte Dr. Robert Blaich schon vor acht Jahren in einer Studie über „Die Entwicklung der Konsumgenossenschaften in Österreich" festgehalten, warum es der „Rote Riese" Konsum nicht mehr lange machen wird, wenn er so weiterschlampt wie bisher.

Doch das Aufdekkungsbuch des Assistenzprofessors an der Wiener Universität gibt es nicht mehr. Denn der „Konsum-Krimi" ist längst vergriffen, da der peinlich berührte Vorstand die gesamte Auflage gleich bei Erscheinen aufgekauft und eingemottet hat. . .

87 Filialen des „Roten Riesen" Konsum müssen geschlossen werden

Konsum-General Hermann Gerharter wird schließlich von Hansjörg Tengg abgelöst. Während der neue General verzweifelt darum kämpft, daß die Gläubiger dem 40-Prozent-Ausgleich mehrheitlich zustimmen, gießt sein Vorgänger Öl ins Feuer. Gerharter kündigt an, seine Ansprüchevon 52 Millionen Schilling einzufordern. Diese Ankündigung löst einen politischen Proteststurm aus, woraufhin Gerharter fristlos entlassen wird.

Naomis Kampf mit der Kugel. *Bei der Eröffnung des neuen Casinos in Baden benötigt Topmodel Naomi Campbell trotz Assistenzhilfe von Erwin Pröll ein Dutzend Versuche, um das Kügelchen zu werfen. Helmut Zilk dazu: „Ein Plastikpupperl, das weder reden noch gehen, ja net amoi a Kugerl werfen kann."*

Krone-Chronik März '95

- Am 27. April wird die letzte Ausgabe von „Gottschalk" auf RTL ausgestrahlt. Thomas Gottschalk wechselt zu SAT 1, um dort ab 1996 eine Samstag-Ncht-Show zu bestreiten.
- Mutter Teresa, dem „Engel der Armen", wird in Kalkutta ein Herzschrittmacher eingesetzt. Während die 84jährige Nonne im Spital ist, beten Millionen Menschen um ihre Genesung.
- Zu Zusammenstößen zwischen Anti-Atom-Demonstranten und 6500 Polizisten kommt es beim „Castor"-Transport von radioaktiven Brennelementen ins Zwischenlager Gorleben (BRD).
- Die Schauspielerin und Tänzerin Ginger Rogers stirbt 83jährig in ihrem Haus in Kalifornien. Weltbekannt wurde sie als Partnerin von Fred Astaire, mit dem sie in zehn Filmen tanzte.

Giftgas-Anschlag

- **Hinterhältiges Attentat fordert 8 Menschenleben**
- **1500 Terroropfer brechen bewußtlos zusammen**
- **Aum-Sektenmitglieder als Täter unter Verdacht**

Was dahinter steckt

VON ERNST TROST

Terrorpsyche

Die Horror-Visionen des Josef Haslinger vom Gastod am Opernball sind also gar nicht so aus der vergifteten Luft gegriffen. Und all die Science-fiction-Schreiber und Drehbuchautoren, die ihre Intelligenz in der Hoffnung auf reichen Geldsegen, Bestsellerehren und volle Kinokassen mobilisieren, haben Mühe, der traurigen Wirklichkeit immer einen Schritt voraus zu sein.

Die Angstmacher sind unter uns, und sie setzen ihre grausigen Hirngespinste mit ständig gesteigerter technischer Kunstfertigkeit in die Realität um. Wie die bösen Supermänner der James-Bond-Fabeln quält diese Unheilsproduzenten die Sucht nach der Allmacht. Der größte Verzicht für sie bedeutet wohl, sich nicht vor die Kameras stellen zu können und auszurufen: „Seht her, wir sind's, wir haben das komplizierte Nervensystem der Metropole mit einem Schlag gelähmt, wir sind eure wahren Herren!"

Weil sie jedoch nicht gefaßt werden wollen, bleibt ihnen nur die „klammheimliche Freude." Sie haben es „denen da oben" gezeigt, sie völlig verunsichert, ihnen wenigstens für kurze Zeit ihren Willen aufgezwungen und die Medien erobert. Das ist die Psychologie des Terrors. Wie bei einem Sexualmörder erzeugt auch bei diesen politischen Triebtätern das Töten Lustgefühle. Weil sie vielleicht irgendwann von der Gesellschaft ausgeschlossen, verletzt oder zurückgesetzt worden sind, wollen sie sich rächen und einmal ganz oben sein. Und ihre Phantasie beim Erfinden neuer Schrekken ist unerschöpflich . . .

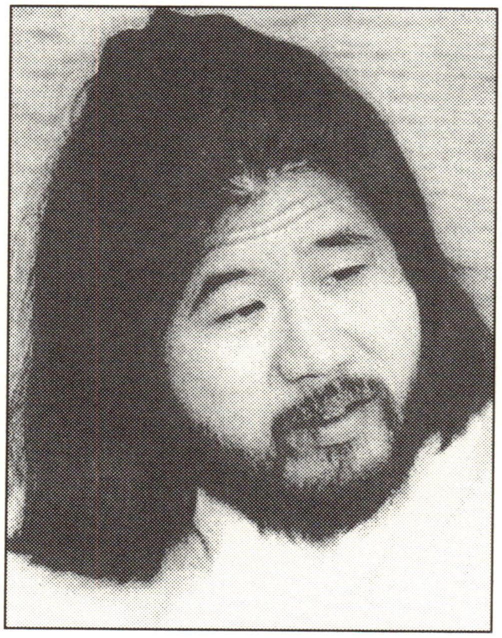

◄ *Shoko Ashara, Führer der Aum-Shinri-Kyo-Sekte, wird mit der Herstellung von Sarin und dem Giftgasanschlag in Tokios U-Bahn in Zusammenhang gebracht. Er bestreitet jede Verwicklung mit dem Attentat. Experten für chemische Kriegsführung reinigen die verseuchten Waggons.* ▼

Acht Tote und 1500 Verletzte fordert am 20. März der erste einer Serie hinterhältiger Giftgasanschläge auf Tokios U-Bahn. Unbekannte Täter deponieren in 16 Stationen Behälter mit dem tödlichen Giftgas Sarin. Dieses Kampfgas, das 1938 in Nazi-Deutschland entwikkelt und hergestellt, aber nie zum Großeinsatz gekommen war, lähmt schon in äußerst geringen Mengen das Nervensystem und führt schnell zu Herz- und Atemstillstand.

Aufgrund dieser schrecklichen Wirkung kommt es in der U-Bahn der japanischen Hauptstadt zu Horrorszenen: Verzweifelt versuchen Betroffene, die gaserfüllten Waggons und Stationen zu verlassen, viele von ihnen werden ohnmächtig und stürzen zu Boden, für acht Japaner kommt jede Hilfe zu spät. Verletzte geraten in Angst. Es kommt zur Massenpanik.

Der Stationschef des Bahnhofs Kasumigaseki im Zentrum Tokios entfernt ein Giftpaket aus einem Waggon – und bricht unmittelbar danach tot zusammen. Mehr als 1500 Menschen müssen in Krankenhäuser eingeliefert werden, 75 schweben in Lebensgefahr. Die Zehn-Millionen-Stadt ist wie gelähmt: Aus Angst wagt sich kaum jemand mit der U-Bahn zu fahren, der Autoverkehr bricht zusammen, es herrscht das totale Chaos.

Als Urheber des feigen Terroranschlags gelten Mitglieder der Weltuntergang predigenden „Aum Shini Kyo"-Sekte. Zahlreiche Sektenmitglieder werden verhaftet und verhört. Doch die endgültigen Beweise fehlen.

auf Tokios U-Bahnnetz!

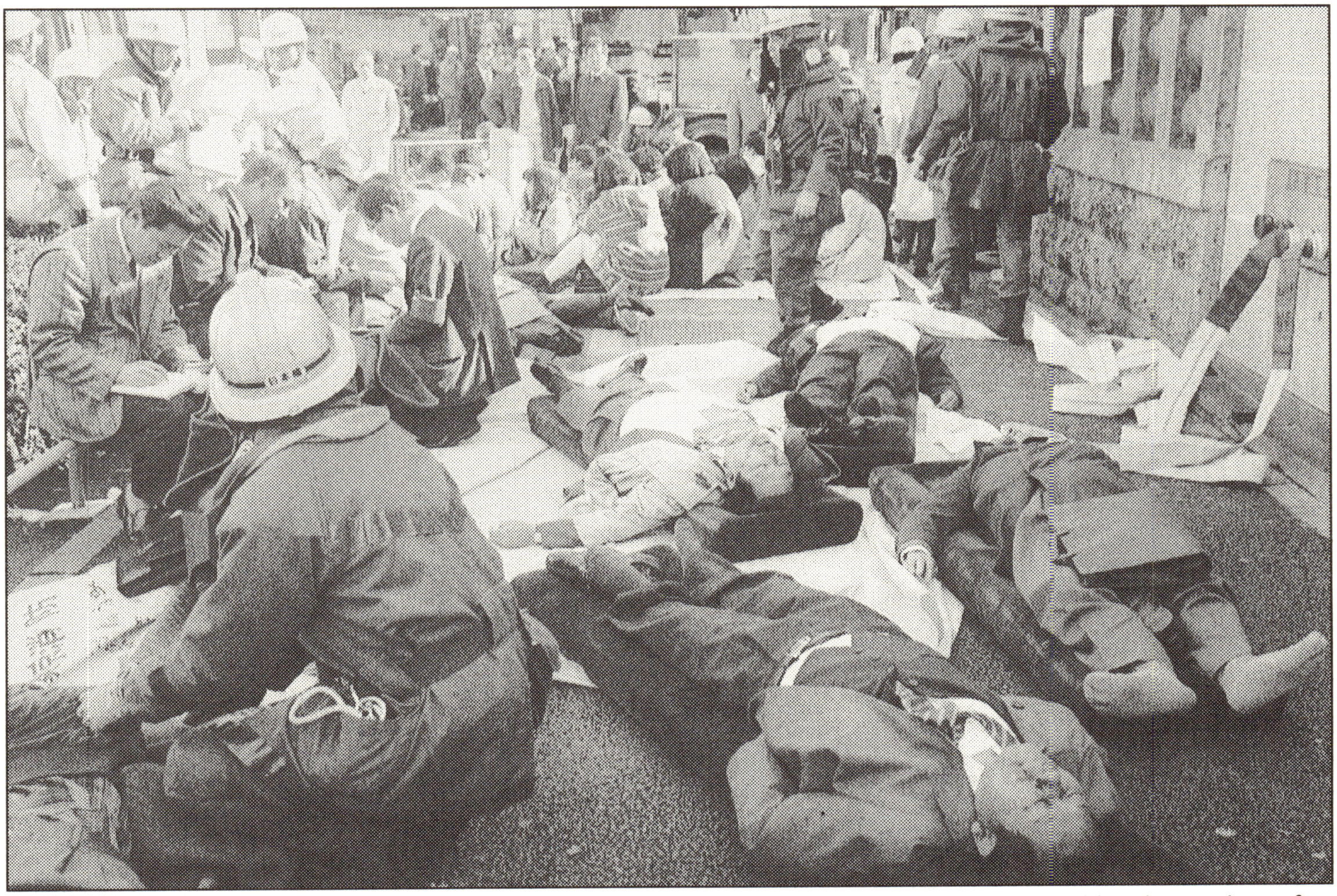

Bild des Grauens: Hunderte U-Bahn-Passagiere werden bewußtlos und bluten aus Nasen und Ohren. Acht Menschen sterben sofort.

Krone-Chronik März '95

- Bei einem Übungsflug in Oberkärnten stürzt ein Heeres-Jet ab. Pilot Johann Plank (25) und Flugtechniker Manfred Fler (30) werden getötet.
- Am 19. März heiratet die spanische Infantin Elena im prachtvoll geschmückten Sevilla Jaime de Marichalar.
- Bischof Stefan László, der sich vor allem der kroatischen und ungarischen Minderheiten angenommen hat, stirbt in Eisenstadt im Alter von 82 Jahren.

„Finanz-Genie": Nick Leeson

„Finanz-Wunderknabe" führt Traditionsbank in den Ruin

Der 28jährige Engländer Nick Leeson sorgt Anfang März für den größten Bank-Crash des Jahres. Durch Fehlspekulationen ruiniert er die Londoner Traditionsbank Barings. Der als „Finanz-Wunderknabe" gepriesene Jung-Banker verursacht einen Schaden von sage und schreibe 12 Milliarden Schilling.

Das renommierte Bankunternehmen, bei dem auch die Queen 30 Prozent ihres Vermögens investiert hat, vertraut dem erst 28jährigen Broker blind und läßt ihn nach Belieben schalten und walten. Leeson bedankt sich auf seine Art und versucht mit riskanten Spekulationen den großen „Deal" zu landen. Doch die Termingeschäfte des überschätzten „Finanzgenies" platzen und 12 Milliarden Schilling sind verspielt.

Nachdem die Verluste bekannt werden, taucht Leeson vorerst im Fernen Osten unter. Nach seiner Flucht rund um den Globus wird er in Frankfurt verhaftet. „Hätte alles geklappt, wären alle reich geworden", verteidigt sich der Milliarden-Pleitier bei seiner Festnahme.

Ein Foto, das kalte Schauer über den Rükken jagt: Die Bewohner des Tiroler Dorfes Münster nehmen Abschied vom kleinen Patrick. Der Sarg des Achtjährigen wird von seinen Freunden des Fußballvereins zum Friedhof begleitet. ▶

Erpresserin aus Tirol verkauft nach der Tat noch seelenruhig Wurstsemmeln . . .

Bub (8) entführt und umgebracht

◀ *Der achtjährige Patrick. Seine Eltern versuchten noch verzweifelt, auf die Forderungen der Entführerin einzugehen und die 500.000 Schilling aufzutreiben. Das ganze Dorf hilft mit – doch vergebens. Denn zu diesem Zeitpunkt ist der Bub bereits tot.*

Erschütterndes Verbrechen in Tirol: Weil sie verschuldet ist und die Bank ihr ein Ultimatum gestellt hat, entführt die Frau eines Kripo-Beamten den achtjährigen Sohn eines befreundeten Ehepaares. Und erstickt ihn mit einem Polster.

Münster in Tirol. Donnerstag, 16. März, meldet sich um 15 Uhr telefonisch eine Frau bei den Eltern des achtjährigen Patrick. Um 19 Uhr finde eine Chorprobe zur Erstkommunion statt, sie sei die Organisatorin. Der Vater bringt den Buben zur vereinbarten Zeit zur Kirche. Eine Viertelstunde später läutet erneut das Telefon. Eine Frau fordert für die Freilassung Patricks 500.000 Schilling.

Die Eltern alarmieren die Gendarmerie und versuchen verzweifelt, das Lösegeld aufzutreiben. Ein schwieriges Unterfangen, schließlich ist der Mann „einfacher" Elektriker bei den Jenbacher Werken. Doch das ganze Dorf hilft mit.

Für die Eltern beginnen Stunden der Angst. Achtmal nimmt die Entführerin Kontakt mit ihnen auf, verspricht, daß es Patrick „gut geht". Der Bub ist zu diesem Zeitpunkt bereits tot.

Freitag mittag meldet die Frau sich zum letzten Mal, um die Geldübergabe zu vereinbaren. Diesmal klappt die Fangschaltung der Gendarmerie. Die Uniformierten rasen zu einem Haus am Waldrand, das einem Kriminalbeamten gehört. Dessen Frau öffnet die Tür, ist offenbar verstört. Die Räume werden durchsucht. In einer Sporttasche in einem Kasten entdecken die Fahnder die Leiche des Buben.

Die Frau, selbst Mutter eines Achtjährigen, gesteht, den Buben entführt und bereits am Abend mit einem Polster erstickt zu haben – weil er nach Hause wollte und so laut weinte. Ihr Motiv: Schulden aus früherer Zeit, von denen der Ehemann nichts wissen sollte.

Am nächsten Tag, als sie noch mit den verzweifelten Eltern verhandelte, ging die Entführerin ruhig an ihren Arbeitsplatz. Und verkaufte freundlich wie immer Wurstsemmeln . . .

Frustrierter Angestellter legt zwölf Feuer in der Volksoper

Ein frustrierter Angestellter legt insgesamt zwölf Brände in der Wiener Volksoper, weil er sich „zurückgesetzt und ungerecht behandelt" fühlt. Den spektakulärsten Feuerwehreinsatz löst er während einer Vorstellung des Stücks „Der Mann von La Mancha" aus, indem er zwei Bühnenpferde im Requisitenraum anzündet.

NÖ-Wahlen: ÖVP und SPÖ im Minus, Freiheitliche legen zu

Verluste für Rot und Schwarz, die sich allerdings in Grenzen halten, und Gewinne für die Blauen, die nicht so hoch ausfallen wie erwartet – das ist das Ergebnis der NÖ-Gemeinderatswahlen. Die ÖVP verliert 8,3% und hält bei 41,3%, die SPÖ legt 4,5% ab (jetzt 32,9), die F gewinnen 3,1% und bauen auf insgesamt 7,9% aus.

Krone-Chronik März '95

- Peinlich: Formel 1-Vizeweltmeister Damon Hill wird in seiner Heimat Großbritannien kurzfristig der Führerschein abgenommen. „Stilechtes" Delikt: Schnellfahren.
- Magistratsdirektor Dr. Josef Bandion, mächtigster Beamter im Wiener Rathaus, geht in Pension.
- Ex-Boxweltmeister Mike Tyson, wegen Vergewaltigung verurteilt, wird nach drei Jahren Gefängnis im US-Bundesstaat Indiana entlassen. Auf ihn warten eine Luxuslimousine und 20 Millionen Dollar für ein Comeback.
- Tragödie beim Einschwingen für ein Schüler-Skirennen im Salzburger Rauris: Ein zehnjähriger Hauptschüler stürzt gegen einen Baum und erliegt den schweren Kopfverletzungen.

Kranke Mutter:

Leben für das Baby

Eine 34jährige Linzerin, die an Krebs erkrankt ist, verzichtet wegen ihrer Schwangerschaft auf die schädliche Chemo-Therapie. Sie hofft, daß „die Liebe den Krebs besiegen kann" und bringt ein gesundes Kind zur Welt, den süßen Stefan. Doch das Schicksal ist erbarmungslos. Nur acht Wochen nach der Geburt des Sohnes stirbt die tapfere Frau. Die Familie ist verzweifelt, tröstet sich aber damit, daß die 34jährige eine höchstpersönliche Entscheidung fällte, als sie ihr Leben für das Baby gab. Und alle werden das Versprechen, das sie gegeben haben, heilig halten: „So lange wir leben, werden wir uns um dein Kindlein kümmern."

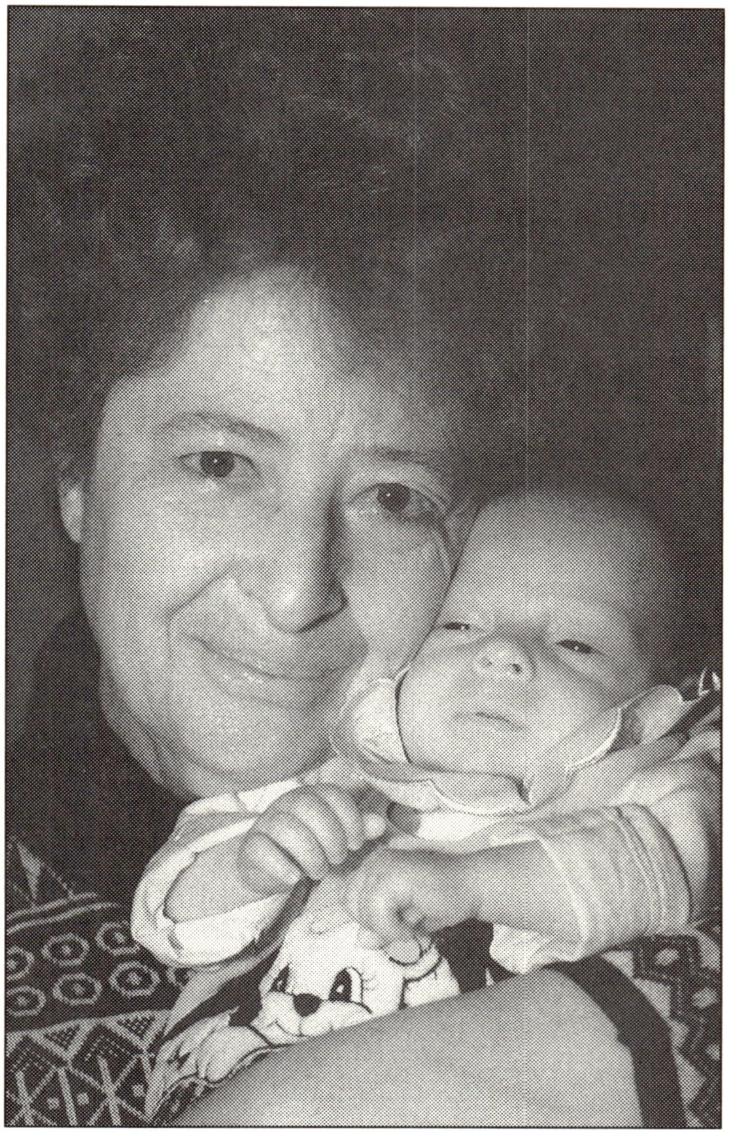

Für Stefan, hier mit Oma, opferte die kranke Mutter ihr Leben

***Darf ich auch einmal** Reiter sein? Dieses Spiel scheinen jedenfalls die Somalischen Wildesel im Tiergarten von Basel (Schweiz) zu spielen. Tatsächlicher Hintergrund dieses fröhlichen Motivs, das unser Fotograf meisterlich eingefangen hat, sind aber die lauen Frühlingslüfte. Die dafür sorgen, daß die übermütigen Esel der Hafer sticht . . .*

Rakete fällt fast auf AKW

Nur knapp entgeht Rußland im März einem Super-GAU. Bei einer Militärübung macht sich eine Rakete eines Kampfflugzeuges selbständig und stürzt nur vier Kilometer neben dem Atomkraftwerk Nowoworones in einen Kartoffelacker. Hätte sie das AKW getroffen, wäre der Tschernobyl-GAU vergleichsweise harmlos gewesen.

Danke unseren Lesern!

● Mediaanalyse bestätigt die Spitzenposition
● Fast 2,7 Millionen lesen täglich „Krone"
● Enormer Leserzuwachs bei Jung und Alt

Riesenerfolg für die „Kronen Zeitung ", den wir unserer treuen Leserschaft zu verdanken haben: Mit fast 2,7 Millionen Lesern täglich und dem Zugewinn von 144.000 Lesern kann die „Krone" gegenüber der gesamten Konkurrenz ihre Spitzenposition noch ausbauen. Über 40 Prozent der Österreicher sind „Krone"-Leser.

Und das sind die Zahlen der Mediaanalyse im Detail:

- 2,68 Millionen Österreicherinnen und Österreicher lesen täglich die „Krone".
- Die Reichweite konnte von 39,0 auf 40,7 Prozent ausgedehnt werden.

Zum Vergleich: „täglich Alles" 14,6 %, „Kurier" 12,6 %, „Kleine Zeitung" 11,2 %.

Weitere interessante Vergleichszahlen: „täglich Alles" rutscht mit dem Verlust von 140.000 Lesern unter die Millionengrenze, verliert damit also fast soviele Leser, wie die „Krone" Leser gewinnt. Für die Werbewirtschaft aufschlußreich: Wer in der „Krone" wirbt, erreicht mehr Leser als in den drei nächstfolgenden Zeitungen „täglich Alles", „Kurier" und „Kleine Zeitung" zusammen (2,527 Millionen).

Sieht man sich die einzelnen Altersgruppen der Mediaanalyse an, dann fällt auf, daß die „Krone" bei der Jugend ganz groß eingeschlagen hat. In der Altersgruppe der 14- bis 29jährigen konnten 49.000 neue Leser gewonnen werden – 757.000 Leser in dieser Altersgruppe greifen täglich zur „Krone", was nicht zuletzt auf das große Engagement für eine saubere und vor allem atomfreie Umwelt (Mochovce!) zurückzuführen sein dürfte, wie Redakteur Peter Gnam vermutet.

„Krone" mit Abstand beliebteste Zeitung! Allein im letzten Jahr 144.000 neue Leser:

Neue Kronen Zeitung UNABHÄNGIG

DANKE!

Bericht über Media-Analyse Seiten 8 und 9

Täglich fast 2,7 Millionen „Krone"-Leser

Imposant auch der Zuwachs der „Krone"–Leser in Top-Positionen beziehungsweise aus den kaufkräftigen Schichten A und B: Hier verfügt die „Krone" über ein Leserpotential von 798.000, was einem Zuwachs von 61.000 Lesern entspricht. Ein Zuwachs, der nicht zuletzt mit der klaren EU-Linie der „Krone" („Beitritt hat mehr Vorteile als Nachteile") zusammenhängen dürfte.

Was die einzelnen Bundesländer anlangt, so liegt die „Krone" in Wien, Niederösterreich, Burgenland und Oberösterreich klar voran, in Salzburg und der Steiermark Kopf an Kopf mit der Konkurrenz an der Spitze, in Kärnten dicht hinter der Nr. 1. Herausragend das Ergebnis der „Tiroler Krone", die sich von 61.000 Lesern in nur einem Jahr auf 83.000 verbessern konnte.

Wenn von einer „Erfolgsstory" der „Krone" die Rede ist, dann nicht zuletzt deshalb, weil Vertrieb und Anzeigenabteilung hervorragende Arbeit geleistet haben. Schließlich kommt die „Krone" bei jedem Wind und Wetter. Bei „täglich Alles" hingegen folgt dem Höhenflug ein Einbruch mit einem Leserverlust von 140.000. Im „Standard" gibt der Boß des Buntblattes, Kurt Falk, Fehler offen zu: Seine Kursvorgabe Anti-EU habe ganz sicher der Reichweite geschadet und zu einem Einbruch geführt. Außerdem habe „täglich Alles" keinen guten Anzeigenteil.

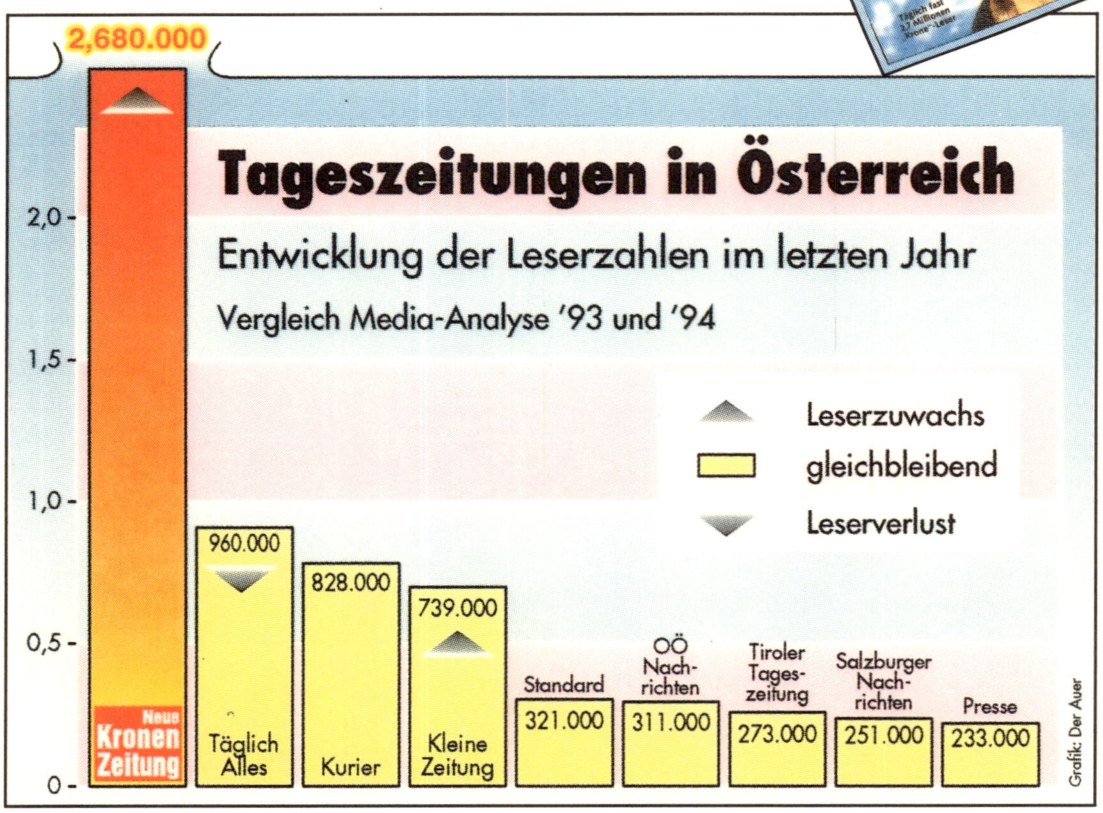

6 „Oscars" für Forrest Gump

Tom Hanks knackt als „Forrest Gump" den 56 Jahre alten Rekord von Spencer Tracy und gewinnt als zweiter Hollywood-Star zum zweiten Mal hintereinander den „Oscar" als bester Hauptdarsteller. Der Filmhit, der 3,1 Milliarden Schilling einspielt, erhält in fünf weiteren Kategorien die begehrte Trophäe. Popstar Elton John bekommt einen Oscar für die Filmmusik in „König der Löwen".

Forrest Gump: dümmlich-gutmütig

Teilnehmer wollen nur erstklassig wohnen

Protziges Luxusleben bei UNO-Konferenz über Armut

Auch während des UNO-Gipfeltreffens über weltweite Armut, das ab 6. März im dänischen Kopenhagen stattfindet, verzichtet der Staatschef der Vereinigten Arabischen Emirate, Scheich Sajed bin Sultan el Nahjan, nicht auf seinen gewohnten Luxus.

Der Scheich mietet eine Villa um 350.00 Schilling in der Woche. Damit er es in der Behausung aushält, läßt seine Hoheit Umbauarbeiten für 1,8 Millionen Schilling vornehmen. . .

Kuweits Emir Dschaber el Ahmad el Dschaber sieht sich bemüßigt, ein Schloß zu mieten. Aber nicht nur die Scheichs achten bei der Konferenz über Afrikas Elend für gediegenes Ambiente: Einige Delegationen aus Entwicklungsländern wollen nur in den besten Hotelsuiten übernachten.

Miß Austria im Märzschnee

Steirische Schönheit im Märzschnee von Kitzbühel. Dagmar Perl, Schülerin und süße 19 Jahre jung, wird in der „Tenne" zur „Miß Austria" gekürt. „Ausgestattet mit den erblühten Maßen 93-60-90, ein blauäugig Mägdelein mit kohlrabenschwarzem Haar", ist sie auch für ADABEI die Schönste.

Das Foto des Bildreporters Kevin Carter ist ein Symbol für den unaufhaltsamen Absturz des Schwarzen Kontinentes ▶

Todesstrafe in New York: Eine Hinrichtung pro Tag!

Im US-Staat New York können Kapitalverbrecher künftig wieder mit dem Tode bestraft werden. Das entsprechende Gesetz wird im März verabschiedet. Wegen der hohen Kriminalität ist mit einer Hinrichtung pro Tag zu rechnen.

Von den 2400 Morden, die jedes Jahr im Staat New York begangen werden, fallen 400 unter das neue Gesetz. Nämlich solche an Polizisten, Gefängnisaufsehern, Richtern und Zeugen von Straftaten. Betroffen sind außerdem Serien- und Berufskiller sowie Terroristen. Vollstreckt werden die Urteile mit elektronischen und „schmerzlosen" Injektionen.

Die erste Hinrichtung wird allerdings erst frühestens zur Jahrtausendwende erfolgen. Mindestens fünf Jahre dauert es nämlich, bis sämtliche Berufungsverfahren nach amerikanischem Recht abgeschlossen sind.

***Ein Bilderbuch** für Erwachsene stellt Supermodel Claudia Schiffer vor, die mit ihrem autobiographischen Werk „ganz privat" unter die Autorinnen gegangen ist. Sie schreibt von ihrer Kindheit, der Karriere und dem Privatleben. Sensationelles enthüllt die Deutsche freilich nicht, doch dafür mögen manche hüllenlose Fotos entschädigen – wohl auch der Hauptgrund für einen Kauf.*

***Menschenblut** fließt Analysen zufolge tatsächlich aus den Augen einer Gipsmadonna in der italienischen Hafenstadt Civitavecchia. Wegen des Ansturms Wundergläubiger wird die aus Bosnien stammende Statue an einen geheimgehaltenen Ort gebracht.*

Bub und Mädchen Opfer eines tödlichen Scheidungsdramas

Frau eines Wiener Psychiaters wirft Kinder aus dem Fenster

Der Scheidungskrieg eines Wiener Psychiaters und dessen Ex-Frau endet mit einer Tragödie: Die 37jährige Mutter, die nach der Trennung verzweifelt um das Sorgerecht für den sechsjährigen Sohn und die siebenjährige Tochter kämpft, wirft die Kinder aus dem vierten Stock der Wohnung und springt ihnen nach.

Maximilian und Katharina haben keine Überlebenschance. Sie prallen mit voller Wucht auf den Gehsteig. Die Frau, die zuvor ihren Ex-Mann mit einer Schußwaffe bedroht hat, landet jedoch auf einem Streifenwagen, der soeben eingetroffen ist, und überlebt. Wie Psychologen später feststellen, war sie zum Tatzeitpunkt unzurechnungsfähig.

Damit bleibt Richtern auch erspart, über eine Handlung zu urteilen, für die es wohl keine irdische Strafe gibt.

Wie sich im Zuge der Ermittlungen der Polizei nach und nach herauskristallisiert, sind die kleinen Geschwister Opfer eines tödlichen Scheidungsdramas. Der Vater, ein prominenter Wiener Psychiater, führte jahrelang mit der Frau eine sogenannte „offene Ehe". Er hatte eine Freundin, sie einen Freund. Das Experiment der modernen Lebensgemeinschaft scheiterte. Es kam zur Scheidung. Im Zuge einer außergerichtlichen Einigung erhielt der Mediziner das Sorgerecht für die beiden Kinder.

Doch nachträglich plagen die Mutter Gewissensbisse. Sie beginnt, wie eine Löwin um Sohn und Tochter zu kämpfen. Ein Kampf, der sie letztendlich zu der Wahnsinnstat treibt.

Der Italiener rettet mit seinem Charisma die fadeste Weltcupsaison der Geschichte

Alberto, das Genie im Schnee

Zuschauerschwund, eine Inflation an Rennveranstaltungen und Absagen wegen widriger Wetterbedingungen – mit Ausnahme der „Klassiker" wie dem Hahnenkamm-Rennen ist die Saison 1994/1995 die fadeste der Weltcupgeschichte. Daran können auch schöne Einzelerfolge unserer Alpinen nichts ändern. Nur einer sticht aus dem Skizirkus heraus: Alberto Tomba.

▲ *Alberto Tomba, das italienische Genie im Schnee, stellt alle Konkurrenten in den Schatten.*

Der Italiener wird seinem Ruf als Genie im Schnee mehr als gerecht. Beim Weltcup-Finale in Bormio lockt er alleine 30.000 Fans an, die für ein tolles Skifest sorgen; und wie schon während der gesamten Saison dafür, daß alle übrigen Akteure im Schatten des schillernden Italieners stehen.

Denn obwohl er im letzten Slalom und nach einer durchzechten Nacht nur wenige Meter fährt, im ersten Lauf beim zweiten Tor einfädelt, versprüht der lebenslustige Superstar überschwengliche Laune. „Tomba la bomba", wie seine Fans ihn nennen, wedelt den Hang in kanariengelben Shorts und Krawatte hinunter, ruft den Anhängern zu: „Ich liebe euch alle!"

Tomba gewinnt die Weltcup-Einzelwertungen im Slalom und Riesentorlauf, sowie die Gesamtwertung mit Respektabstand vor dem Österreicher Günther Mader. Damit ist dem Skiakrobaten ein Ehrenplatz in der Geschichte des alpinen Rennlaufs endgültig sicher.

Günther Mader darf ebenfalls auf eine gelungene Saison zurückblicken, ist 1994/1995 der beste Allrounder, kann in allen Disziplinen punkten. Ansonsten, das muß kritisch festgehalten werden, ist es mit der Skigroßmacht Österreich nicht weit her – sieht man von Platz eins im Nationencup ab. Keine einzige Kristallkugel geht in die Alpenrepublik, in der Paradedisziplin Herrenabfahrt belegt Patrick Ortlieb „nur" den dritten Rang.

Noch trauriger sieht es diesmal bei den Damen aus, die auch ihren Superstar haben: die Schweizerin Vreni Schneider.

◄ *„Tomba-Mania" beim Weltcupfinale in Bormio – trotz Einfädlers im Slalom*

WELTCUP HERREN

GESAMT

1. Alberto Tomba (It)	1150
2. Günther Mader (Ö)	**775**
3. Jure Kosir (Slow)	760
4. Marc Girardelli (Lux)	774
5. Kjetil A. Aamodt (No)	708
6. Lasse Kjus (No)	665
7. Kristian Ghedina (It)	628
8. Luc Alphand (Fr)	609
9. M. v. Grüningen (Sz)	578
10. Mario Reiter (Ö)	**559**

WELTCUP DAMEN

GESAMT

1. Vreni Schneider (Sz)	1248
2. Katja Seizinger (D)	1242
3. Heidi Zeller-Bähler (Sz)	1044
4. Martina Ertl (D)	985
5. Picabo Street (US)	905
6. Pernilla Wiberg (Sd)	816
7. Spela Pretnar (Slow)	669
8. Anita Wachter (Ö)	**593**
9. Hilary Lindh (US)	549
10. Urska Hrovat (Slow)	535

NATIONENCUP

1. Österreich	**8862**
Damen	**2978**
Herren	**5884**
2. Schweiz	6015
3. Italien	5965
4. Norwegen	4387
5. Deutschland	3896
6. Frankreich	3885

Amokläufer erschießt im

Nach verlorenem Prozeß um eine Ehrenbeleidigung richtet Pensionist ein Blutbad an

Er tötet Nachbarn, Zeugin, zwei Richter und einen Anwalt. Dann jagt er sich Kugel in den Kopf

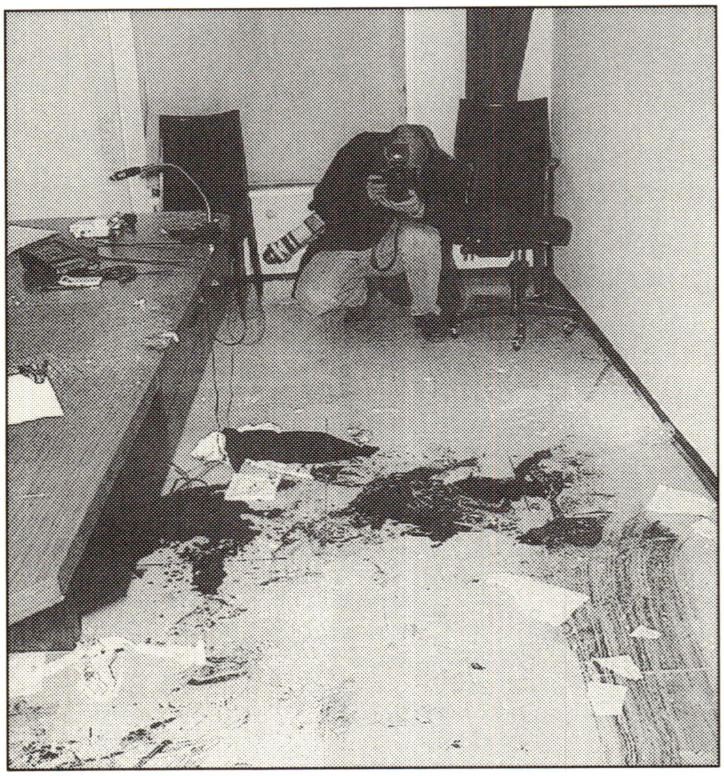

▲ *Ein Bild des Grauens: Der Gerichtssaal in dem der Irre das Blutbad angerichtet hat.*

Nach einem verlorenen Ehrenbeleidigungsprozeß in Linz richtet ein Pensionist ein Blutbad an: Der Amokläufer tötet mit einer in den Gerichtssaal geschmuggelten Pistole zwei Richter, den beklagten Nachbarn, den Gegenanwalt und eine Zeugin. Auf der Flucht schießt er zwei Menschen an und begeht schließlich Selbstmord.

Wegen eines angeblich heimlich um 20 Zentimeter versetzten Grundsteines entbrennt zwischen den beiden Nachbarn Rudolf Kehrer (64) und Ludwig Schürz (52) aus Bad Mühllacken ein langjähriger Streit. Der Pensionist Kehrer beginnt den Eisenbahner Schürz zu überwachen. Schließlich soll es dem ÖBB-Bediensteten gereicht haben und er seinen Nachbarn „alten Trottel“

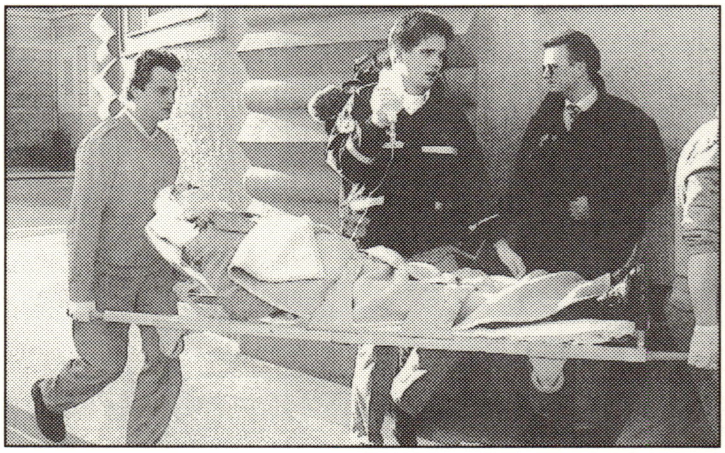

Ein schwer verletzter Gerichtsdiener wird aus der Gefahrenzone gebracht. ▶

Verschärfte Kontrollen für alle Gerichte in Österreich

Nach dem Amoklauf in Linz-Urfahr beruft Justizminister Nikolaus Michalek einen Sicherheitsgipfel ein und ordnet an, daß alle großen Gerichte streng kontrolliert werden sollen. Mittels Sicherheitsschleusen wie auf den Flughäfen soll verhindert werden, daß Waffen in die Gebäude eingeschleust werden.

Im Wiener Landesgericht beispielsweise kontrollieren Angestellte einer Privatfirma alle Besucher mit Metalldetektoren. Wesentlich schwieriger stellt sich die Überwachung der kleinen Gerichte dar. Doch auch diese werden in regelmäßigen Abständen überprüft. Durchgeführt werden diese Kontrollen von der Polizei und Gendarmerie oder von eigens für diese Zwecke angemietete Privatdetekteien.

„Streitobjekt“ Garagenmauer und Nachbar Schürz (kleines Bild)

Gericht fünf Menschen!

Ein Polizist bringt zwei Frauen aus dem Gericht in Sicherheit

genannt haben. Worauf ihn der 64jährige Rentner wegen Ehrenbeleidigung klagt.

Am 10. März treffen die beiden Streithähne einander im Bezirksgericht Urfahr wieder. Zwei Brüder von Ludwig Schürz sagen aus, daß der Beschuldigte zur „Tatzeit" gar nicht zu Hause, sondern bei Verwandten gewesen sei. Aufgrund dieses „Alibis" wird Ludwig Schürz freigesprochen.

Sekunden nach der Urteilsverkündigung krachen im Saal 209 drei Schüsse. Verhandlungsleiter Dr. Eugen Kordik, Gegenanwalt Dr. Alfred Eichler und der Beklagte Schürz brechen tödlich getroffen zusammen. Zeugin Heidemarie Schinkinger (34) – Mutter von vier kleinen Kindern – flüchtet in Panik auf den Gang. Verzweifelt will sie sich in das Zimmer des Richters Dr. Streinesberger retten. Der Amokläufer rennt ihr nach und erschießt die Frau sowie den Richter.

Der Gerichtsbedienstete Gerald Kocher und die Anwältin des Wahnsinnigen werden im Kugelhagel schwer verletzt. Im Interview mit Redakteur Richard Schmitt erzählt Mag. Maria Navarro: „Plötzlich ist er zurückgekommmen. Ich bin zwischen den Toten gelegen und hab' mich auch tot gestellt." Der Amokläufer, der die Frau tatsächlich für ermordet hält, fährt nach Hause und erschießt sich.

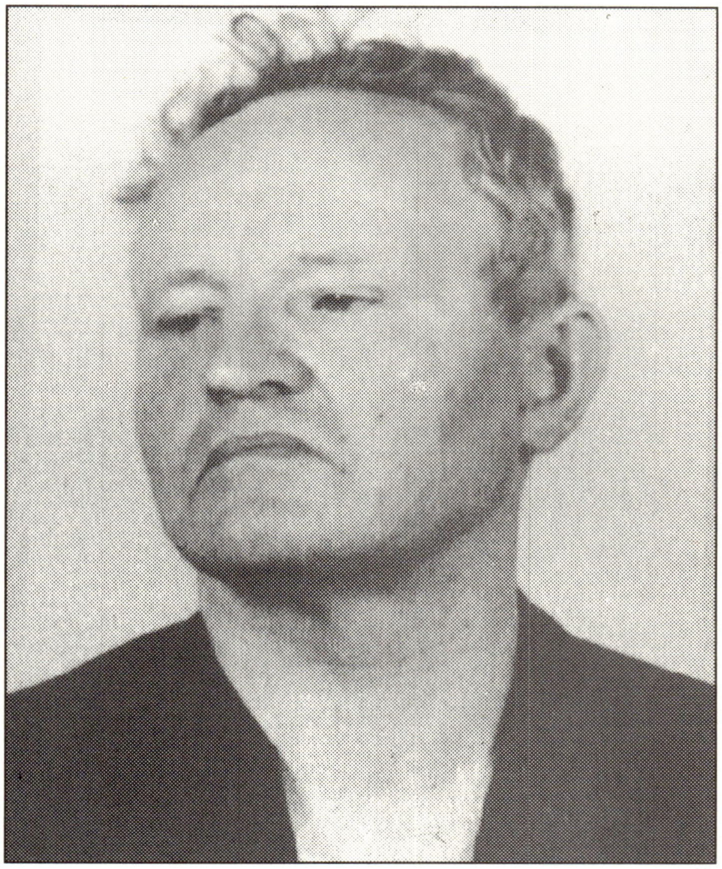

Der Amokläufer: Rudolf Kehrer (64) aus Bad Mühllacken (OÖ)

Zeugin Heidemarie Schinkinger (34), eine vierfache Mutter sowie die Juristen Dr. Eugen Kordik (links), Dr. Alfred Eichler (Mitte) und Dr. Erwin Streinesberger werden im Gerichtsgebäude getötet

„Krone"-Exklusivumfrage ● Eindeutige Ablehnung zu NATO-Beitritt, dafür aber:

Entschlossenes Ja zu Neutralität

Der EU-Beitritt löst in Österreich eine heftige politische Diskussion über Neutralität, Staatsvertrag und NATO-Beitritt aus. In der Hitze des Gefechts ist aber noch keiner der Volksvertreter auf die Idee gekommen, das Volk zu befragen. Die „Krone" macht's und präsentiert ein sensationell entschlossenes Ja zur Neutralität.

Für diesen Zweck engagierten wir das renommierte IMAS-Institut, das bereits einmal, vor drei Jahren, die Stimmung der Wähler in diesen Fragen abgetestet hat. Hier die Ergebnisse:

● 80 Prozent der Österreicher sind im März 1995 für die Beibehaltung der Neutralität (1992: 62 Prozent). Die Zustimmung ist also merklich gestiegen.

● IMAS-Chef Andreas Kirschhofer-Bonzenhardt interpretiert dieses Phänomen so: „Man hat den EU-Beitritt sozialpsychologisch noch nicht verkraftet und sucht in der Neutralität ein letztes Stück Österreich-Identität."

● Was Einkommens- oder Altersgruppen betrifft, gibt es in der Haltung zur Neutralität keine gravierenden Abweichungen. Das hohe Maß der Zustimmung zieht sich durch alle Bevölkerungsschichten.

● Interessantes Detail: Auch 81 Prozent der F-Wähler sind für eine Beibehaltung der Neutralität, obwohl gerade die Blauen deren Notwendigkeit immer wieder sanft in Frage stellen.

● Gleiches Bild bei der Diskussion um einen NATO-Beitritt. 18 Prozent der Österreicher sind dafür (1992: 13 Prozent), die F-Wähler liegen genau im Schnitt. Allgemein ist die Stimmung leicht zugunsten der NATO gestiegen.

● Zwei Drittel der Österreicher wehren sich dagegen, daß der Staatsvertrag angetastet wird. Und das, obwohl etliche der Befragten der Überzeugung sind, daß Österreichs Handlungsfähigkeit durch den Staatsvertrag eingeschränkt ist.

Zusammenfassend fällt auf, daß alle Antworten zu dem Fragenkomplex Neutralität, NATO und Staatsvertrag unter dem Eindruck abgegeben wurden, daß eine neue große militärische Krise in Europa für möglich gehalten wird; daß also das Ende des Kalten Krieges keinen „ewigen Frieden" eingeleitet hat. Mehr als die Hälfte der Österreicher sind der Ansicht, daß es jederzeit wieder zu ernsthaften Auseinandersetzungen kommen kann.

Fazit: 1995 wäre es wohl ein schwerer politischer Fehler, die Neutralität antasten zu wollen.

▲ *Ja zur Neutralität, Ja zum Staatsvertrag und ein Nein zur NATO, auch wenn in dieser Frage die Zustimmung wächst – die österreichische Bevölkerung bekennt sich damit nach wie vor zur militärischen Eigenständigkeit.* ▶

Modezar Gucci in Mailand von Profikiller ermordet

Maurizio Gucci, italienischer Modezar, wird in Mailand erschossen, offenbar von einem bezahlten Profikiller der Mafia. Das vermutet auch der 46jährige letzte Enkel und Erbe. Guccis Imperium war zuletzt ins Schleudern gekommen, der Gründer in dunkle Geschäfte verstrickt.

Österreichs Adler stürzen bei der Skisprung-WM völlig ab

Auf der Normalschanze „vom Winde verweht", im Mannschaftsspringen mit Kollegen abgestürzt, hofft Andi Goldberger auf einen Sieg auf der Großschanze: Doch der überragende Skispringer dieses Winters reist von der WM in Thunder Bay „nur" mit einer Silbernen heim.

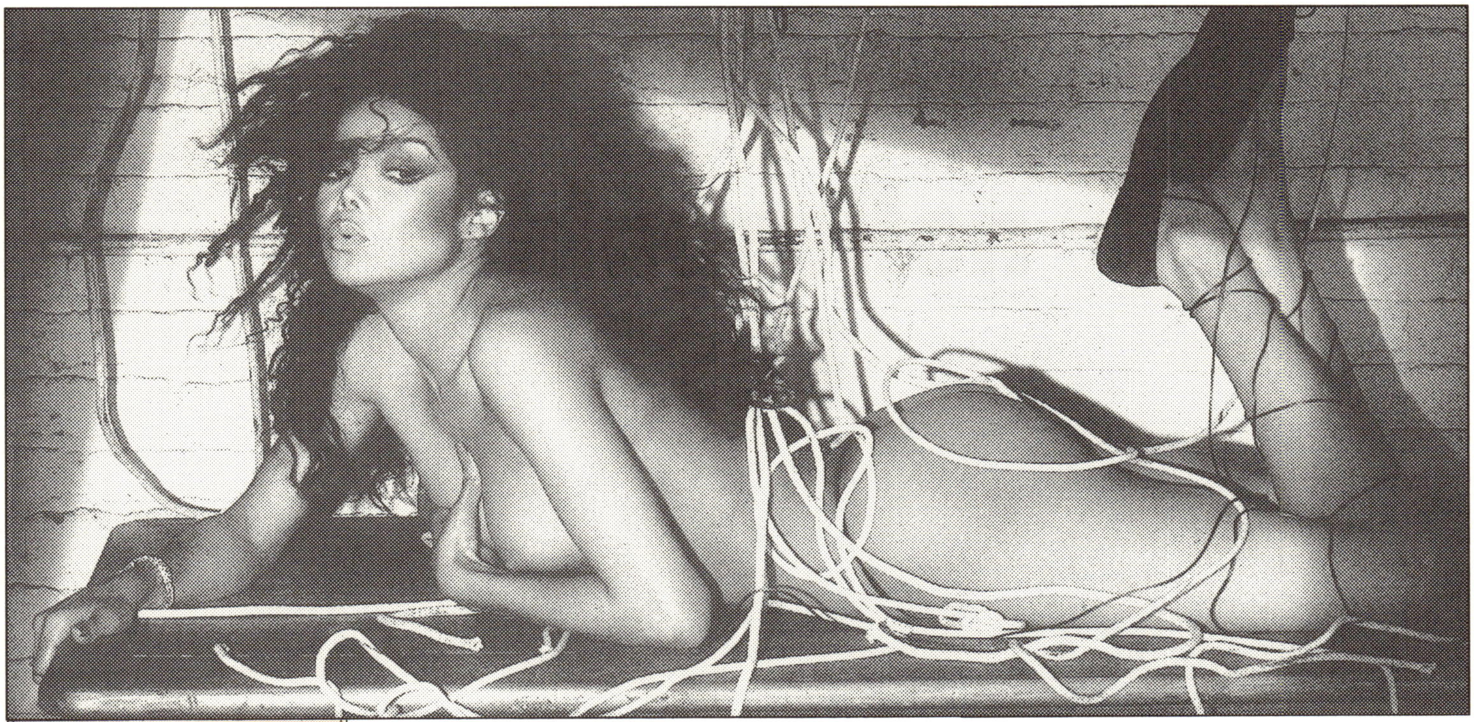

Die höchste Gage dafür, nicht in einem Porno aufzutreten, kassiert wohl LaToya Jackson. Bruder Michael zahlt seiner nicht minder extravaganten Schwester 55 Millionen Schilling, damit sie ihren Luxuskörper nicht in einem Sexstreifen zur Schau stellt. Ursprünglich hat ihr der Produzent für einen Film, der an Eindeutigkeit nicht zu überbieten gewesen wäre, 22 Millionen geboten.

Geschichten, die berühren: „Vera“ schlägt voll ein!

„Ich bin offen für alle Themen“, meint TV-Star Vera Russwurm vor der Premiere zur ihrer neuen Talk-Show „Vera“ am 23. März um 21.10 Uhr. Zusatz: „Hauptsache, die Geschichten sind spannend, unterhaltsam und berührend.“ Sind sie – denn „Vera“ mausert sich von der ersten Sendung an zum totalen Publikumshit.

Die Regeln der TV-Lady und „Krone“-Kolumnistin sind klar abgesteckt. Gästehonorar gibt es keines, die Fragen sind nicht abgesprochen. Veras Geheimnis ist eine bunte Mischung in der Themenauswahl und natürlich Aktualität. Da sie sich auch vor „heißen Eisen“ nicht scheut, sorgen gleich die ersten Talk-Shows für lebhafte öffentliche Diskussionen. Und viele Zuseher.

◀ Vera Russwurms erster Gast in der neuen Talk-Show ist Ex-Teamspieler Frenkie Schinkels. Der Fußballprofi und vierfache Vater hat erst vor zwei Wochen seine 29jährige Frau Esther verloren, die bei einem schrecklichen Verkehrsunfall ums Leben kam.

Krone-Chronik März '95

● Zehn Tote in zehn Tagen: Das ist die Bilanz eines neuen Krieges, den die sizilianische Mafia gegen angebliche Verräter und deren Angehörige entfesselt – vor dem Hintergrund einer Verhaftungswelle in Italien, bei der ehemalige „Mitglieder der Familie“ vor den Behörden auspacken.

● Der 24jährige Innsbrucker Martin „Freijn“ Freinademetz schafft bei der Snowboard-WM in Davos das Double. Er ist der damit der erste Doppelweltmeister in der Geschichte dieser jungen Sportart.

● In der Ukraine fliegt ein Skandal auf: Ärzte eines Spitals haben 114 Babys für tot erklärt, auch den Müttern, und die Säuglinge mit Unterstützung korrupter Beamter an adoptionswillige „Westler“ verkauft.

● Österreichs Parade-Kombinierer und Titelverteidiger Mario Stecher gewinnt bei der Junioren-WM die Silbermedaille.

Infame Hetze gegen

Ex-Zögling behauptet, Kardinal Groër habe ihn im Knabenseminar vor zwanzig Jahren sexuell mißbraucht

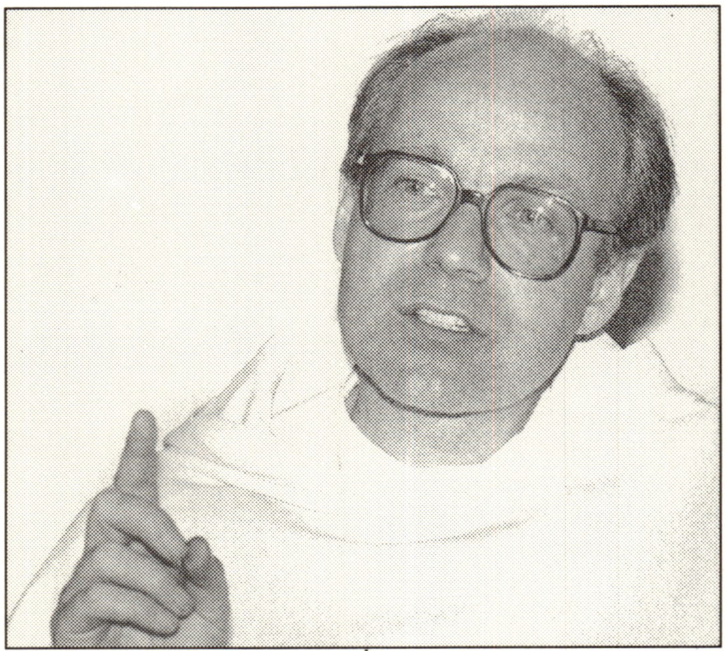

▲ *Christoph Schönborn wird zum Nachfolger des Wiener Erzbischofs ernannt und tritt am 14. September sein Amt an.*

Der St. Pöltner Bischof Kurt Krenn bezeichnet die Hetzkampagne gegen Groër als „unwürdiges Spiel". ▶

Pfarrer legt sein Hirtenamt zurück

Im Zuge der Diskussionen um Kardinal und Kirche resignieren zwei Pfarrer und legen ihr Priesteramt zurück. In Scheiblingkirchen (NÖ) verkündet Leonhard Lechner (35) von der Kanzel seinen Rücktritt vom Hirtenamt. Ursache sei eine langjährige Beziehung zu einer Frau sowie die Unzufriedenheit mit der römischen Amtskirche. Kurz darauf verläßt Pater Raphael Bergmann, Stadtpfarrer von Mautern bei Krems, seine Schäfchen wegen einer Frau.

Ex-Pfarrer Leonhard Lechner

Mit der Behauptung eines ehemaligen Zöglings des Knabenseminars Hollabrunn, daß ihn vor 20 Jahren der damalige Religionslehrer Groër sexuell belästigt habe, beginnt eine infame Hetze gegen den Kardinal. Obwohl jegliche Beweise fehlen, nehmen viele die Anschuldigung zum Anlaß, um gegen die Kirche zu wettern.

Im Wochenmagazin „profil" erhebt Dipl.Ing. Josef Hartmann schwere Vorwürfe. Er gibt an, daß Groër ihn regelmäßig sexuell mißbraucht habe. Und obwohl es außer den Aussagen des einstigen Internatsschülers keine Beweise gegen den Kardinal gibt, wird eine „Kirchenhatz-Welle" losgetreten. Kindesmißbrauch in katholischen Internaten – so ist in einem Magazin zu lesen – stelle „nicht eine bedauerliche Ausnahme, sondern die Regel dar".

Offen wird aufgefordert, aus der Kirche auszutreten. Die Chefin der Liberalen, Heide Schmidt, kündigt diesen Schritt öffentlich an.

All diesen Angriffen steht die Bischofskonferenz gegenüber, die Groër ungeachtet aller Vorwürfe zum Vorsitzenden der Konferenz wiederwählt. „Das ist ein unwürdiges Spiel", faßt der St. Pöltner Bischof Kurt Krenn die Situation zusammen.

Da die Attacken gegen Groër immer heftiger werden, verzichtet der Kardinal

Kardinal und Kirche!

▲ *Kardinal Hans Hermann Groër wird von einem ehemaligen Schüler schwer beschuldigt. Der heute 37jährige Josef Hartmann behauptet, sein damaliger Religionslehrer habe ihn regelmäßig sexuell ◀ mißbraucht.*

Der Vorsitzende der Bischofskonferenz von Journalisten umlagert

auf den Vorsitz in der Bischofskonferenz und bricht in der „Krone" sein Schweigen: „Die auf breiter Front massiven Attacken gegen mich verunsichern und gefährden viele Gutgesinnte und Gläubige, erzeugen Unruhe und Zweifel – auch an der Kirche. Deshalb sehe ich mich verpflichtet, Inhalt und Gestalt der gegen mich getätigten Diffamierung und vernichtenden Kritik zurückzuweisen."

Der neue Vorsitzende der Bischofskonferenz, Weber, hält daraufhin bei einer Pressekonferenz fest, daß auch Groër das Recht auf Unschuldsvermutung habe.

Schließlich akzeptiert der Vatikan das längst gestellte Ansuchen des 75jährigen Kardinals, nimmt seinen Rücktritt an und ernennt Dr. Christoph Schönborn zu seinem Nachfolger.

In einem Schreiben zum Führungswechsel in der Erzdiözese zeigt sich Papst Johannes Paul II. solidarisch: „Ich vermute hinter diesen heftigen Angriffen gegen die Bischöfe eine Strategie gegen die Kirche."

„Aufstand" gegen Rom

Aufgestachelt durch die Attacken gegen Erzbischof Groër startet die Initiative „Wir alle sind Kirche" ein „Kirchen-Volksbegehren". Ihr Sprecher, der Religionslehrer Thomas Plankensteiner, stellt einen Forderungskatalog zusammen: Von der Forderung nach Zulassung wiederverheirateter Geschiedener, über die Abschaffung des priesterlichen Zölibates bis hin zur Öffnung des Priesteramtes für Frauen. 505.154 Menschen unterschreiben das Volksbegehren.

Eine deutliche Absage erteilt der Heilige Vater dem Kirchen-Volksbegehren, ohne es dezitiert zu nennen. Durch die Versuchung des Säkularismus werde die Kirche von einigen nur mehr als irdische Vereinigung betrachtet, die dem freien Belieben ihrer Mitglieder unterworfen sei.

Prawys tolles Jubiläum. *Den „Weltrekord" von 30 Jahren TV-Opernführer feiert Meister Marcel Prawy. Seine erste Moderation war der Oper „Hoffmanns Erzählungen" gewidmet. Inzwischen sind es an die 250 Sendungen, für die er um den Erdball reiste. im Gespräch mit „Krone"-Redakteur Georg Markus verrät Prawy das Geheimnis seines Erfolges: „Niemals Wissen, sondern immer Liebe lehren."*

Krone-Chronik April '95

- Der Besitzer eines China-Restaurants tötet seinen Koch Xi Yin (23), dem er Geld schuldet, bestialisch. Er zerstückelt die Leiche und versteckt die Teile in ganz Wien. Der Täter wird verhaftet.
- Beim Versuch, einen ins eiskalte Wasser der Krems gefallenen Hund zu retten, ertrinken der Familienvater Josef Wimmer (43) und der 33jährige Bosnier Hasan Haranbasic in den Fluten.
- Für Aufregung sorgt die Aussage des Präsidenten der islamischen Glaubensgemeinschaft, daß moslemische Mädchen beim Religionsunterricht auch in Österreich Kopftücher tragen müssen.
- Dürre und enormer Wasserverbrauch durch sechs Millionen Touristen führen auf Mallorca zu einer Wasserknappheit: Trinkwasser wird per Schiff geliefert.
- Björn Ulvaeus, Mitbegründer der schwedischen Popgruppe „ABBA", feiert seinen 50. Geburtstag und erfreut sich an den Tantiemen seiner Hits, die 1995 ein Radio-Comeback feiern.

Das Geheimnis des „Bermuda-Dreiecks"

Viele Schauergeschichten ranken sich um die „Schwarze Bambusschlucht" im Süden Chinas, eine Art „Bermuda-Dreieck" des Ostens. Soldaten und Flugzeuge verschwinden dort spurlos. Nun sind Wissenschafter dem Geheimnis auf der Spur: Durch vermodernde Pflanzen entstehen giftige Dämpfe und Nebel.

Seit 1950 verschwinden in dem Gebiet Hunderte Soldaten und zahlreiche Flugzeuge, ohne jemals wieder gesehen zu werden. Ein Überlebender berichtet von plötzlich einfallendem Nebel. Als dieser sich verzogen habe, seien alle anderen verschwunden gewesen.

50 Wissenschafter machen sich auf den Weg, um das Rätsel zu klären: Und finden tatsächlich eine Spur. Durch verfaulende Pflanzen in dem kalten und feuchten Berggebiet entwickelt sich Methangas, das Menschen sterben läßt oder Piloten so benebelt, daß sie abstürzen. Außerdem gibt es in der Region enorme Magnetfelder.

Die Freudenau *soll leben! Totgesagte leben länger. Obwohl der traditionelle Wiener Galopp-Verein mehrmals dem Ende nahe war, beginnt am 7. April die Galopper-Saison. An 27 Renntagen des Jahres hat das Wettpublikum die Möglichkeit, auf seine Favoriten zu setzen.*

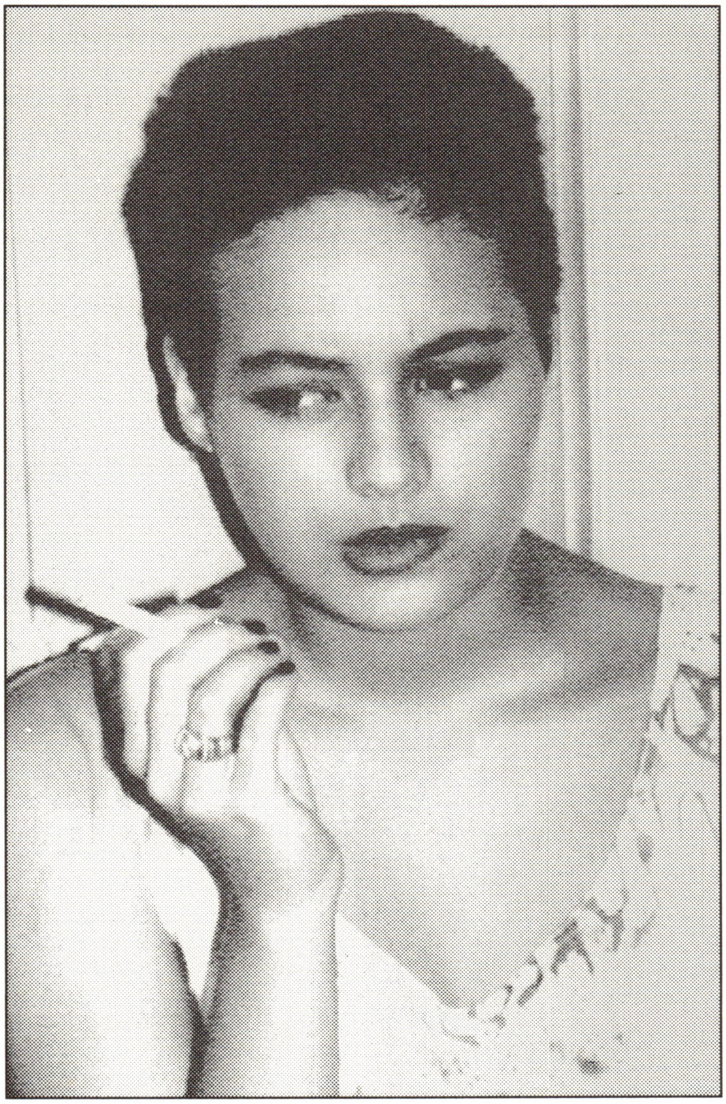

Die 25jährige Cheyenne Brando litt unter schweren Depressionen

Brando ist nach dem Tod seiner Tochter ein gebrochener Mann

Marlon Brandos Lieblingstochter erhängt sich in ihrem Elternhaus

Marlon Brando ist ein gebrochener Mann: Lieblingssohn Christian als Totschläger im Gefängnis, Lieblingstochter Cheyenne auf der Totenbahre. Der 71jährige sitzt gerade am Computer, als in seiner Villa in Los Angeles das Telefon klingelt. Am Apparat ist Tarita Teriipaia, seine Ex-Frau in Tahiti: „Sie hat es wieder getan." Brando weiß gleich, was das bedeutet: Cheyennes dritter Versuch, sich das Leben zu nehmen.

Seit dem Tod ihres Freundes Dag Drollet, der von ihrem Bruder erschossen worden war, litt die 25jährige an schweren Depressionen. Brando, der gerade bei Dreharbeiten ist, verweigert jeden Kommentar.

Feierliche Festsitzung im alten Reichsratssaal des Parlaments

Die Zweite Republik feiert ihren 50. Geburtstag: Erfolgsgeschichte

„Eine Erfolgsgeschichte, die ihresgleichen sucht", charakterisiert Bundespräsident Thomas Klestil den Weg Österreichs von 1945 bis heute. Dementsprechend selbstbewußt wird am 27. April der 50. Geburtstag der Zweiten Republik gefeiert. Höhepunkt ist eine Festsitzung im alten Reichsratssaal des Parlaments.

Viel Prominenz kommt zu dem Festakt, der mit einer Fanfare eröffnet wird: die Kardinäle DDr. Franz König und Dr. Hans-Hermann Groer, die Altbundespräsidenten Dr. Rudolf Kirchschläger und Dr. Kurt Waldheim. Das amtsführende Staatsoberhaupt erinnert an den persönlichen Mut der Republiksgründer Karl Renner, Theodor Körner, Leopold Figl und Adolf Schärf. Gleichzeitig macht Klestil darauf aufmerksam, was wir für die Zukunft dringend benötigen: gemeinsame Ziele und ein noch stabileres Österreich-Bewußtsein auf dem weiten Weg in das größere Europa.

Am Wiener Heldenplatz kommen am Vorabend des 50. Geburtstages der Zweiten Republik trotz Regens Tausende Menschen zusammen. Prominente aus aller Welt gratulieren Österreich zu seinem Jubiläum. Neben dem französischen Weltstar Gilbert Becaud überrascht vor allem der Auftritt des auf der Todesliste der Iraner stehenden Salman Rushdie mit seinem öffentlichen Bekenntnis zur Freiheit.

„James Bond der 90er Jahre". Als fünfter „007" der Filmgeschichte stellt sich Pierce Brosnan in die Dienste des britischen Geheimdienstes. Dem Zeitgeist entsprechend als Dreitagesbart-Agent.

„Schummel-Schumi" denkt nicht daran, seinen Sieg herzugeben

Lauda tobt nach skandalösem Benzinurteil:

„Der WM-Titel ist nun käuflich geworden!"

„Die größte Idiotenentscheidung, die es gibt – und die schlimmste Niederlage für die FIA!" ist Niki Lauda als Ferrari-Berater grenzenlos über das Pariser „Benzinurteil" empört. Das Formel-1-Revisionsgericht hatte die Disqualifikation Schumachers und Coulthards für den Grand Prix von Sao Polo rückgängig gemacht.

Nach dem Großen Preis von Sao Polo werden Sieger Michael Schumacher und der Zweitplazierte David Coulthard wegen Verwendung unerlaubten Treibstoffes disqualifiziert. Österreichs Formel-1-Ass Gerhard Berger ist somit Erster. Aber nur für kurze Zeit. Denn kurz nach dieser Entscheidung wird die Disqualifikation des Williams- und des Benetton-Piloten aufgehoben. Die Kommission entscheidet, daß nur die Rennställe je 200.000 Dollar Strafe zahlen müssen.

Im Gespräch mit Formel-1-Zampano Heinz Prüller läßt „Piccolo Comentatore" Niki Lauda Dampf ab: „Ein Idiotenurteil. Wäre ich Schumacher, wäre ich mit dieser Entscheidung nicht glücklich."

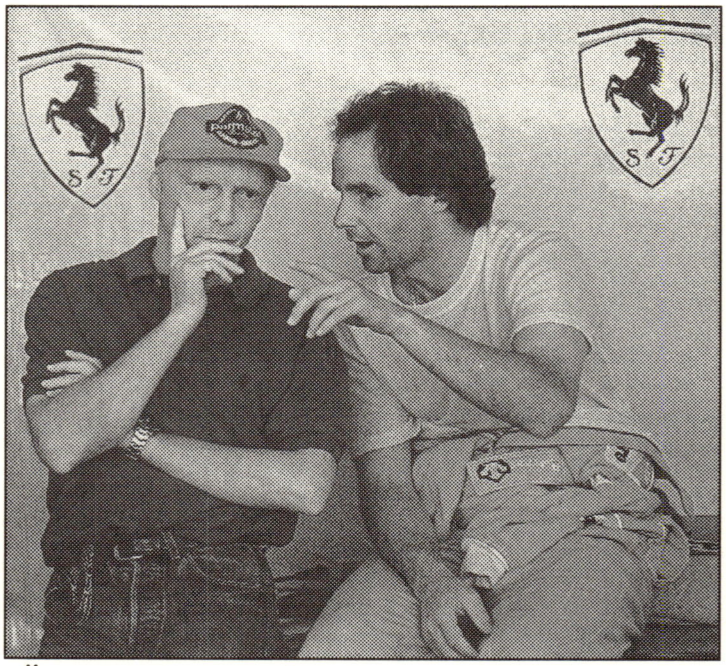
Österreichs „Formel-1-Granden": enttäuscht vom Benzinurteil

Diskussion über Verbleib der Leiche zu Ende

Hitler-Überreste 1970 auf Acker verbrannt

„Jetzt ist erstmals klargestellt, unter welchen bislang unbekannten Umständen sich der Führer des Großdeutschen Reiches verflüchtigt hat, wo seine Leiche verblieben ist: Seine Asche ist vom Wind verweht." berichtet das deutsche Magazin „DER SPIEGEL".

Hitlers Überreste verbrannt

Das renommierte Hamburger Magazin zitiert ein sowjetisches Geheimdokument, das von KGB-Chef Andropow unterzeichnet wurde. Mit der Veröffentlichung sollen 50 Jahre nach Adolf Hitlers Tod endlich alle Spekulationen über den Verbleib seines Leichnams beendet sein.

Demnach seien die 1946 beerdigten Leichen Hitlers, Eva Brauns, Goebbels', seiner Frau und Kinder exhumiert worden und in der Nacht zum 5. April 1970 von fünf KGB-Offizieren hinter den Kasernen in Magdeburg-Herrenkrug auf einem Acker verbrannt worden.

„Herr Konsul" als Bandenchef gefaßt

Ein Slowene, der sich mit gefälschten Papieren als Diplomat ausgibt, wird als Chef einer Banditenbande überführt. Auf das Konto der Täter gehen Dutzende Überfälle.

Kinder überzeugt: Jede 3. Kuh ist lila

Kinder verwechseln Werbung und Wirklichkeit: Bei einer Malaktion in Bayern hat ein Drittel von 40.000 Kindergartenkindern seine Kühe „Milka-lila" angemalt ...

Russinnen holen Liebesleben nach

Jahrzehnte offizieller kommunistischer Prüderie werden in Rußland vergessen: Vor allem Frauen verspüren laut Umfrage großen Nachholbedarf in Sachen Liebe. Sie stellen größere sexuelle Ansprüche und halten wenig von Treue.

Skifabrik Blizzard geht in Konkurs

Nach dem Atomic-Konkurs, der Krise bei Head/Tyrolia und Hagan geht ein weiteres Traditionsunternehmen der österreichischen Skiindustrie pleite: Die Skifabrik Blizzard meldet wegen Millionenverlusten den Konkurs an.

Auf höchster Ebene. *– Im Mode-Frühling wachsen die Absätze um die Wette. Der Stökkelschuh ist wieder „in". Auf schwindelerregendem Niveau: Denn, egal ob mit Sandalen oder Pumps, ohne Absätze läuft rein gar nichts. Zehn Zentimeter und mehr messen die Stöckel, auf denen Designer ihre Models über den Laufsteg balancieren lassen. Doch wer aus dieser Höhe umknickt, muß mit schmerzhaften Verletzungen rechnen. Schönheit muß leiden . . .*

Box-Opa Foreman bleibt Weltmeister

Die 46jährige Box-Legende George Foreman verteidigt in Las Vegas gegen den deutschen Herausforderer Axel Schulz seinen Titel als Weltmeister aller Klassen. Er gewinnt nach Punkten.

Zweimal 115:113 für „Big George", einmal 114:114 – der Prediger Foreman verteidigt seinen IBF-Titel erfolgreich. Obwohl sein 26jähriger Herausforderer von einem „krassen Fehlurteil" spricht, geht die Entscheidung in Ordnung.

Vom Herausforderer des Champions erwartet man eben mehr Inititative. „Er ist von Beginn an ständig davongelaufen – so kann man einen großen Kampf niemals gewinnen", wischt Großvater Foreman alle Fragen vom Tisch.

Schulz „knallt" dem Box-Opa eine auf die „Birne". Die Offensive kommt zu spät.

Thema des Tages

VON PETER GNAM

In den Monaten seit dem Wahldebakel vom 9. Oktober hat Kanzler Vranitzky den Eindruck erweckt, gar nicht mehr regieren zu wollen. Zurufe aus seiner Partei – vom Bodenbis zum Neusiedler See –, wie man es besser machen könnte, nervten ihn ebenso wie die ständigen Machtkämpfe mit dem Koalitionspartner und Bundespräsident Klestil. Der Vorwurf, bei Vranitzky handle es sich um einen Schönwetter-Kanzler, der sein Team nicht im Griff habe, wurde nicht zu Unrecht erhoben.

Nun hat Finanzminister Lacina durch seinen abrupten Rücktritt den „Schönwetterkanzler" zum Handeln gezwungen. Wie sich die Neuen im Team schlagen werden, bleibt abzuwarten – Vorschußlorbeeren sind im oppositionellen Feuer schneller verwelkt, als man glaubt. Im Schnitt sind die Neuen jedenfalls um neun Jahre jünger als die abgetretenen Minister. Das und daß endlich einmal neue Gesichter zu sehen sind, könnte man als kleines Plus werten.

Die Koalition insgesamt wird aber nicht punkten können, wenn sich nicht auch bei der ÖVP etwas tut. Sich zu beschweren, daß er von den Medien „niedergeschrieben" werde, wie das Busek andauernd tut, zeugt höchstens von Wehleidigkeit. Darüber hinaus beweist Busek fortschreitenden Realitätsverlust bis hin zur Lächerlichkeit, weil er sich „fest im Sattel" sieht und erst vorgestern dem Kanzler aus Brüssel zurief, „nicht mehr Herr des Geschehens" zu sein.

Wer immer neuer ÖVP-Chef wird, er muß mit und darf nicht gegen den Koalitionspartner arbeiten. Für Österreich. Das erwarten sich die Wähler.

Längst fällige Ablöse von „ÖVP-Sargnagel" Erhard Busek

Schüssel präsentiert sein Team mit zwei Überraschungs-Damen

Bombenüberraschung bei der Wahlvorschlagskommission für den neuen Obmann der ÖVP: Nicht der Favorit, Klubobmann Andreas Khol, sondern der Polit-Routinier Wirtschaftsminister Dr. Wolfgang Schüssel macht das Rennen. Er wird mit 95,5 Prozent der Stimmen zum neuen Parteichef gewählt.

Ex-Parteichef Erhard Busek mit Königsmacher Erwin Pröll

„Ich will mit eurer Hilfe die ÖVP zur Nummer eins machen", ruft Mascherlträger Schüssel den Delegierten in der Wiener Hofburg zu. Er räumt freilich ein, das sei „ein steiniger Weg". Denn die ehemalige Busek-ÖVP liege in der schwersten Stunde der Geschichte mit 20 Prozent nur auf dem dritten Platz. Im Gegensatz zu Vranitzky, der bei den Budgetverhandlungen im Herbst viel Sympathien verlieren sollte, gelingt es ihm tatsächlich, die Talfahrt der Schwarzen zu stoppen.

Am 28. April präsentiert der ÖVP-Chef sein Team mit zwei „Überraschungsdamen": Die Vorarlbergerin Elisabeth Gehrer (52) wird Unterrichtsministerin, die Protokollchefin von UNO-General Boutros-Ghali, Benita Ferrero-Waldner (47), Staatssekretärin im Außenamt. Finanzstaatssekretär Johannes Ditz übernimmt das Wirtschaftsministerium, Verkehrsstaatssekretär Martin Bartenstein das Umweltressort und Schüssel selbst das Außenamt.

Neuer VP-Chef Schüssel und sein Team: Ditz, Gehrer, Ferrero-Waldner und Bartenstein

● Rücktrittslawine bringt Verjüngung auf Regierungsbank: 8 Politiker ausgewechselt

Bundeskanzler Franz Vranitzky und seine nach der Rücktrittslawine um 39 Jahre verjüngte Regierungs-Mannschaft im Parlament (v.l.n.r.): Innenminister Dr. Caspar Einem, Dr. Andreas Staribacher (Finanzen), Frauenministerin Dr. Helga Konrad, Franz Hums (Soziales) und der neue Beamten-Staatssekretär Karl Schlögl.

Frühjahrsputz in der Regierung: SPÖ tauscht vier Minister aus

Der „Frühjahrsputz" in der Regierung fällt rigoroser aus als erwartet und entwickelt sich zur Rücktrittslawine. Die Sozialdemokraten tauschen – wenig erfolgreich – vier Minister aus: Neben Finanzminister Lacina und Innenminister Löschnak nehmen auch Sozialminister Hesoun und Frauenministerin Dohnal ihren Hut.

Als Bundeskanzler Vranitzky das Ausscheiden der altgedienten Minister bekanntgibt, will er klargestellt wissen: „Ein Wechsel in der Politik ist nichts Außergewöhnliches. Weder ein Davonlaufen aus demokratischen Funktionen, noch eine Eliminierung durch den Regierungschef."

Vranitzky versichert, er sei mit den Betroffenen schon im Herbst übereingekommen, daß sie ihr Amt nicht die gesamte Legislaturperiode ausüben würden.

„Tatsächlich haben Löschnak und Hesoun so wie Lacina schon längere Zeit ihre Amtsmüdigkeit erkennen lassen", wertet denn auch „Krone"-Redakteur Dieter Kindermann die Verjüngungskur als notwendig, warnt aber, daß der „Frühjahrsputz wenig nützt, wenn sich die Regierung in Streitereien verzettelt."

Vater Staribacher gibt Sohn Andreas „ein Glücks-Sparschwein"

Eine wahrhaft prophetische Feststellung, denn der neue Finanzminister Andreas Staribacher, früher Wirtschaftsprüfer und Steuerberater, blamiert sich bei den Budget-Verhandlungen im Herbst bis auf die Knochen. Der Sohn des früheren Handelsministers Josef Staribacher „verrechnet" sich um sagenhafte 20 Milliarden Schilling.

Auch Innenminister Einem (46), Sohn des Komponisten Gottfried von Einem, ist ab den ersten Tagen seines Amtantritts höchst umstritten (TATblatt-Spende, Ausländergesetze).

Die weiteren Neuen: Eisenbahnergewerkschafts-Chef Franz Hums (57) wird neuer Sozialminister, die Grazerin Dr. Helga Konrad (47) leitet das Frauenministerium, und der Bürgermeister von Purkersdorf, Franz Schlögl (40), avanciert zum Beamten-Staatssekretär.

Kampfsportübungen mit Jugendlichen für das drakonische Urteil ausschlaggebend

15 Jahre Gefängnis für Schimanek

Zeigt beim Urteilsspruch keine Reaktion: Hans-Jörg Schimanek jr.

Eine so hohe Strafe haben Prozeßbeobachter im Verfahren wegen nationalsozialistischer Wiederbetätigung gegen den 31jährigen Hans-Jörg Schimanek nicht erwartet: Ein Wiener Geschwornengericht verhängt 15 Jahre Haft. Das harte Urteil fällt umso überraschender aus, da selbst der Staatsanwalt nur zehn Jahre gefordert hat.

F-Landesrat Schimanek steht zum Sohn

Für das Gericht ist offenbar klar, daß Hans-Jörg Schimanek langfristig gesehen einen Umsturz in Österreich herbeiführen wollte und in der Volkstreuen Außerparlamentarischen Opposition (VAPO) eine führende Rolle spielt.

Als ausschlaggebend für das Urteil – das höchste, das es wegen Wiederbetätigung je gegeben hat, sieht Redakteur Peter Grotter vor allem jenes Video, in dem zu sehen ist, wie Schimanek Jugendliche im Nahkampf unterrichtet und zeigt, wie Gegnern die Kehle durchgeschnitten werden kann.

Der Vater des Angeklagten, F–Landesrat Schimanek, spricht von einem Fehlurteil: „Es ist für mich als Demokrat aber eine Selbstverständlichkeit, mich von Gedanken und Handlungen, die zu der Verurteilung geführt haben, grundsätzlich zu distanzieren. " Sein Sohn legt gegen das nicht rechtskräftige Urteil Berufung ein.

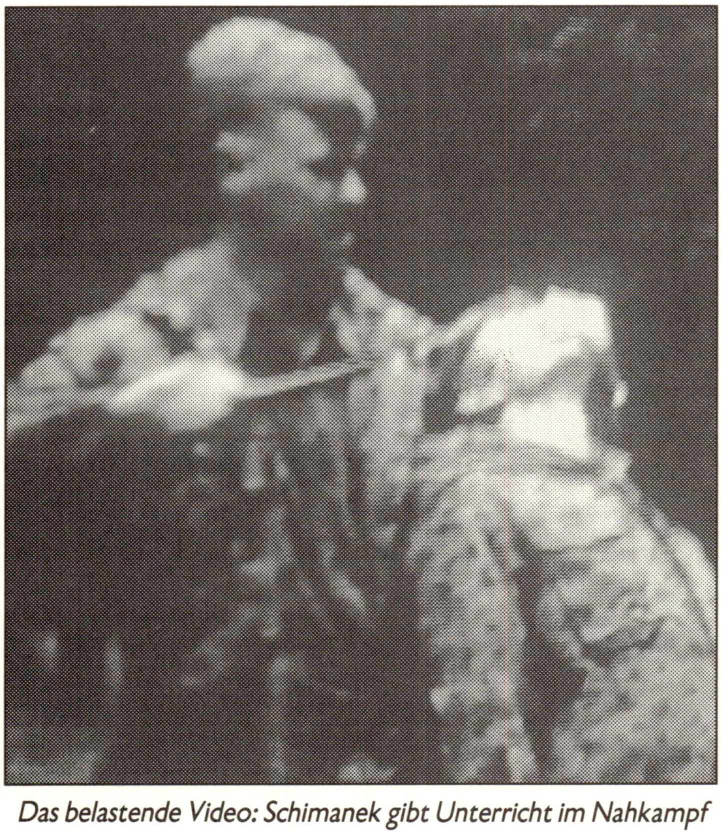

Das belastende Video: Schimanek gibt Unterricht im Nahkampf

In den Wind gereimt

Wer tat die Bomben in die Briefe?
Nicht fing ihn die Exekutive.
Wer mordete in Oberwart?
Vergeblich man auf Klärung harrt.
Wer schmiert auf Gräber Hakenkreuze?
Der Fall wär' von besonderem Reize.
Doch weil man hier im dunkeln tappt,
ward flugs ein dummer Bub geschnappt,
des Schuld zwar Schändung nicht und Mord,
vielmehr das unbedachte Wort,
mit Schmalz, drakonisch wohl, bedacht
und so zum Märtyrer gemacht.

Wolf Martin

Kfz-Haftpflicht nun jederzeit kündbar

Eine wichtige Neuerung tritt für Autofahrer in Kraft: Sobald sich die Prämie erhöht, kann man seine Haftpflichtversicherung kündigen. Versicherungen dürfen nur noch einmal im Jahr ihre Tarife verteuern.

15 Schwangere auf Kriegsschiff

Nicht ohne Folgen bleibt die sechsmonatige Fahrt des US–Kriegsschiffes „Eisenhower“, bei dem erstmals weibliche Soldaten an Bord sind. Als das Schiff zurückkommt, sind 15 Frauen schwanger.

Frauenliebling *Hansi Hinterseer, Ex-Slalom-Weltklasseskirennläufer, erobert die Herzen der weiblichen Musikantenstadl-Fans. Mit seiner musikalischen Liebeserklärung „Du bist das schönste Mädchen" singt sich der Herzensbrecher mit dem Lächeln eines „Kitzbühler Spitzbuben" in die Träume seiner Verehrerinnen.*

Steuer-Millionen für die Osthilfe sind versickert

Der Rechnungshofbericht deckt auf, daß viele Steuermillionen für die Osthilfe versickert sind. Hauptkritikpunkt: Oft kann nicht mehr festgestellt werden, wohin die Hilfsgüter ausgeliefert und wie sie aufgeteilt wurden. Es gibt keine Aufzeichnungen oder Rechnungen.

Der Rechungshof bekennt sich sehr wohl zu dem Grundsatz: Wer rasch hilft, hilft doppelt. Aber es sollte doch sichergestellt sein, daß die Hilfsgüter tatsächlich der notleidenden Bevölkerung zugute kommen. So, wie das Kanzleramt die Osthilfe lange Zeit organisiert hat, ist es ein Skandal: Ohne gesetzliche Grundlage, ohne ausreichende Koordination oder ohne Kontrollen. Medikamente und Lebensmittel in Millionenhöhe werden in Krisengebiete geschickt, doch niemand weiß, ob die Sendungen ankommen.

Krone-Chronik April '95

- Im Prozeß um den Brandanschlag auf die Lübecker Synagoge im März 1994 verurteilt ein Gericht drei Angeklagte zu Haftstrafen von bis zu viereinhalb Jahren.
- Eine Statue, die Queen Elisabeth II. und Ehemann Philip nackt zeigt, sorgt in Canberra, Australien, für Aufregung. Vandalen zertrümmern das freizügige Kunstwerk.
- Bei seinem ersten Marathonlauf überhaupt gewinnt der 27jährige Sensationsmann Piotr Prusik aus Polen das 42 Kilometer-Rennen in Wien .
- Nach neun Jahren klärt der Wiener Polizei-Computer ein Verbrechen: Ein serbischer Schubhäftling wird aufgrund von Fingerabdrücken als Mörder der Eva Hawle überführt.
- Bei einem Terroranschlag auf ein Regierungsgebäude in Oklahoma City werden 167 Menschen getötet. Der Täter, Timothy Mac Veigh, wird gefaßt.
- Filmstar Paul Newman gewinnt als 70jähriger das 24-Stunden-Autorennen von Daytona.

Vorarlberg-Wahl: Gewinne für „F"

F-Gewinne, ein gutes Ergebnis für die ÖVP und hohe Verluste für die SPÖ bringen die Gemeinderatswahlen in Vorarlberg. Die SPÖ verliert in Bregenz 17 Prozent, in Bludenz geht der Bürgermeister an die ÖVP.

Ganz schön frech, *wie der neugierige Gänserich hier seinen Kopf durch den Zaun in einen Wanderschuh steckt. Auch im Zeitalter der Fotoapparate mit Zoom und Auto-Focus ist nach wie vor die Geduld des Bildkünstlers gefragt. „Krone"-Fotograf Walter Sittig jedenfalls hat sie.*

Dollar in der Krise. *Anfang April beginnt eine Talfahrt des amerikanischen Dollars, die erst beim historischen Tiefststand von 1,37 D-Mark endet. Die Rekordschwäche des US-Dollars wird zu einer wirtschaftlichen Belastung Deutschlands und damit auch Österreichs, da der Schilling an den Höhenflug der D-Mark gebunden ist.*

Krone-Chronik April '95

- In einem Schneesturm explodiert ein Airbus kurz nach dem Start über Bukarest: Der Absturz fordert 59 Todesopfer.
- Nach 26jähriger Ehe wird Karim Aga Khan von Begum Salina geschieden. Der Khan zahlt 800 Millionen Schilling Abfertigung.
- Ein „weltrekordverdächtiger" Türke wird in Wr. Neudorf (NÖ) festgenommen. Er gesteht 1500 (!) Ladendiebstähle.
- Polens Staatspräsident Lech Walesas Sohn wird zu zwei Jahren verurteilt: Autounfall, Trunkenheit und Fahrerflucht.
- Im Daviscup-Spiel gegen Schweden verliert Österreichs Tennis-Team gegen den Vorjahrssieger Schweden in Växjö 5:0.
- In der Hainburger Au entdecken Helmut Nimmervoll und Stefan Moidl die sechzigste Donau-Fischart: die Kessler-Grundel.
- Trotz der Anschnall-Pflicht verzichtet ein Drittel der Österreicher auf den Gurt. Viele glauben, daß der Airbag allein genüge.
- Neuer Horror in Schwarzafrika: Tutsi-Soldaten schlachten in einem Flüchtlingslager in Kigali 8000 Hutus ab.
- Das 307 Jahre alte Versicherungsinstitut „Lloyds of London" steht vor dem Bankrott. Die Schulden: 128 Milliarden Schilling.

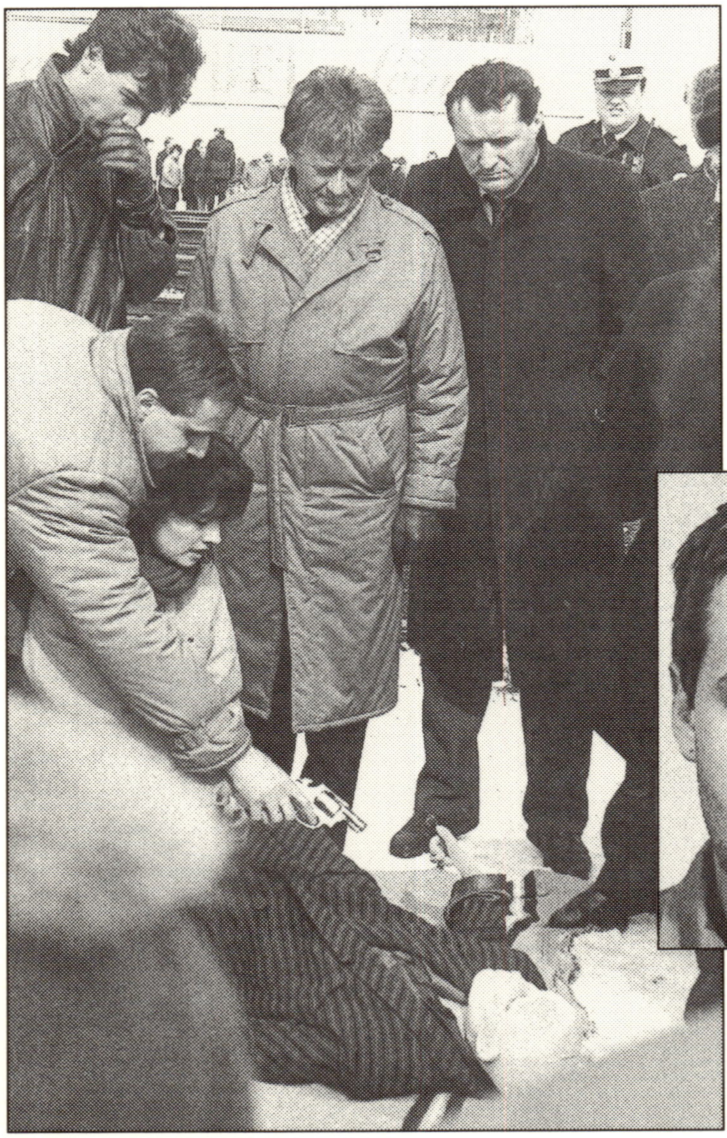

Justizskandale sorgen für hitzige Debatte

Mörder studiert Jus: Von Uni entkommen

Nur von einem unbewaffneten Wachebeamten begleitet, darf der Prostituierten-Mörder und Stein-Häftling Tibor Foco (39) regelmäßig Vorlesungen an der Linzer Universität besuchen. Der ehemalige Rennfahrer und Zuhälter nützt die Sorglosigkeit seines Bewachers aus und flüchtet unbemerkt aus dem Hörsaal.

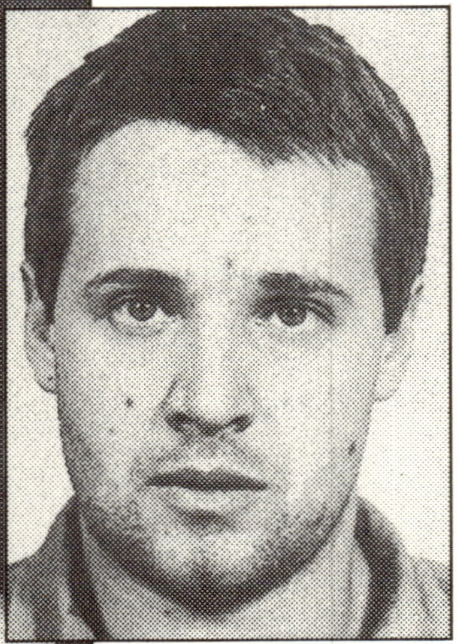

▲ *Tibor Foco durfte studieren und ohne Handschellen an die Uni gehen. – Lokalaugenschein des Prostituiertenmordes.*

„Völlig unverständlich, daß Tibor Foco in Linz studieren durfte, bei Eltern, Verwandten und Freunden, die alle als mögliche Fluchthelfer in Frage kommen", kritisiert denn auch ein Kriminalist die Verantwortungslosigkeit der Justiz. Außerdem sei Foco in der Nähe des Verstecks der Waffe gewesen, mit der er die Prostituierte Elfi Hochgatter erschossen hat.

Die Rekonstruktion der Flucht zeigt unglaubliche Pannen auf: Nach einem Kaffee im Buffet kann sich Foco bei einem Toilettenbesuch von dem Justizwachebeamten trennen und läuft in einen Hörsaal. Sein Bewacher kann nicht Alarm schlagen, da er das Funkgerät vergessen hat.

Für Focos Soziologie-Professor Dr. Klaus Zapotoczky kommt die Flucht nicht überraschend: „Als angehender Jurist wußte er, daß mit dem Schengener Abkommen die Grenzen zum Osten dicht werden und eine Flucht fast unmöglich ist."

***Der Kräuterpfarrer** als „Krone"-Wekker. Monsignore Weidinger, einst Missionar in China, hat eine neue Aufgabe: als Verfasser der Kolumne „Hing'schaut und g'sund g'lebt" gibt der 77jährige Pfarrer aus dem Waldviertel „Krone"-Lesern Tips für einen gesunden Start in den Tag. Nach überlieferten Rezepten aus Österreich und China.*

über „zu milden" Strafvollzug ● Mörder dürfen ins Stadion oder Stundenhotel gehen

„Lebenslanger" tötet seine Therapeutin im Gefängnis

Doppelmörder Franz Stockreiter tötet seine Therapeutin Dr. Veronika Kreuzinger ▶ (36), in die er sich verliebt hatte, in einem Besprechungszimmer der Justizanstalt Göllersdorf.

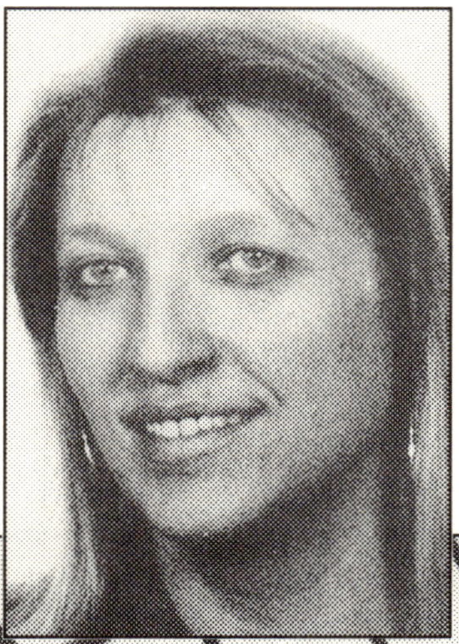

Während eines Gespräches mit seiner Psycho-Therapeutin ersticht ein zu lebenslanger Haft verurteilter Doppelmörder in der Justizanstalt Göllersdorf (NÖ) die Frau. Nach dem Mord an der 39jährigen werden unfaßbare, skandalöse Zustände aus der Anstalt bekannt: So bekam der Mörder 194 (!) Mal Ausgang, besuchte Thermalbäder oder ging mit seinen „Kollegen" zu einem Fußballmatch ins Stadion.

Doch nicht genug der Freiheiten, die den Häftlingen in der Anstalt gewährt werden. „Krone"-Redakteure Alexandra Wehner und Christian Hauenstein decken noch weitere unglaubliche „Freizeitaktivitäten" der Häftlinge auf.

So schrieb Doppelmörder Franz Stockreiter, der so wie alle anderen Häftlinge nie auf Waffen kontrolliert wurde, regelmäßig auf Inserate in Sex-Magazinen. Ließ sich die Antwortbriefe der kontaktfreudigen Damen dann an eine Chiffre-Adresse schikken. Um sich beim nächsten Freigang mit einer seiner „Brieffreundinnen" zu treffen – für den Besuch eines Stundenhotels in Wien-Neubau.

Andere geistig abnorme Rechtsbrecher, wegen ihrer furchtbaren Taten zu lebenslanger Haft verurteilt, bekamen ebenfalls Ausgang. Und unternahmen in ihrer Freizeit eine Radpartie auf die Wiener Donauinsel. Nur ein Betreuer war dabei, um auf die fünf Schwerverbrecher aufzupassen. – Sie durften sich also als wandelnde Zeitbomben völlig frei in der Öffentlichkeit bewegen. Unter Frauen und Kindern . . .

„Ebola", das gefährlichste aller Viren, 69.000fach vergrößert

Die „Ebola-Epidemie" zieht eine mörderische Spur in Zaire:

Europa zittert vor Einschleppung des Killer-Virus aus Zentral-Afrika

Das tödliche „Ebola"-Virus zieht Mitte Mai eine mörderische Spur im afrikanischen Zaire. Während Wissenschafter fieberhaft nach dem Ursprung des Killer-Virus fahnden, sterben Hunderte Menschen unter unsagbaren Qualen. Trotz Quarantäne-Vorkehrungen breitet sich die Epidemie explosionsartig aus. Europa zittert vor der Einschleppung des Krankheitserregers.

Im Spital der afrikanischen Stadt Kikwit wird ein Labortechniker mit hohem Fieber und Bauchschmerzen eingeliefert. Die Ärzte vermuten vorerst, daß der Mann an der Ruhr erkrankt sei. Binnen Tagen stirbt der Afrikaner qualvoll an inneren und äußeren Blutungen. Als kurz darauf die behandelnden Ärzte und zwei italienische Ordensschwestern, die den Kranken pflegten, einen ebenso mysteriösen wie grausamen Tod sterben, geht die Angst um.

Denn in französischen Labors untersuchte Blutproben bestätigen den schrecklichen Verdacht: „Ebola"-Viren haben vom Körper des Mannes und dem Krankenpersonal Besitz ergriffen.

Als dann auch noch weitere Patienten sowie deren Angehörige an der Krankheit sterben, bricht Panik aus. Kikwit wird zum Katastrophengebiet erklärt. Doch trotz Quarantäne-Maßnahmen treten erste Krankheitsfälle in benachbarten Orten auf, weil das Virus von flüchtenden Patienten verschleppt wird.

Der Ursprung des Killer-Virus, das Affen als Wirt benutzt, ist rätselhaft. 1976 trat es in Zaire erstmals am Fluß Ebola auf. Seine Spur verlor sich im Dickicht der Regenwälder.

Während Europa vor der Einschleppung der Epidemie per Flugzeug zittert, verschwindet das Virus ebenso plötzlich, wie es aufgetaucht ist. „Es tötet so schnell, daß es sich selbst ausrottet", faßt Redakteurin Eva Rohrer das Phänomen zusammen. Der Hollywood-Thriller „Outbreak", in dem Dustin Hoffman die tödlichen Viren bekämpft, erlangt traurige Aktualität.

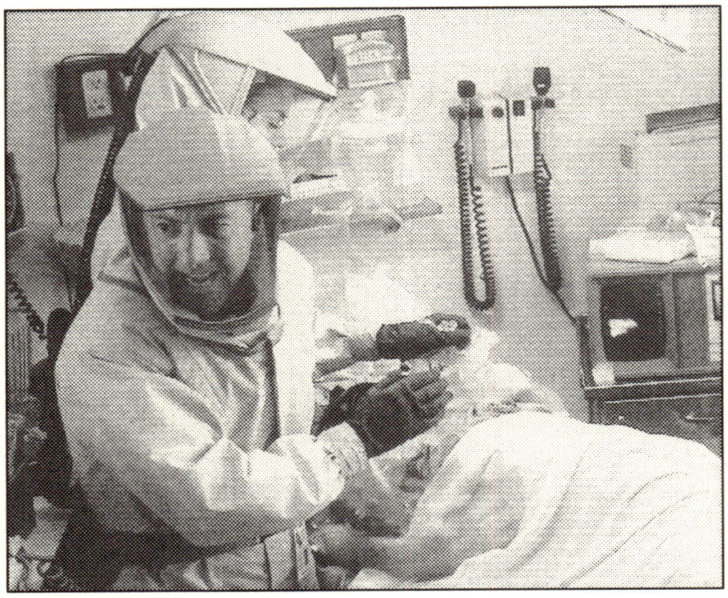

▲ *Der Film „Outbreak", in dem Dustin Hoffman Killer-Viren bekämpft, wird zur tragischen Wirklichkeit: Hunderte sterben in Spitälern.* ▶

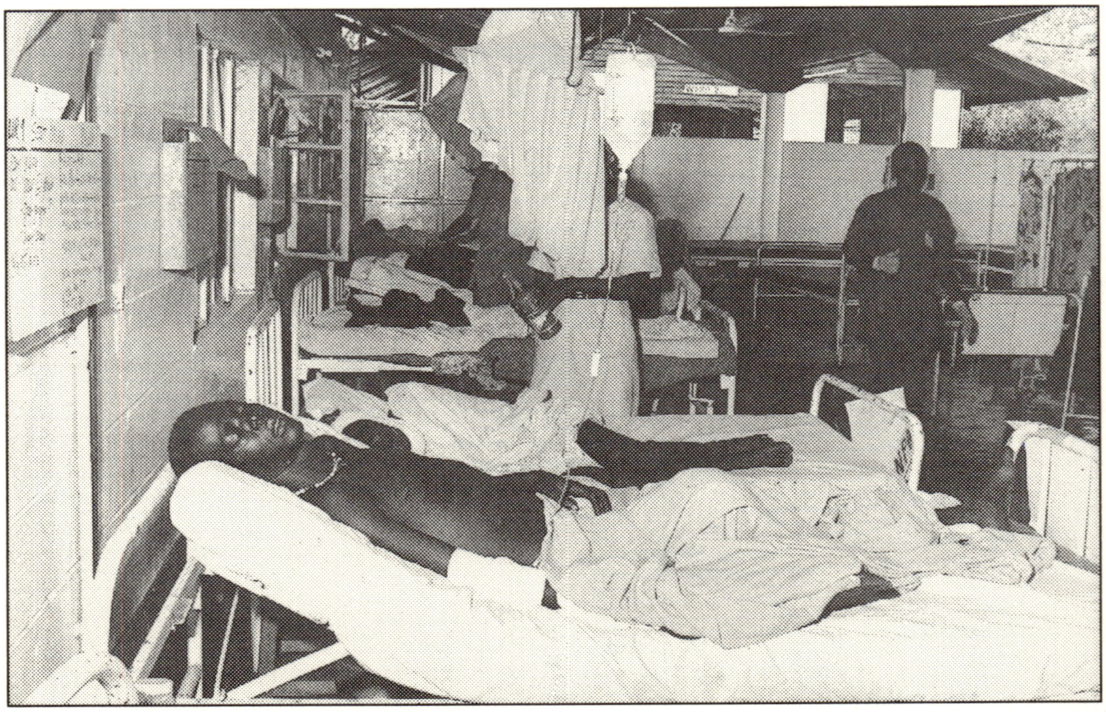

Aids-Häftlinge mit Geisel auf Flucht

Zwei HIV-positive Häftlinge der deutschen Strafanstalt Celle nehmen einen Gefängniswärter als Geisel und liefern der Polizei mit einem Porsche eine halsbrecherische Verfolgungsjagd quer durch Niedersachsen. Nach 51 Stunden gelingt es den Sicherheitskräften, das Geiseldrama zu beenden. Sie rammen das Fluchtauto und befreien den Wärter.

Ville Peltonen jubelt nach seinem dritten Tor hintereinander gegen den „Erzrivalen" Schweden

Eishockey-Sensation '95

Finnland holt sich erstmals den WM-Titel

Was seinem weltberühmten Vater, Esa Peltonen, nie gelungen ist, das schafft der 21jährige Ville Peltonen bei der Eishockey-Weltmeisterschaft in Stockholm: Der Stürmer schießt Finnland mit drei Toren gegen Schweden zum ersten WM-Gold und wird über Nacht zum Nationalhelden.

Auch Österreich macht ein gutes Bild. Das rot-weiß-rote Team sichert die Erstklassigkeit. Mit einem 4:4 im Relegationsspiel gegen die Schweiz schaffen die Österreicher den Verbleib in der A-Gruppe und sind somit bei der WM 1996 in Wien dabei. In einer Gruppe mit Rußland, Deutschland, Kanada, USA, und der Slowakei.

Zwei Säuglinge in Tiroler Krankenhaus vertauscht

Der Alptraum jeder Mutter wird in einem Tiroler Spital zur schrecklichen Wirklichkeit: Im Bezirkskrankenhaus Hall werden die Babys zweier Mütter aus Innsbruck und Fügen vertauscht. Als die beiden Frauen mit ihren „falschen" Sprößlingen nach Hause wollen, fliegt der Irrtum auf. Drei Tage lang hatte jede der Mütter das Kind der anderen gestillt.

Obwohl die Babys gleich nach der Geburt mit einem Namens-Armbändchen gekennzeichnet werden, kommt es zu der blamablen Vertauschung der Neugeborenen. Eine Säuglingsschwester legt sie in die falschen Bettchen.

72 Stunden bemerken Ärzte und Schwestern in der Geburtenstation des Tiroler Spitals die peinliche Verwechslung nicht. Der Irrtum kommt erst bei der Abschlußuntersuchung ans Tageslicht. Eine Schwestern-Schülerin entdeckt unterschiedliche Ergebnisse bei den Bluttests.

Primar Johannes Tscharf beruft eilig eine Sitzung ein, um den frischgebackenen Müttern, die Wahrheit schonend beibringen zu können.

***Zufrieden mit Platz 13** zeigt sich Stella Jones, Österreichs Vertreterin beim alljährlichen Song-Contest in Dublin. Mit ihrem Jazzlied „Die ganze Welt dreht sich verkehrt" erreicht die farbige Wienerin einen guten Platz im Mittelfeld. Überraschungssieger wird Norwegen mit der Instrumentalnummer „Nocturne". „Diese Entscheidung der Jury war eigenartig und für mich nicht nachvollziehbar", meint ORF-Intendantin Kathrin Zechner. „Der Song-Contest hat eine grauenvolle Richtung genommen."*

Flotte der Donaudampfschiffahrtsgesellschaft wird stückweise an Private verkauft

Die DDSG erleidet Schiffbruch

Schiff ahoi! Ex-Finanzminister Androsch bietet zu wenig für die DDSG

Ende Mai geht das Traditionsunternehmen DDSG (Donaudampfschiffahrtsgesellschaft) endgültig unter. Die Hauptversammlung des Unternehmens beschließt die Auflösung. 130 Mitarbeiter werden bis Jahresende gekündigt. Sieben Schiffe der einst so stolzen Donau-Flotte werden Stück für Stück um insgesamt 25 Millionen Schilling verkauft.

Nachdem der Frachtbereich der DDSG an die deutsche Stinnes-Gruppe veräußert wurde, läuft auch die verbliebene Personenschiffahrt des finanziell angeschlagenen Unternehmens auf Grund. Immerhin soll die Liquidation nach Angaben des Finanzministeriums noch deutlich billiger sein als die Sanierung.

Für sieben Passagierschiffe werden sofort Käufer gefunden. Unter einer ganzen Reihe von Interessenten macht das Verkehrsbüro gemeinsam mit dem Wiener Hafen das Rennen. Sie übernehmen die „Prinz Eugen“, die „Admiral Tegetthoff“, die „Wachau“ und die „Vindobona“. Die neue Eigentümergruppe soll Garant dafür sein, daß auch in Hinkunft Passagierfahrten auf dem Donaustrom unter österreichischer Flagge stattfinden.

Eine Passauer Firma kauft die „Stadt Passau“, und der Tullner Bürgermeister erwirbt die „Stadt Wien“. Diese beiden Schiffe sollen zu schwimmenden Restaurants umgebaut werden. Das siebente Schiff, das Tragflügelboot „Donaupfeil“, wird von einer kroatischen Gesellschaft gekauft.

Das letzte Dampfschiff auf der Donau, die „Schönbrunn“, wird von der Österreichischen Gesellschaft für Eisenbahngeschichte um einen Symbol-Schilling übernommen.

Ex-Finanzminister und Wirtschaftskapitän Hannes Androsch, der für alle acht Schiffe acht Millionen Schilling auf den Tisch legen wollte, zeigt sich enttäuscht, daß er nicht zum Zug kommt.

Der Kurs der Donaudampfschiffahrtsgesellschaft führt in Richtung Liquidation. ▶

Krone-Chronik Mai '95

● Der 55jährige Raiffeisen-Zentralbank-Chef Klaus Liebscher wird neuer Nationalbank-Präsident.

● Um umgerechnet 280 Millionen Schilling wird in New York ein Gemälde des spanischen Malers Pablo Picasso ersteigert.

● In Miami wird der deutsche Baulöwe Jürgen Schneider, der 47 (!) Milliarden Schilling Schulden hinterlassen hatte, gefaßt.

● Als jüngstem Mediziner der Geschichte wird dem 17jährigen Inder Dr. Balamurali Ambati das Arztdiplom verliehen.

● Papst Johannes Paul II. feiert in der Slowakei gemeinsam mit Kardinal Hans Hermann Groer seinen 75. Geburtstag.

● Pop-Legende Stevie Wonder wird in Monte Carlo mit dem „World Music Award 1995“ ausgezeichnet.

● Der heftig umstrittene deutsche Fußball-Trainer Egon Coordes verläßt die Wiener Austria.

Mister Europacup. *Unter dem Management von Gunnar Prokop holt der Damenhandballmeister Hypo Niederösterreich zum sechsten Mal den Europacuptitel. Mit einem 26:19 gegen Koprivnica gelingt den Niederösterreicherinnen der vierte Erfolg in Serie. Aus Freude über den Triumph vergießt Prokop minutenlang Tränen.*

Karriere-Männer gehen oft fremd

„Je erfolgreicher, desto untreuer", zu dieser Gleichung kommt eine Studie über das Sexualverhalten von Männern. 19.000 Testpersonen werden befragt. Demnach brauchen jene Herren der Schöpfung, die alles haben – Erfolg im Beruf, eine Familie zum Vorzeigen, Luxusvilla und passendes Auto – weit öfter noch dazu eine Geliebte als Normalbürger. Das Ergebnis der Untersuchung zeigt klare Klassenunterschiede: Jeder zehnte Top-Manager und Selbständige gibt zu, seiner Ehefrau untreu gewesen zu sein, aber nur jeder 50. Arbeiter.

Neues Mietrecht ein Riesen-Flop

Das neue Mietrecht, das ein Richtwertsystem mit Zu- und Abschlägen enthält, greift nicht. Die Mieten bleiben gleich hoch, beklagt die Arbeiterkammer. Die Mietverträge werden unpräzise und schwammig formuliert. Auch die Anrufung der Gerichte kommt teuer, da Sachverständigen-Gutachten bis zu 15.000 Schilling kosten. Folglich erfinden die Vermieter immer neue Zuschlags-Kriterien: von Waschmaschinen-Anschluß, Telefon, Parkettboden, Küchenausstattung bis zur nahen U-Bahnstation.

Kanzler: Ausländergesetze werden nicht aufgeweicht

Nach Spekulationen, unter Innenminister Einem werde es in der Ausländerpolitik '95 einen Kurswechsel samt einer „Ausländer-rein"-Welle geben, nimmt Kanzler Vranitzky klar Stellung.

Für den Regierungschef kommt ein Aufweichen der Ausländergesetze nicht in Frage: „Der kontrollierte Zugang für Ausländer bleibt auch in Zukunft."

Über seine Erfahrungen, die Österreich bisher mit diesen Gesetzen gemacht habe, meint Vranitzky: „Wir sind eines der wenigen Länder, das den Zuzug von Menschen aus anderen Ländern kontrollieren und diesen Menschen auch Arbeit, Wohnungen und Schulplätze geben kann." Was den Vollzug dieser Gesetze betrifft, spricht sich der Kanzler für eine „flexible und menschliche Auslegung aus".

Walter Richard Langer stirbt im ORF-Studio

Jazz-Experte Walter Richard Langer stirbt im Alter von 58 Jahren in einem ORF-Studio des Wiener Funkhauses an einem Herzinfarkt unmittelbar vor der Life-Sendung „Lange Nacht des Jazz". „Vokal, instrumental, international" und „Round Midnight" waren die bekanntesten Rundfunksendungen des Radio-Moderators mit der sonoren Stimme. Auch als Fernsehsprecher hatte Langer in Österreich Popularität erlangt.

Als „Bier-Revoluzzer" werden 25.000 Demonstranten in die Geschichte Münchens eingehen. Die als „urgemütlich" bekannten Bayern steigen auf die Barrikaden, da Politiker beabsichtigten, die Öffnungszeiten in den Biergärten zu kürzen. Ministerpräsident Edmund Stoiber verspricht, daß alles beim alten bleibt.

Krone-Chronik Mai '95

- Der zu lebenslanger Haft verurteilte Terrorist Tawfik Chaovali bricht aus dem Gefängnis Garsten (OÖ) aus. Er wird auf der Flucht gefaßt.
- Künftig müssen Wehrpflichtige unmittelbar nach einer Lehre oder der Matura einrücken. Die Gewissensprüfung für Zivildiener fällt.
- Laut Angaben des Präsidenten des Jugendgerichtshofes, Udo Jesionek, sind so gut wie alle Mädchen in Gefangenschaft rauschgiftsüchtig.
- Trickfilmzeichner Isadore „Fritz" Freleng, Schöpfer der klassischen Comic-Figuren „Bugs Bunny" und „Daffy Duck", stirbt 89jährig.
- Höchsturteil des Deutschen Bundesverfassungsgerichtes: Staatsbürger wie Markus Wolf, die für die DDR spioniert haben, bleiben straffrei.

Jeder zweite betreibt häufig Sport, um sich wohl zu fühlen:

Österreicher achten immer mehr auf ihre Gesundheit und Fitneß

Herr und Frau Österreicher werden zunehmend gesundheitsbewußter. Bereits 81 Prozent unserer Landsleute machen sich nicht nur Gedanken über ihr Wohlbefinden, sondern tun auch etwas dafür. Jeder zweite betreibt regelmäßig Sport, um fit zu bleiben. Wobei das Thema Gesundheit Frauen wichtiger ist als Männern.

Noch 1990 sah jeder dritte Österreicher das Fasten als bestes Mittel zur Bewahrung seiner Gesundheit und Fitneß. Doch 1995 heißt es: „Bequemlichkeit ade, es lebe der Sport!" Denn fast jeder zweite hat bemerkt, daß körperliche Aktivität das Wohlbefinden erheblich erhöht. Ans Fasten als alleinige „Wundertherapie" glaubt nur noch jeder vierte.

Am gesundheitsbewußtesten sind laut der Umfrage des Linzer „market"-Institutes die Steirer und Kärntner, die Wiener haben offensichtlich noch ein wenig Nachholbedarf.

Exakt 86 Prozent der befragten Frauen geben an, sich Gedanken über ihre Gesundheit zu machen. Bei den Männern sind es zehn Prozent weniger.

Wobei sich dieses Verhalten mit zunehmendem Alter aber ändern soll. Während 35jährige angeblich noch eher sorglos sind, beschäftigen sich Österreicher ab dem 60. Lebensjahr täglich mit Gesundheitsfragen und achten auf ihr körperliches Wohl.

Eltern schicken Kinder stehlen

Supermärkte und Kaufhäuser schlagen Alarm: Immer mehr Ladendiebe sind jünger als 14 Jahre. Viele Eltern schicken ihre Kinder stehlen, da sie bis zu diesem Alter strafunmündig sind. Selbst wenn sie ertappt werden, droht den Langfingern keine Strafe.

10.000 Hühner von Blitz getötet

Bei einem schweren Mai-Gewitter in Reichenthal im Mühlviertel (Oberösterreich) schlägt ein Blitz in einen Bauernhof ein. Durch den enormen Stromschlag werden etwa 10.000 Masthühner des Gehöftes sofort getötet. Die Tiere sterben an Herzversagen.

Wahnsinnsrekord eines Geisterfahrers

Rund 80 Kilometer rast ein Geisterfahrer auf der Westautobahn mit 130 km/h Richtung Mondsee. Dutzende Autofahrer können im letzten Augenblick ausweichen. Noch ehe Gendarmen den Wahnsinnslenker auf der falschen Spur stellen können, verläßt er die Straße.

„Trio infernal“ beim dritten „Life“-Ball gegen AIDS. Im Rathaus treffen sich Gesundheitsministerin Krammer, Madeleine Petrovic und Richard Lugner als „Straps-Mörtel“ zu einer Damenrunde. Das als Benefiz-Ereignis geplante Fest entwickelt sich zum Fixtermin des Wiener Gesellschaftslebens.

Kriminalisten halten Autofahrer irrtümlich für Erpresserbande

Unfaßbare Panne bei Fahndung: 28 Schüsse auf harmlose Famile

Bei der Verbrecherjagd auf der Pack nahe der Kärntner Grenze gerät eine steirische Familie in den Kugelhagel zweier schießwütiger Kriminalbeamter. Die Polizisten halten die harmlosen Autofahrer für flüchtige Mitglieder einer gefährlichen Erpresserbande.

Manfred Hiebler vor der durchschossenen Windschutzscheibe

Ihre letzte Stunde sei angebrochen, denken vier Steirer, als sie mit ihren beiden Autos von einer Kirchenchorprobe nach Hause fahren und plötzlich von einem Bewaffneten bedroht werden. „Auf einmal zielte ein Mann in Zivil mit einer Pistole auf uns“, erzählt der 30jährige Manfred Hiebler.

Da er meint, Opfer eines Überfalls zu sein, gibt er Vollgas. Sofort beginnt der Fremde zu schießen. Geistesgegenwärtig reißt der Steirer seine Mutter am Beifahrersitz nach unten und duckt sich selbst.

28 Schüsse feuern die Beamten aus Wien auf die Steirer ab. Obwohl die Autos getroffen werden, können sich die Verwechslungsopfer in ein nahes Gasthaus retten und den Irrtum klären.

Beim Lokalaugenschein sind die Fronten festgefahren: Die Polizisten behaupten, daß sie sich unter anderem mit Anhaltekellen zu erkennen gegeben hätten, und schossen weil sie an einen Fluchtversuch dachten. Die vier Opfer beteuern neuerlich, nichts Derartiges bemerkt zu haben.

Die beiden Kriminalisten, die sich nicht einmal entschuldigen, werden unter dem Verdacht der fahrlässigen Körperverletzung und Gefährdung der körperlichen Sicherheit angezeigt.

Gentechnik beweist:

Menschheit ist „ziemlich jung"

Nicht vor einer Million Jahren, wie uns bisher Wissenschafter weismachen wollten, die sich mit der Urzeit der Menschheit befassen, sondern erst vor 270.000 Jahren haben sich unsere Vorfahren zum „Homo sapiens" entwickelt – wir sind also viel jünger, als wir bisher dachten! Den Beweis erbrachten übrigens nicht Ausgrabungen, sondern modernste DNA-Analysen von Gentechnikern der anerkannten Universitäten Harvard, Yale und Chicago.

Fans machen Wien zum Hexenkessel

Sie kommen in 140 Flugzeugen, Hunderten Bussen und Dutzenden Sonderzügen: Mehr als 30.000 Fans das holländischen Meisters Ajax Amsterdam und der italienischen Millionentruppe AC Milan, um am 25. Mai das Europapokal-Finale im Wiener Praterstadion live mitzuerleben. Die sportliche Auseinandersetzung auf dem Rasen ist erfreulich fair, endet 1:0 für die Niederländer. Und auch die befürchteten Ausschreitungen der Fans, die bereits am frühen Vormittag die Innenstadt zu einem – fröhlichen – Hexenkessel machen, bleiben aus. Rekordverdächtige 3000 Polizisten haben rekordverdächtig wenig zu tun . . .

Hohe Lebenskosten

Teures Pflaster an der Donau

Qualität hat ihren Preis. Zu diesem Schluß könnte man zumindest bei optimistischer Betrachtung kommen. Tatsache ist: In einem Vergleich der Lebenshaltungskosten in europäischen Städten rangiert Wien hinter Kopenhagen, Paris und Berlin an vierter Stelle. Die Donaumetropole ist also ein teures Pflaster, wie auch die Wohnungsmieten beweisen, wo wir an dritter Stelle liegen. Am preiswertesten lebt es sich dagegen in Athen, Lissabon, Madrid und Dublin.

Shocking: Queen enteignet!

Elizabeth II. hat „nur noch" acht Milliarden

Queen Elizabeth II. stürzt in der Weltrangliste der Superreichen von Platz acht auf 17 ab. Nach den Skandalen im Hause Windsor hat die britische Regierung eine strikte Trennung des staatlichen und privaten Vermögens der Königsfamilie vorgenommen. Womit der Queen „nur" acht statt bisher 90 Milliarden Schilling bleiben. . .

Anschlag auf Staatsanwalt

Er klagte im Mordprozeß Unterweger an

Mysteriöser Sprengstoffanschlag gegen den Unterweger-Staatsanwalt Karl Gasser: Während der Mann, dessen Frau und vier Kinder schlafen, detoniert an der Außenmauer seines Grazer Reihenhauses eine Bombe.

Der Täter, ein Experte, der aber offenbar nur Sachschaden anrichten wollte, kann nicht ausgeforscht werden.

Busen-Puppe Pamela Anderson als Höhepunkt von Cannes '95

Roman SCHLIESSER nicht sehr begeistert

Cannes: Busenpuppe als Rummelhöhepunkt

Adabei-Legende Roman Schliesser findet kaum etwas Begeisterndes an den 95er-Filmfestspielen in Cannes. „Die Luft ist raus", kommentiert der Society-Löwe trocken. Und stellt quasi als Beweis für seine Eindrükke belustigt fest, daß die Baywatch-Busenpuppe Pamela Anderson den Rummelhöhepunkt bildet.

Hier die Bilanz aus Schliessers gefürchteter Spitzfeder: „Die Luft ist raus aus diesem Festival. Was da unter dem Etikett Filmkunst segelt, ist vornehmlich Langeweile. Gibt es überhaupt Festival-Qualität, dann höchstens mit ‚The Madness of King George' mit Michael Hawthorne, ‚Ed Wood' von Tim Burton mit Johnny Depp und ‚Land of Freedom' von Ken Loach.

Und zu all dem tanzt auch noch das alte Krokodil Tony Curtis in einem Sakko, das seine Wampe betont, mit Freundin an. Was er an Taille trägt, zeigt sie an Oberweite: Gill van den Bergue. Tony ließ anklingen, die Schöne könnte Mrs. Curtis Nr. 5 werden . . ."

Nach „faden" Tagen berichtet Schliesser schließlich von „den letzten Zuckungen" des Cannes-Film-Festivals '95. Denn erst am letzten Abend wird das große Rätselraten um die „Goldene Palme" beendet. Die Auszeichnung geht an Emir Kusturicas „Underground"-Balkan-Epos. Bester Darsteller wird Jonathan Pryce, beste Darstellerin Helen Mirren.

Sie fordern vom Land Tirol 30 Millionen

Erpresser drohen mit Gift im Trinkwasser

Ein schwer verschuldeter Kärntner Unternehmer und dessen zwei Komplicen aus Wien starten im Mai einen perfiden Erpressungsversuch. In einem Brief an den Tiroler Landeshauptmann Wendelin Weingartner fordern sie 30 Millionen Schilling. Andernfalls drohen sie mit der Vergiftung des Trinkwassers.

Schulden und ein luxuriöser Lebensstil lassen den früher erfolgreichen Geschäftsmann aus Völkermarkt und dessen Freunde zu Verbrechern werden. In einem in Graz aufgegebenen Brief an Landeshauptmann Weingartner kündigen sie an, die Quellspeicher, einen Lebensnerv Tirols, zu vergiften. Sollte der Politiker aber bereit sein zu zahlen, so müsse er dies in einer Kontaktanzeige in einer Tiroler Tageszeitung kundtun.

Das Trio hat die Rechnung aber ohne die Kärntner Kriminalisten und die Wiener Staatspolizei gemacht. Die Fahnder steigen zum Schein auf die Forderung ein und schalten das Inserat. In der Folge gelingt es ihnen, mit den Erpressern Kontakt aufzunehmen, sie kommen ihnen solchermaßen auf die Spur. Nur wenige Tage nach dem Drohschreiben werden die Urheber verhaftet.

Der Drahtzieher des Coups ist 36jähriger Kärntner Unternehmer aus Völkermarkt, der aus angesehener Familie stammt. Er scheiterte als Unternehmensberater in Wien, als Herausgeber einer Fachzeitschrift für Friseure und zuletzt als Hersteller von Computer-Software. Was den konkursfreudigen Geschäftsmann und Maserati-Fahrer freilich nicht abhielt, mit Geld nur so um sich zu werfen. Die Schmach des sozialen Abstieges konnte er nicht ertragen . . .

Erpreßt: Wendelin Weingartner

Rekordpreis für Mandelas Schuhe

Umgerechnet 70.000 Schilling bringen jene Schuhe, die Bürgerrechtskämpfer Nelson Mandela 1990 bei seiner Entlassung aus dem Gefängnis trug, bei einer Versteigerung in London ein. Damit gehen sie ebenso wie ihr früherer Besitzer in die Geschichte ein.

Bankräuber in nur 2 Minuten gefaßt

Spektakulärer Banküberfall mit Polizeirekord in Wien-Meidling: Ein 27jähriger Steirer stürmt mit einer MP und einem Handy eine Raika-Filiale, erbeutet 2,4 Millionen und flüchtet. Doch nur zwei Minuten später wird er von einer Streifenbesatzung geschnappt.

***Sichtlich wohler** fühlen sich die stolzen Raubkatzen im Tiergarten Schönbrunn. Ihre alten Zwinger wurden zugesperrt, jetzt werden sie endlich artgerechter in großzügigen Freigehegen gehalten.*

Porno-Jäger wettern gegen Sex-Messe

Eklat um die „Erotik- & Lifestyle-Messe" in St. Pölten (NÖ), die wie erwartet Moralapostel auf den Plan ruft. Der sattsam bekannte Porno-Jäger Martin Humer protestiert, weil dort die „nahezu grenzenlosen Möglichkeiten der Liebeskunst" angeboten würden. Die Veranstalter hingegen kontern mit Unschuldsmiene: „Wir zeigen ja nichts Verbotenes, außerdem ist Jugendlichen unter 18 Jahren der Eintritt verboten."

Phantasie haben sie jedenfalls, die Betreiber des St. Pöltner Veranstaltungszentrums – nach einer düsteren „Totenmesse", der Bestattungsschau „Devota", setzen sie im Frühjahr auf Sex, um die – wie's im Werbeprospekt heißt – „Tore zur geheimnisvollen Welt der Erotik zu öffnen". Die Besucher sollen „neue Ideen für ein inhaltsvolleres Leben mit nach Hause nehmen". Übrigens: Humer wird nicht gesichtet.

***Eine Legende** ist tot. Professor Hans Kraus, Begründer des Urania-Puppentheaters, stirbt am 24. Mai im Alter von 72 Jahren. Er war der Vater von „Kasperl & Petzi" sowie unzähligen liebenswerten Fabelfiguren, denen er Stimme und Leben gab.*

Schmiergeld-Affäre bei der Müllabfuhr

Eine Schmiergeld-Affäre deckt „Krone"-Redakteur Roland Kopt auf: Sechs Beamte der Wiener Müllabfuhr kassierten für die illegale Lagerung von hochgiftigen Sondermüll Millionen – auf einer Deponie, für die es bereits seit Jahren keine Genehmigung mehr gibt!

Die Beamten der Magistratsabteilung 48 ließen sich von fünf Transport- und Entsorgungsunternehmen bestechen. Die Firmen deklarierten hochbrisante Abfälle wie Neonröhren, Autoteile und Kühlschränke als „normalen Mist", der auf der städtischen Deponie bei Gerasdorf (NÖ) unter den Hausmüll gemischt wurde.

Im Zuge der Recherchen fliegt ein weiterer Skandal auf: Für den Abfallplatz in Gerasdorf gibt es seit sechs Jahren keinen wasserrechtlichen Bescheid mehr, er hätte bereits 1988 geschlossen werden müssen.

SP-Umweltstadtrat Fritz Svihalek zieht Konsequenzen: Die Deponie wird gesperrt, die Staatsanwaltschaft eingeschaltet.

Krone-Chronik Mai '95

- Pop-Megastar Elton John begeistert in einem Live-Konzert auf dem Wiener Rathausplatz 25.000 Fans. 40 Mädchen nimmt die Vorstellung des „Rocket-Man" so mit, daß sie in Ohnmacht fallen.
- 29. Mai. Vor genau zehn Jahren ereignete sich die Tragödie im belgischen Heyselstadion, bei der 39 Fußballfans ums Leben kamen. Auslöser war eine Schlacht zwischen Hooligans und italienischen Fans vor dem EC-Finale zwischen Juventus Turin und Liverpool (1:0).
- Der 22jährige Salzburger Patrick Reiter holt bei der Judo-EM in der Gewichtsklasse bis 78 Kilogramm Gold. Doris Köllhuber (bis 72 kg) und Thomas Schleicher (bis 71 kg) erobern Bronze.
- Eklat um „Verstehen Sie Spaß?"-Moderator Harald Schmidt, der zum Privat-TV wechselt und sich in seiner letzten Sendung mit folgenden Worten verabschiedet: „Wer sie im Herbst als Moderator begrüßt, entnehmen Sie bitte den Kleinanzeigen in ihren lokalen Anzeigeblättern." Der Süddeutsche Rundfunk versteht keinen Spaß, ist stinksauer.

Spitzenreiter bei unehelichen Babys

Der obersteirische Bezirk Murau ist in Österreich Spitzenreiter bei ledigen Müttern – jedes zweite Kind kommt unehelich zur Welt. Einer der Gründe liegt in der wirtschaftlichen Situation der eher armen Region: Unverheiratete Frauen haben Anspruch auf erhöhtes Karenzgeld.

„Superman" Christopher Reeve ist nach Reitunfall gelähmt

„Kann das Mitleid nicht ertragen"

Schwerer Schicksalsschlag für den 42jährigen Christopher Reeve, der als „Superman" die Herzen von Millionen Kinofans eroberte. Bei einem Springtournier in Richmond (USA) scheut das Pferd des erfahrenen Reiters vor dem vierten Hindernis. Reeve wird aus dem Sattel geschleudert, landet auf dem Kopf und erleidet einen Halswirbelbruch.

Der Superstar wird sofort in die Universitätsklinik von Virginia geflogen. Doch alle Künste der Ärzte helfen nicht, „Superman" bleibt fürs Leben an den Rollstuhl gefesselt: Querschnittslähmung!

Reeve zieht sich mit seiner Frau Dana und dem zweijährigen Sohn Will aus der Öffentlichkeit zurück: „Ich kann das Mitleid meiner Freunde nicht ertragen."

„Superman" Christopher Reeve: Nach Reitunfall für das restliche Leben an den Rollstuhl gefesselt

Schweizer Auftrags-Verbrecher sollte Wiener Rechtsanwalt einschüchtern ● Auf

Polizist bezahlt Millionärs-Krieg

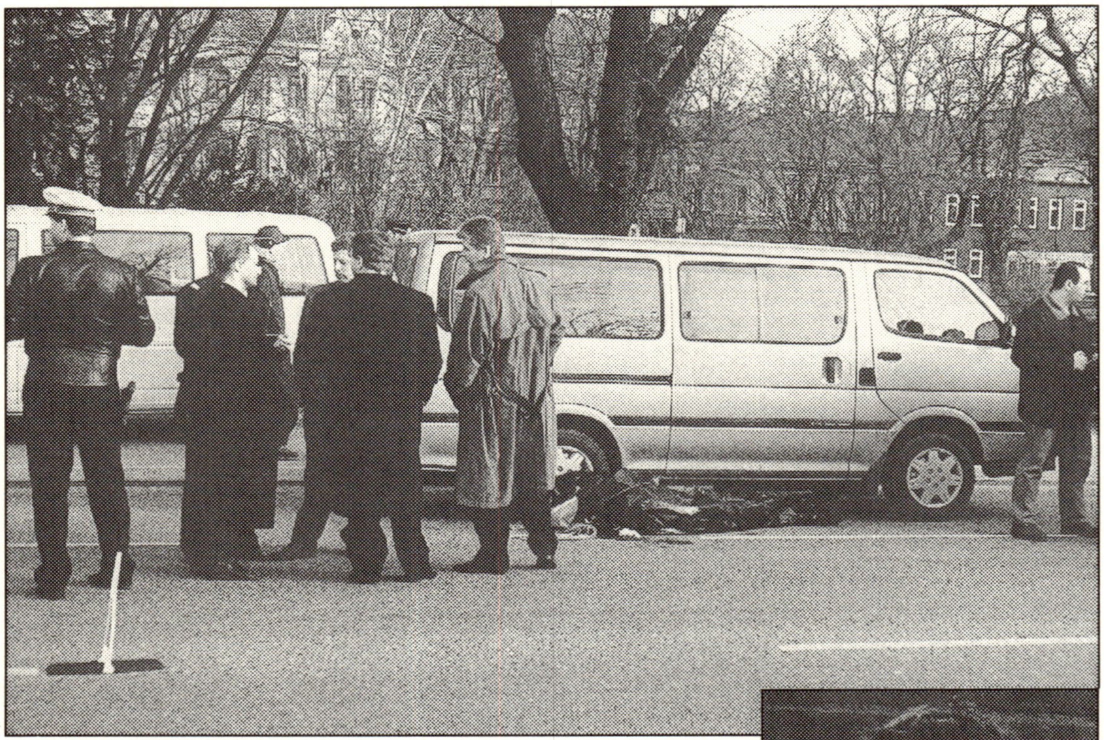

▲ *Mauro Tiziani (rechts) verübte das Attentat auf den Anwalt und erschoß vor dem Schloß Schönbrunn (oben) den Polizisten* ▶

Der Scheidungskrieg eines steirischen Millionärs-Ehepaares kostet einen Wiener Polizisten das Leben. Der Beamte wird zufällig Zeuge, wie der Anwalt des Mannes mit einem Schuß-Attentat in einem Kaffeehaus in Wien-Hietzing eingeschüchtert werden soll. Er verfolgt den Auftrags-Verbrecher und wird von diesem eiskalt mit zwei Schüssen niedergestreckt.

Das Verbrechen: Der 51jährige Rechtsanwalt Axel Friedberg sitzt mit einer Mandantin in seinem Stammkaffee in Wien-Hietzing. Es ist 7.25 Uhr morgens. Plötzlich stürmt ein Mann in das Lokal, zieht eine Pistole, feuert auf den Juristen und trifft ihn in den rechten Unterarm.

Zur gleichen Zeit kauft Christian Gillinger, ein 44jähriger Kriminalbeamter aus Wien-Währing, in dem Kaffeehaus 23 Krapfen für das Schulfest seines Sohnes und wird Zeuge des Attentates. Er ist nicht im Dienst, zögert aber keine Sekunde, die Verfolgung des Schützen aufzunehmen – obwohl er nur eine kleinkalibrige Privatwaffe bei sich trägt.

Eine tödliche Jagd beginnt. Der Auftrags-Verbrecher läuft Richtung Westeinfahrt, der Polizist hetzt hinterher. Läßt sich auch durch zwei Schüsse, die der Flüchtende auf ihn abgibt, nicht abschütteln. Der Täter klammert sich an die Plane eines vorbeifahrenden Lastwagens, der Kripo-Mann springt in den Wagen einer jungen Wienerin.

Vor dem Schloß Schönbrunn bleiben beide im Stau stecken, es kommt zum Duell. Gillinger ruft: „Polizei! Lassen Sie die Waffe fallen." Doch der Killer denkt nicht daran. Eiskalt drückt er

Bei Beschäftigung Platz zwei in Europa

Österreich liegt im Europa-Vergleich gut

Erfreuliches Ergebnis einer Untersuchung der Organisation für wirtschaftliche Zusammenarbeit und Entwicklung (OECD): Bei der Beschäftigungsquote liegt Österreich im europaweiten Vergleich noch vor dem „Ölscheichtum" Norwegen und hinter der Schweiz auf Platz zwei. Aber wo es Licht gibt, gibt's auch Schatten.

Nach dieser OECD-Berechnung, die im Mai veröffentlicht wird, wird für Österreich im Jahr 1994 eine Arbeitslosenquote von 4,3 Prozent ausgewiesen. Die Nummer eins, die Schweiz, liegt bei 3,8 Prozent, Norwegen kommt auf 5,4. Erst auf Platz fünf findet sich die Bundesrepublik mit 6,9 Prozent, das Schlußlich bildet Spanien mit sagenhaften 23,8 Prozent.

Anlaß zur Sorge gibt den Wirtschaftsforschern – und das ist die ernüchternde Nachricht – die Hartnäckigkeit der Beschäftigungslosigkeit, die bis zur Jahrtausendwende kaum zurückgehen wird. Als Hauptgründe gelten unzureichende Ausbildungsmöglichkeiten und Schwächen in den Staatsapparaten. Als Möglichkeiten zur Bewältigung der Misere werden geringere Subventionen an Industrie und Landwirtschaft vorgeschlagen.

Peinlich: Grüner als Schwarzfahrer

Ausgerechnet der Wiener Grün-Stadtrat und Verkehrssprecher Christoph Chorherr wird in der U-Bahn als „Schwarzfahrer" ertappt. Doch die peinliche Situation klärt sich bald: Dem Politiker wurde kürzlich während einer Dienstreise in Südafrika von bewaffneten Gangstern die Jahresnetzkarte geraubt.

der Flucht erschießt er einen Inspektor

mit dem Leben!

zweimal ab und trifft den tapferen 44jährigen Familienvater tödlich.

In Rekordtempo und nicht zuletzt dank eines wichtigen Hinweises der „Krone" klären die Kriminalisten des Sicherheitsbüros die Bluttat an ihrem Kollegen auf.

Den Anfang nimmt der Kriminalfall, der einem Film-Drehbuch entstammen könnte, bereits vor Jahren. Die Hauptpersonen: Ein skandalumwitterter, wegen Finanzstrafverfahren und Korruptionsvorwürfen ausgewanderter Grazer Baulöwe. Sowie dessen Frau, mit der er in Scheidung ist und die in der Schweiz lebt. In einem Rosenkrieg kämpft sie seit Jahren um Geld, das ihr ihrer Ansicht nach zusteht – etwa 300 Millionen Schilling.

Doch der millionenschwere Baulöwe wehrt sich, wird durch seinen Anwalt glänzend vertreten. Der 47jährigen, die einen aufwendigen Lebensstil gewohnt ist, droht das Geld auszugehen. Sie bittet ihren um 13 Jahre jüngeren Liebhaber, den Besitzer eines Schweizer Fitneß-Zentrums, um Hilfe. Der wiederum weiht seinen Freund, einen Berufspiloten der „Crossair", ein. Letzterer gibt schließlich dem Schützen den Auftrag.

Und zwar dem 29jährigen Mauro Tiziani, einen Fitneßtrainer. Für 21.000 Schilling fährt er nach Wien, übt das Attentat auf den Anwalt aus. Und erschießt während der Flucht den Kriminalbeamten.

Im Westen Wiens tappt der Täter in eine Polizeikontrolle, doch eine Gegenüberstellung mit Zeugen verläuft vorerst negativ. Der Täter wurde aber von „Krone"-Starfotograf Andi Schiel fotografiert. Ein Detail auf dem Bild verrät den Auftrags-Verbrecher, der mittlerweile wieder in der Schweiz ist. Mit diesem Beweisfoto „bewaffnet" reisen die Wiener Kriminalisten zu den Eidgenossen. Zeugen finden sich, die Millionärsgattin und ihre Komplicen werden verhaftet.

Als die Richterin die Frau verurteilt, dem Anwalt einen Attentäter an den Hals gehetzt zu haben, erklärt sie das Tatmotiv denkbar knapp – Geldgier.

Anteilnahme für den Kriminalbeamten und Familienvater, der sein Leben riskierte – und verlor

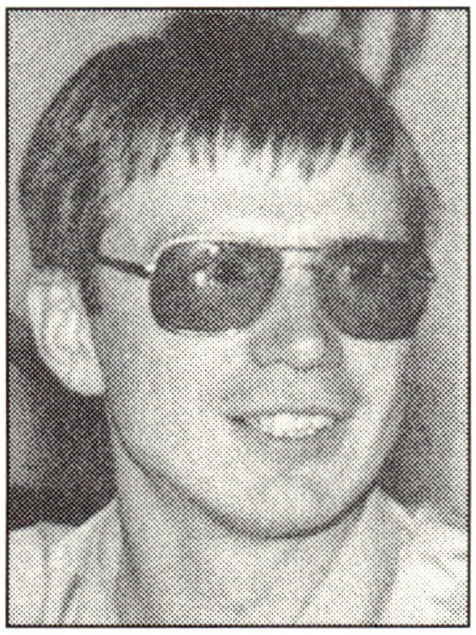

Erschossen: Christian Gillinger

Formel 1: Wendlinger muß den Hut nehmen

Auf äußert unsaubere Weise trennt sich der Sauber-Rennstall von dem Formel-1-Österreicher Karl Wendlinger: Per Autotelefon wird er vor dem Beginn des Trainings zum Grand Prix von Monte Carlo über seinen Rausschmiß informiert. Eine Vertragslösung, die sich allerdings seit Wochen abgezeichnet hat.

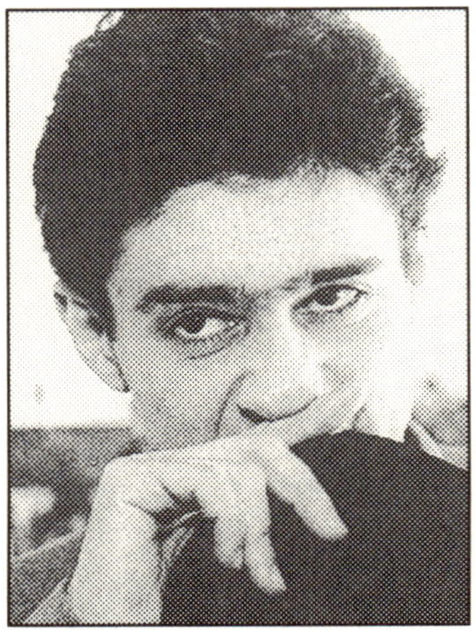

Muß Hut nehmen: Wendlinger

Denn der Tiroler, der im Vorjahr nach einem schweren Unfall tagelang im Koma gelegen war, fand nie wieder zu seinem „Top-Speed" zurück, war bei Testfahrten, im Training und in den Rennen einfach um die entscheidenden Zehntelsekunden zu langsam.

Freilich – Teamchef Peter Sauber gab dem Österreicher auch nie eine wirkliche Chance, Selbstvertrauen zu tanken. Vielmehr verunsicherte er ihn immer wieder mit vagen Andeutungen der drohenden Kündigung.

Anders gesehen

VON GÜNTHER NENNING

Greenpeace-Demokratie

Hilflosigkeit ist ein hochmodernes Gefühl. Sie steigt in uns auf, begleitet von Wut, begleitet von Resignation. Demokratie ist das Gegenteil von Hilflosigkeit. Das ist die Theorie. Die Praxis ist: Demokratie und Hilflosigkeit sind oft ziemlich identisch. Demokratie ist, wo du ausgeliefert bist – eine sehr realistische, sehr falsche Definition. Desto freudiger stürzen wir uns auf Gegenbeispiele: Eine hochwirksame, nichtstaatliche, hervorragende private Organisation ist „Greenpeace“. Sie begann klein und unscheinbar. Sie wuchs durch Spenden, Werbung, Aktivismus von der guten, gewaltlosen Art – vor allem aber wuchs sie durch die Begeisterung und Abenteuerlust der Jugend. Jugend jeden Alters. Elite im besten Wortsinn: eine Auswahl, leidenschaftlich tätige Minderheit.

Gern macht die Mehrheit mit, wenn die Anstrengung nicht groß ist. Nicht bei Shell tanken, sondern halt anderswo, Tankstellen gibt's genug. Während Greenpeace-Aktivisten in Schlauchbooten ihr Leben riskieren, bekunden wir unsere Öko-Sympathie eben bequemer.

Gewiß ist Greenpeace eine privilegierte Elite. Ihr Privilegium ist: der Wille und die Möglichkeit, mutig zu handeln mit weltweitem Echo. Instinkt für den richtigen Zeitpunkt. Instinkt für das, was die Medien brauchen.

Ein Loblied also, nichts als ein Loblied. Nein, es bleiben bittere Restgefühle. Was der Ruhm von Greenpeace ist, ist zugleich die Schmach der Demokratie. Die demokratischen Parlamente, Regierungen, Staatsmänner, Politiker – was haben sie getan gegen die jahrzehntelange Verschmutzung und Vergiftung der Meere? Jahrzehntelang gar nichts.

Die „Verantwortungsträger“ tragen nichts. Sie handeln verantwortungslos, nämlich gar nicht. Sie lassen sich blokkieren von blinden, selbstmörderischen „ökonomischen Interessen“. Die „Politik“ unterwirft sich der „Wirtschaft“.

Die Demokratie nimmt sich selbst ihren guten Ruf, wenn sie sich nachsagen läßt, mit hohem Wahrheitsgehalt: Demokratie und Umweltschutz gehen nicht zusammen.

Freilich gilt auch: Unabhängige, staatsfreie Organisationen wie Greenpeace können nur entstehen auf demokratischem Boden; Tausende Umwelt- und Bürgerinitiativen überall in Europa sind nur möglich dank demokratischer Grund- und Freiheitsrechte. Stimmt.

Es stimmt aber auch, daß dieselbe Demokratie, die Umweltschutzbewegung ermöglicht, ihr immer wieder Prügel zwischen die Beine wirft. Parlamente, Politiker, Bürokraten sind eben soviele Bremsklötze.

Hätte Greenpeace nicht gehandelt – niemand hätte gehandelt, nichts wäre geschehen.

Hoch lebe die Greenpeace-Demokratie!

Greenpeace verhindert die Versenkung der Öl-Plattform

Aktivisten zwingen den Multi in die Knie

See-Schlacht gegen den Ölkonzern Shell

Greenpeace feiert den größten Sieg in der Geschichte der Umweltaktivisten: In einer wahren See-Schlacht gelingt es ihnen, die geplante Versenkung der Öl-Plattform „Brent Spar“ zu verhindern. Der Gegner ist immerhin der mächtige Shell-Konzern, dessen Bosse aber unter weltweitem Druck in die Knie gehen.

Im Februar 1995 erfahren die Greenpeace-Mitarbeiter eher zufällig von der geplanten Versenkung. Die ausgediente Öl-Plattform soll mit Genehmigung der britischen Regierung in der Nordsee „entsorgt“ werden.

Am 30. April besetzen zwölf Aktivisten das 40 Meter aus dem Meer ragende Stahlmonster. Die schottischen Behörden, vor deren Küste die Öl-Plattform versenkt werden soll, erteilen einen Räumungsbefehl.

Am 24. Mai werden die Besetzer gewaltsam entfernt. Eine internationale Protestlawine bricht los, der Konzern erleidet dramatische Umsatzeinbußen. Im Juni verlagert sich der Krieg auf hohe See. Drei Shell-Kutter stehen zwei Greenpeace-Schiffen gegenüber, beschießen diese mit Wasserwerfern, bringen fast einen Hubschrauber zum Absturz.

20. Juni. Der Öl-Multi hält dem weltweiten Druck nicht mehr stand, gibt klein bei. Auf den Greenpeace-Booten „MS Altair“ und „Solo“ knallen die Sektkorken . . .

Schirm und Melone, aber ohne Charme

Schwarze Schatten für schlechte Zahler

Die einen sprechen von einer modernen Form der Schuldeneintreibung. Die anderen von mittelalterlichen Methoden wie dem öffentlichen Pranger. Feststeht: Ein früherer Exekutor gründet in Wien ein Büro, das „Schwarze Schatten" vermittelt. Auffällig gekleidete Personen, die schlechte Zahler „nerven" sollen . . .

Auffällig, das heißt schwarzer Anzug, schwarzer Schirm und schwarze Melone. Ganz im Gegensatz zu den Hauptdarstellern der legendären Krimiserie fehlt den Schuldeneintreibern aber gänzlich der Charme.

Das umstrittene, jedoch wirkungsvolle System wurde in Japan erfunden und wird bereits in einigen europäischen Staaten praktiziert: Ein Gläubiger beauftragt die Agentur. Diese hetzt dem Schuldner die „Schwarzen Schatten" an den Hals. Deren Job ist lediglich, dem „Kunden" auffällig, aber stumm zu folgen und ihn solchermaßen bloßzustellen. Erfahrungsgemäß verlieren die Verfolgten bereits nach wenigen Minuten die Nerven und stellen ihren Schatten zur Rede.

Der überreicht eine Visitenkarte und richtet emotionslos aus: „Rufen Sie an, Sie erfahren dann alles weitere." Und schon ist er weg, der Schwarze Schatten. Die Erfolgsquote, so der 32jährige Geschäftsführer und frühere Exekutor, liege bei sagenhaften 85 Prozent.

Konsumentenschützer freilich finden die Aktion „abstoßend". „Eine sittenwidrige Verletzung der Menschenwürde", wettert Günther La Garde.

„Schwarze Schatten": Öffentlicher Pranger für Schuldner?

Historischer Sieg für das Privat-TV des Medienzaren Berlusconi

Ex-Premier Berlusconi gewinnt TV-Referendum

Historischer Tag für das Privat-Fernsehen in Italien

Silvio Berlusconi darf seine drei Fernsehsender behalten: Beim TV-Referendum, das angezettelt worden ist, um das Medienimperium des italienischen Ex-Premiers zu zerschlagen, halten ihm 57 Prozent der Bevölkerung die Stange. Auch für die Unterbrechung von Spielfilmen durch Werbespots gibt es Verständnis.

Der historischen Entscheidung für das Privat-TV gehen schwere Fehler der Berlusconi-Jäger voran: Ihre fadenscheinigen Ziele entpuppen sich als Strafaktion gegen einen Buhmann und erzeugen dadurch nur Abwehr-Reflexe.

Die Befürworter eines freien Medienmarktes jubeln: Die Konsumenten haben eindeutig gezeigt, daß sie Werbeunterbrechungen bei privaten Programmen akzeptieren, um in den Genuß ihrer Lieblingssendungen zu kommen.

Die Berlusconi-Gegner hingegen jammern – sie seien einer „Propaganda-Maschine" unterlegen.

Gefährliche Ostbomber

Eine Aktion scharf setzt die Gemeinde Wien gegen gefährliche Ostbomber, die täglich über die Tangente rollen. Fast jeder angehaltene Lastwagen oder Reisebus weist schwere technische Mängel auf.

Hasch auf Polizeigrund

Ausgerechnet auf dem großen Grüngelände der Polizeihunde-Staffel in Wien-Strebersdorf pflanzen zwei Niederösterreicher eine illegale Haschplantage an. Bei der Ernte werden sie verhaftet.

„Sektionschef" Franz Stoß †

Prof. Franz Stoß, beliebter „Sektionschef Lafite" in der TV-Reihe „Die liebe Familie" (mit Hilde Krahl und Elfriede Ott), stirbt im 87. Lebensjahr in seinem Haus am Attersee. 44 Jahre lang war er ein souveräner Theaterchef und brillianter Kommödiant – mit exzellentem Gedächtnis: 1982 lernte er nach Maxi Böhms Tod in drei Tagen für die Josefstadt die Riesenrolle des Theaterdirektors Striese. Zum Begriff für Österreich wurde er mit seiner „Lieben Familie". Dreizehn Jahre lang, seit 1980, spielte er in 384 Folgen den „Sektionschef", geprägt vom diskreten Charme der Bourgeoisie.

Eklat um Rente des scheidenden Volksanwaltes Kohlmaier

Unfaßbare 230.000 Schilling Doppelpension für Ex-Politiker

Für einen innenpolitischen Eklat sorgt das Bekanntwerden der Pensionsansprüche des früheren VP-Abgeordneten und Volksanwaltes Herbert Kohlmaier: Der Ex-Politiker hat Anspruch auf unfaßbare 230.000 Schilling Doppelpension. Sie wird unter dem Druck der Öffentlichkeit auf „nur" 160.000 brutto reduziert.

Die äußerst stolzen Pensionsansprüche setzen sich folgendermaßen zusammen: 150.000 Schilling pro Monat aus der Volksanwaltrente, wobei Kohlmaier 19 Jahre als Abgeordneter im Parlament angerechnet werden. Dazu kommen noch rund 80.000 Schilling, die dem Ex-Politiker nach eigenen Angaben als Pension für seine Tätigkeit als Direktor der Pensionsversicherungs-Anstalt zustehen.

Und daran hält er zunächst unerschütterlich fest. Der scheidende Volksanwalt verteidigt sich mit dem Argument, daß er „ein Leben lang in zwei verschiedene Pensionssysteme eingezahlt und die Ansprüche daher korrekt erwoben" habe.

SP-Klubobmann Peter Kostelka bestätigt auf Anfrage des „Krone"-Redakteurs Dieter Kindermann, daß die Ansprüche Kohlmaiers wegen „einer Lücke im Bezügegesetz" gedeckt seien. Verspricht aber, im Parlament einen Antrag einzubringen, der die spektakuläre Pension verhindert.

Unter dem Druck der Öffentlichkeit schließlich geschieht das auch, und Kohlmaier selbst muß klein beigeben. Wobei er allerdings nicht zu verarmen droht: Seine Ruhestands-Bezüge werden auf „nur" 160.000 Schilling brutto, das sind rund 100.000 netto, reduziert. Zum Vergleich: Das österreichische Durchschnittseinkommen liegt bei 18 Tausendern . . .

Wien-Ball: Wein und Gläser weg

Während Wiens Bürgermeister Michael Häupl und der tschechische Präsident Václav Havel beim Wien-Ball in Prag fröhlich Heurigenlieder singen, erfreuen sich ein paar Besucher an österreichischen „Souveniers": 600 Gläser, Dutzende Weinflaschen und etliche Mineralwasserkisten sind weg. Was aber der guten Stimmung wenig Abbruch tut.

Der weltberühmte Meeresforscher, Buchautor, Filmproduzent und engagierte Umweltschützer Jaques-Yves Cousteau feiert am 11. Juni seinen 85. Geburtstag. Der charismatische Franzose ist immer noch sehr aktiv, stellte sich zuletzt mit voller Energie in die immer stärker werdende weltweite Anti-Atom-Bewegung.

Härtere Gesetze gegen die Mafia

Österreich wird immer mehr zur internationalen Drehscheibe illegaler Finanz-Transaktionen. Das organisierte Verbrechertum, insbesondere die Drogenmafia, wäscht nach Schätzungen jährlich etwa 155 Milliarden Schilling an Schwarzgeld weiß – Tendenz stark steigend. Justizminister Michalek kündigt harte Gesetze zur Beschlagnahme krimineller Gewinne an: „Nur so trifft man den Lebensnerv der Mafia."

Drogenorgien in Haftanstalt Stein

Einer von vielen Riesenskandalen um den österreichischen Strafvollzug: Nach dem Tod eines Häftlings in der Justizanstalt Stein, der in seiner Zelle an einer Überdosis Heroin gestorben ist, decken die Fahnder einen groß-angelegten Rauschgift-Deal auf. 30 Mithäftlinge wurden von dem toten Häfenbruder, dessen Schwester und Nichte beliefert. Das Heroin wurde bei Besuchen per Zungenkuß eingeschmuggelt.

Jane Fonda: „Schöner Körper nicht durch Fitneß-Programm, sondern Geldstemmen"

Autor veröffentlicht bösartigste Bemerkungen von und über Hollywood-Stars

„Schön, kein Hirn, viel Busen"

„Ihre Hoheit, der Eisschrank", sagte Brigitte Bardot über Grace Kelly. Und Tony Curtis erinnert sich an Marilyn Monroe: „Als ob ich Hitler geküßt hätte." Der US-Autor Coral Amende hat unter dem Titel „Wenn du nichts Nettes zu sagen hast, dann setz dich zu mir" die bösartigsten Sprüche von und über Stars gesammelt.

So mokierte sich ein US-Modepapst über Superstar Barbra Streisand: „Sie sieht aus wie Ringo Starr im Transvestiten-Look."

„Er war unersättlich", sagt Joan Collins über den Schauspieler und Frauenhelden Warren Beatty, „vier-, fünfmal am Tag waren für ihn nicht ungewöhnlich. Und er konnte dabei sogar telefonieren." Das Dallas-Biest selbst wird von Anthony Newley so beschrieben: „Für die Öffentlichkeit ist sie ein Star. Aber wer sie kennt, weiß, daß sie eine Geschäftsfrau ist, die ihren eigenen Stuhlgang verkaufen würde."

„Er kam auf mich zu und sagte: ‚Ich bin – rülps – Dustin.' Dann legte er seine Hand auf meine Brust. ‚Was für ein abstoßendes Schwein', dachte ich." Meryl Streep über Dustin Hoffman. „Ihre Nase, dieser dünne, scharfe Mund. Es erinnert mich an einen Nasenbären." Truman Capote über Meryl Streep.

„Ich habe jeden in Hollywood gewarnt, daß er nicht schauspielern kann", schimpfte Regisseur Oliver Stone über Michael Douglas. Bösartig beschreibt Fernsehstar Joan Rivers die Schauspielerin Jane Fonda: „Sie hat ihren tollen Körper nicht durch Fitneßprogramme, sondern dadurch, daß sie all ihr Geld stemmt."

Nicht gerade schmeichelhaft beschreibt Clive James Österreichs Hollywood-Export Arnold Schwarzenegger: „Er sieht aus wie ein mit Walnüssen vollgestopftes Kondom." Frank Sinatra machte sich über Robert Redfords Eitelkeit lustig: „Am Ende hat er doch noch seine große Liebe gefunden. Schade, daß er sich nicht selbst heiraten kann." Auf die Eitelkeit ihres Ex-Mannes Richard Burton spielte Liz Taylor an, als sie sagte: „Er sah sich kein Theaterstück an. Außer, er spielte selbst mit."

Und relativ knapp beschreibt Filmproduzent Dino de Laurentiis die „Oscar"-Preisträgerin Jessica Lange: „Schönes Gesicht, kein Hirn, großer Busen."

Der Österreicher ist am Höhepunkt seiner glanzvollen Karriere und gewinnt gegen

Superstar Thomas Muster im Pariser

Mich, ätzte TV-Gast Horst Skoff, als er gegen Schweden nicht aufgestellt wurde und den Daviscup-Kapitän anrotzen wollte, „mich, die Nummer 47 der Welt, will der trainieren? Er hat doch nie ein Turnier gespielt . . .“

Inzwischen ist Skoff die Nummer 84 und sein Intimfeind Ronnie Leitgeb trainiert die Nummer 3 der Welt.

Der hochbegabte Skoff kann nicht verstehen, daß ein Hobby-Tennisspieler das Sagen hat, aber auch ein erfolgreicher Gesangslehrer muß selbst kein hohes C geschmettert haben.

Sport STOPPLICHT

VON MICHAEL KUHN

Musters Mann

Leitgeb ist nicht nur analytischer Denker und blendender Organisator, er blickt im Tennis immer in die Zukunft: Der Arztsohn und ehemalige Eiskunstläufer überzeugte den Muster, wenn er mit den jungen Wilden mithalten will.

Ein Fußballtrainer darf den Triumph seiner Mannschaft genießen. Er wird auf dem Rasen auf die Schultern gehoben. Ein Tenniscoach ist ausgeschlossen. Er sitzt im Publikum, er darf während des Spiels mit seinem Schützling nicht einmal Augenkontakt haben, offiziell ist er nicht vorhanden.

Was Leitgeb gestern blieb – neben seiner Gage als Toms Manager und der Freude, in seinem Beruf nun unumstritten zu den Großen zu gehören: die Gewißheit, daß Muster weiß, was er ihm zu verdanken hat.

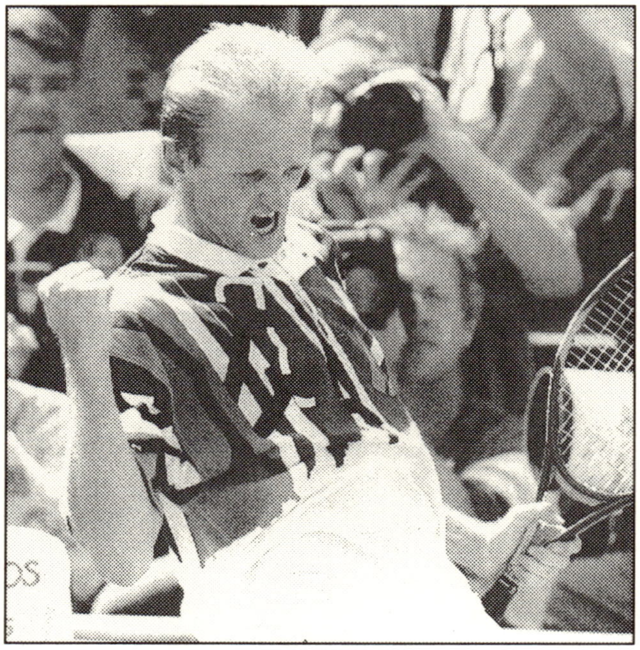

▲ *Schaller ringt in einer Tennis-Schlacht über fünf Sätze Sampras nieder – und verliert gegen einen Nobody* ▼

Der „Tennis-Terminator“, wie ihn die Fachpresse nach einer unheimlichen Siegesserie auf Sand nennt, hat seinen Lebenstraum erfüllt: Thomas Muster gewinnt das Turnier in Paris, den ersten Grand-Slam-Titel seiner Karriere, den ersten eines Österreichers! Der Triumph katapultiert ihn auf Platz 3 der Weltrangliste. Mit elf Turniersiegen in einem Jahr schafft „Tom“ den „Tennis-Weltrekord“.

„Besser kann man hier nicht spielen“, lobt und bewundert selbst der früher so skeptische John McEnroe den – aus österreichischer Sicht – Jahrhundert-Triumph Thomas Musters im Pariser Stadion Roland Garros – 7:5, 6:2, 6:4 in nur 2:02 Stunden auf dem Centercourt über den zähen Amerikaner Michael Chang. Der erste Sieg eines Österreichers in einem Grand-Slam-Turnier, der Muster auf Rang drei der ATP-Weltrangliste bringt. Auf Sand ist der Superstar wie bereits 1994 ohnehin unantastbare Nummer eins.

Freilich, für Experten ist der Muster-Sieg nicht ganz so überraschend. Schließlich gewann der Steirer vor Paris in Monte Carlo in souveräner Manier das Finale gegen das deutsche Großmaul Boris Becker. Der in der Saison '95 aber mehr mit Raunzen als mit gutem Tennis auffällt.

Negativer Höhepunkt: Nach seiner Niederlage bezichtigte er Muster, der nach dem Matchball im Semifinale mit Krämpfen zusammengebrochen

Chang sein erstes Grand-Slam-Turnier

Tennishimmel!

◀ *Thomas schlägt nicht nur auf dem Centercourt hart. Zu spüren bekam's Großschnauze Becker, der '95 mehr durch Raunzen auffällt. Becker unterstellte Muster nach dem Finale in Monte Carlo, der Österreicher sei gedopt gewesen. Muster klagt, Raunz-Boris wird zu 250.000 Schilling Strafe verdonnert.* ▶

war, des Dopings. Muster klagt und gewinnt, Raunz-Boris muß zähneknirschend 250.000 Schilling Strafe zahlen. Die höchste, die der Weltverband je verhängt hat. Unser Mitleid hält sich in Grenzen.

Und, wie nicht anders erwartet, setzt Muster nach Paris noch einen drauf und gewinnt noch fünf weitere Turniere: St. Pölten, Stuttgart, San Marino, Umag und Bukarest. Mit seinem Triumph in Rumänien schafft der Steirer den 64. Sieg in 66 Sandplatzpartien.

Sensationell auch Gilbert Schaller, der beim französischen Grand-Slam-Turnier in einem Marathon-Match über fünf Sätze und „zwei Tage" (mußte wegen Regens unterbrochen werden) die Nummer 2 der Welt, Pete Sampras, eliminiert. Doch bereits im nächsten Spiel geht er ein, verliert gegen einen absoluten Nobody . . .

„Krone"-Kolumnistin Senger war mit Bornemann befreundet

Sexualforscher Bornemann setzt seinem Leben ein Ende

„Ich bin abhängig von dieser Frau, die ich liebe, wie ich nie in meinem Leben eine Frau geliebt habe, und der ich voll hörig bin. Aber ich kann dieser Hörigkeit nicht entkommen, außer wenn ich meinem Leben ein Ende mache." Das schrieb Sexualforscher Ernest Bornemann in seinem Abschiedsbrief.

Der 81jährige, der mit „Krone"-Kolumnistin Gerti Senger befreundet war, begeht Selbstmord, weil ihn seine weitaus jüngere deutsche Lebensgefährtin, mit der er neun Jahre zusammen war, verlassen hat. Und weil er die telefonischen Schmähungen ihres neuen Liebhabers („du Versager") nicht erträgt.

Blauhelme als Geiseln genommen ● Spektakuläre Rettung eines US-Militärpiloten

Serben demütigen die UNO!

In einer dramatischen Militäraktion befreien die Amerikaner ihren über Bosnien abgeschossenen Kampfjet-Piloten. Er wurde sechs Tage von den Serben gejagt.

Mit menschenverachtender Grausamkeit schocken die Serben einmal mehr die zivilisierte Welt und demütigen die UNO. Sie nehmen in Bosnien knapp 400 Blauhelme als Geiseln und verwenden sie als lebende Schutzschilde – indem sie die Friedenssoldaten vor möglichen NATO-Angriffszielen an Pfähle ketten!

„Wir sind das heldenhafteste Volk in Europa – unbezwingbar!" Solche und ähnliche Prahlereien sendet der bosnisch-serbische Rundfunk nach der Kapitulation der UNO-Truppen und der Geiselnahme von Hunderten Blauhelmen. Als Bedingungen für die Freilassung fordern sie die Regierungen der Soldaten auf, die Anerkennung der serbischen Eroberungen durch die bosnischen Moslems und die Kroaten zu erwirken.

Reine Erpressung. Peinlicherweise macht der Westen den Serben diese erniedrigende Barberei leicht. Durch die Unfähigkeit, sich zu einem gemeinsamen Militärschlag am Balkan durchzuringen. Durch die Hilflosigkeit der UNO, deren Existenzberechtigung nach der historischen Schlappe mehr denn je in Frage gestellt ist.

Einen spektakulären Einzelerfolg können hingegen die USA feiern. In einer Militäraktion befreien Spezialeinheiten am 8. Juni einen ihrer Piloten. Der 29jährige Luftwaffen-Hauptmann Scott O'Grady war in seinem F-16-Kampfjet vor sechs Tagen über Bosnien abgeschossen und von den Serben gejagt worden. Praktisch in letzter Sekunde gelingt es, den Notsender des Offiziers anzupeilen.

Im Morgengrauen startet ein Marine-Hubschrauber, der 29jährige wird im Kugelhagel der Serben aufgenommen und zur USS „Kearsage" geflogen. Erstaunlicherweise wurde er bei dem Abschuß nur leicht verletzt.

Als die Rettungsaktion bekannt wird, tönt Serbengeneral Radko Mladić mit blankem Zynismus: „Ich bin erfreut und erleichtert. Auch wir haben den Piloten nur gesucht, um ihn vor den Moslems in Sicherheit zu bringen."

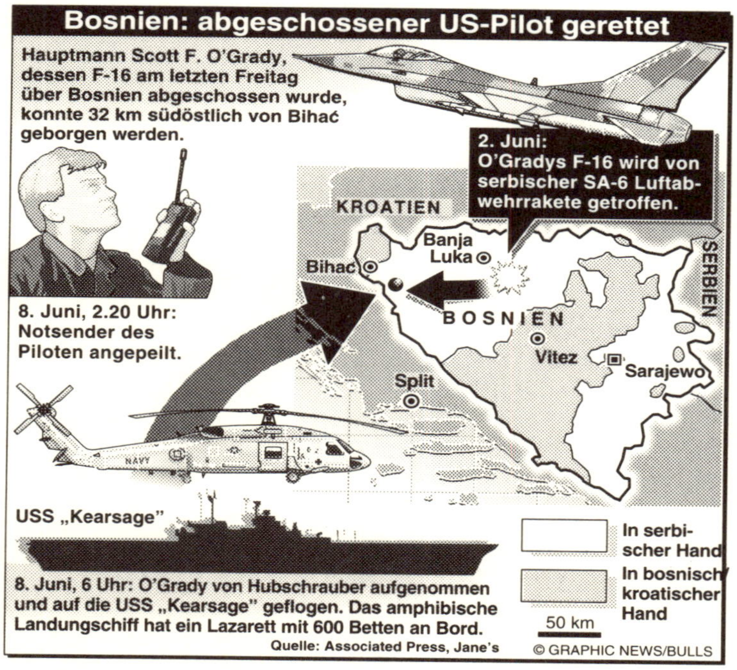

◄ Der US-Marine-Infanterie gelingt es, den Notsender anzupeilen und den Piloten in einer Kommandoaktion zu bergen.

▲ Die größte Demütigung in der Geschichte der UNO: Blauhelme als Serben-Geiseln und lebende Schutzschilder.

▲ *Frauenliebling Grant mit Lebensgefährtin Liz Hurley: „Ich habe etwas total Verrücktes angestellt . . .“*

Hugh Grant wurde im Auto erwischt

Film-Gentleman mit Prostituierter verhaftet

Für Millionen Hugh-Grant-Verehrerinnen bricht eine Welt zusammen: Der charmante englische Gentleman aus „Vier Hochzeiten und ein Todesfall“ wird nachts in seinem weißen BMW verhaftet. Wegen Erregung öffentlichen Ärgernisses – mit einer Prostituierten.

Der 34jährige Filmstar und Herzensbrecher, seit Jahren mit seiner Kollegin Liz Hurley liiert, fährt spätabends über den Sunset Boulevard in Hollywood. Und gabelt die 23jährige Straßenprostituierte Divine („zu deutsch „die Göttliche“) Brown auf.

Für 50 Dollar werden die beiden Handelseins, Grant läßt sich ein paar Häuserblocks weiter in seinem Auto bedienen. Peinlicherweise wird er von Polizisten ertappt und verhaftet.

Nach der Entlassung gegen Kaution sagt der vermeintliche Saubermann: „Ich habe etwas total Verrücktes angestellt. Ich habe Menschen verletzt, die ich liebe. Ich kann nicht sagen, wie leid es mir tut.“

Unser Benzinpreis ist beinahe Weltrekord

Das angesehene Wirtschaftsmagazin „The Economist“ liefert Mitte Juni eine schöne Überraschung: Österreichs Benzinpreis ist reif für das Guiness-Buch der Rekorde! Nur auf dem serbischen Schwarzmarkt ist er durch das Kriegsembargo höher als bei uns. Die bekannt seriösen Analytiker des „Economist“ erklären auch die Ursache unserer exorbitant teuren Spritpreise: Schuld sei die jüngste Steuererhöhung, die von der Regierung mit einem „Öko-Schmäh“ verkauft worden sei . . .

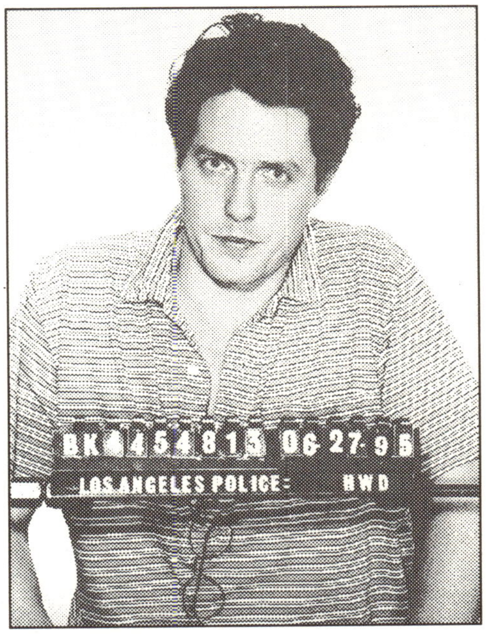

Verhaftet: peinlicher geht's wohl nicht mehr

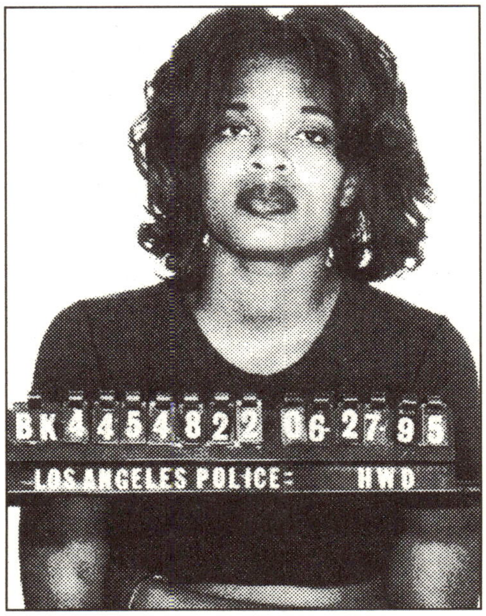

Die 23jährige Prostituierte Divine Brown

Krone-Chronik Juni '95

● Der Salzburger Baulöwe Bernd Schiedek, ein Hauptverdächtiger im Milliardenskandal um die Wohnbaufirmen WEB und IMMAG, bei dem 25.000 Anleger durch die Finger schauten, wird in Amsterdam verhaftet.

● Der äthiopische Läufer Haile Gebreselassie zertrümmert mit 26:43,53 den Weltrekord über 10.000 Meter (bisher 26:52,23).

● Mit einem 3:1 Sieg im Auswärtsspiel gegen Irland schafft die Nationalmannschaft ein kleines Fußballwunder und ist in der EM-Qualifikation wieder im Rennen.

Bereits in vorletzter Runde ist nach einem 2:0 über Steyr alles klar ● Neue Saison

Salzburg Meister: Otto Maximal

Otto Baric darf wieder maximal feiern: Seine Salzburger werden auch 1995 Meister, machen bereits in der vorletzten Runde mit einem 2:0 in Steyr alles klar. Die Überraschungsmannschaften der Saison sind Rapid Wien und Sturm Graz, lange Gesichter dafür bei der Wiener Austria und dem krisengeschüttelten FC Tirol. Ab sofort gilt eine neue Regel: Der Sieg zählt künftig drei statt bisher zwei Punkte. Wie unsere Tabelle zeigt, wäre Sturm damit bereits Meister geworden . . .

◄ Der Deutsche Egon Coordes, eigenwilliger bis unsympathischer Austria-Trainer, muß gehen

Hier die Hitparaden der Saison, erstellt von den Experten der „Krone"-Sportredaktion:

1. DIVISION

(in Klammer die Plazierung der vorigen Runde)

1. (1)	Salzburg	36	15	17	4	48	24	47
2. (2)	Sturm Graz	36	18	11	7	58	41	47
3. (3)	Rapid	36	19	8	9	63	50	46
4. (4)	Austria	36	16	11	9	58	38	43
5. (5)	FC Tirol	36	15	10	11	61	44	40
6. (6)	LASK	36	14	11	11	51	44	39
7. (7)	Admira/W.	36	11	11	14	48	55	33
8. (8)	Steyr	36	9	11	16	40	49	29
9. (9)	FC Linz	36	5	10	21	33	81	20
10.(10)	Mödling	36	4	8	24	28	62	16

● Mannschaft

1. Sturm Graz. Schafft zwar keinen Titel, ist aber die Überraschung des Jahres, übertrifft alle Erwartungen. 2. Salzburg: Meister, als erster österreichischer Klub in der Champions-Leaque. 3. Rapid: Übertrifft auch alle Erwartungen, spielt im Pokalsieger-Bewerb.

● Trainer

1. Ivica Osim. Legt mit jungen österreichischen Spielern eine Sensationsserie hin, formt Sturm zur erfolgreichsten Mannschaft des Frühjahres. 2. Ernst Dokupil. Holt Rapid aus der Versenkung, ohne sich je in den Vordergrund zu drängen. 3. Otto Baric. Wieder Meister, internationale Erfolge, aber 94/95 einige Fehler in der Einkaufspolitik.

● Spieler

1. Wolfgang Feiersinger. Libero-Entdeckung des Jahres bei Salzburg und im Team, bisher beste Saison. 2. Didi Kühbauer. Spielmacher Rapids, trotz mancher negati-

So feiern nur die Salzburger, daran kann auch die 0:2 Niederlage im letzten Spiel gegen Tirol nichts ändern. Krankl dagegen hat nichts zu lachen.

mit neuen Regeln: Drei Punkte für Sieg

hat's geschafft

Maximal entspannt: Otto Baric gewinnt mit seinen Salzburgern trotz mancher „Fehlzündungen" letztendlich doch souverän den Titel

ver Seiten. 3. Christian Prosenik und Christian Fürstaller. Der erste wuchs zum konstantesten Austrianer, der zweite vom „Kettenhund" zum auch fußballerisch hochwertigen Abwehrspieler.

● **Aufsteiger**
1. Marcus Pürk und Markus Schopp. Schaffen Durchbruch in den Teamkader.

● **Aussteiger**
Didi Ramusch und Herfried Sabitzer beenden mitten in der Saison ihre Karrieren beim LASK.

● **Pechvögel**
1. Robert Pecl. Neuerliche Knieoperation, muß seine Karriere beenden. 2. Nicola Jurcevic: Schließt wegen einer Leistenverletzung, die er aus Angst vor einer Operation lange verschweigt, nicht an die Form des Vorjahres an. 3. Heimo Pfeifenberger: Verletzungspech kostet den Transfer in die deutsche Bundesliga.

● **Absteiger**
1. Franz Wohlfahrt. Position als Österreichs Nummer 1 verloren, gegen Schluß von Austria-Trainer Egon Coordes kaltgestellt. 2. Manfred Zsak. Lange verletzt, Kapitänswürde zurückgelegt. Hört mit aktiver Laufbahn auf, will sich künftig dem Golfspiel widmen.

● **Pleiten**
1. Austria. Riesiger Finanzaufwand, teurer und erfolgloser Trainer, vier neue Legionäre, aber schlechtester Platz seit 20 (!) Jahren. 2. FC Tirol. Das „Dream Team" wird im Frühjahr zum Alptraum, aus Hans Krankl, dem „zweiten Andreas Hofer", fast ein Buh-Mann. Daran sind nicht nur finanzielle Turbulenzen (Konkurs gerade noch abgewendet) schuld. 3. Beide Linzer Klubs: LASK aus finanziellen Gründen, der FC Linz aus sportlichen: im Frühjahr sieglos.

DIE TABELLE IM HERBST

Austria	+ 14	23
Salzburg	+ 9	22
Tirol	+ 9	21
Rapid	+ 2	21
LASK	+ 4	19
Steyr	+ 2	18
Sturm	- 6	17
FC Linz	- 9	17
Admira	- 7	15
Mödling	- 18	7

DIE TABELLE IM FRÜHJAHR

Sturm	+ 23	30
Salzburg	+ 15	25
Rapid	+ 11	25
Austria	+ 6	20
LASK	+ 3	20
FC Tirol	+ 8	19
Admira	0	18
Steyr	- 11	11
Mödling	- 16	9
FC Linz	- 39	3

TABELLE NACH DREIPUNKTREGEL

Sturm	+ 17	65
Rapid	+ 13	65
Salzburg	+ 24	62
Austria	+ 20	59
FC Tirol	+ 17	55
LASK	+ 7	53
Admira	- 7	44
Steyr	- 9	38
FC Linz	- 48	25
Mödling	- 34	20

TABELLE NACH HEIMSPIELEN

Salzburg	+ 22	27
Austria	+ 20	26
Sturm	+ 16	24
FC Tirol	+ 23	23
Rapid	+ 9	22
LASK	+ 9	21
Admira	+ 9	21
Steyr	+ 4	19
FC Linz	- 17	13
Mödling	- 11	12

DIE TABELLE AUSWÄRTS

Rapid	+ 4	24
Sturm	+ 1	23
Salzburg	+ 2	20
LASK	-2	18
Austria	0	17
FC Tirol	- 6	17
Admira	-16	12
Steyr	-13	10
FC Linz	-31	7
Mödling	-23	4

Stolz ist Polizeihundeführer Gerold Scheyrer auf seinen vierbeinigen Kameraden „Gurs von Löwenfels", kurz „Speedy" genannt: Der vierjährige Kommissar Rex gewinnt den WM-Titel für Gebrauchshunde. Übrigens: Sein Herrl, ein Tiroler, hat sich wegen der Trainingsmöglichkeiten extra nach Wien versetzen lassen.

Krone-Chronik Juni '95

- In strömendem Regen gewinnt Rapid im Wiener Ernst-Happel-Stadion den ersten Titel seit 1988. Die Grünweißen werden mit einem verkrampften 1:0 über Zweitdivisionär DSV Leoben Cupsieger.
- Wiens Verkehrsstadtrat Fritz Svihalek platzt nach Protesten zahlreicher Autofahrer der Kragen: Er schickt die „Parksheriffs" der Gemeinde, deren Aufgabe die Überwachung der Kurzparkzonen ist, auf die Schulbank. Unterrichtsgegenstand: Benehmen . . .
- Gerhard Nenning, einer der großen Vorarlberger Skirennläufer (WM-Dritter 1962 im Slalom), stirbt im Alter von 54 Jahren.

Höhenflug für RTL, SAT 1 & Co., großes Zittern bei „Alten"

Privatsender bauen Vorsprung gegen Öffentliche weiter aus

Die privaten Fernsehsender bauen in Deutschland ihren Vorsprung im Rennen um die Gunst der Zuschauer weiter aus. Das beweist eine Media-Analyse, die von 194 Werbeagenturen, Rundfunkanstalten und Verlagen durchgeführt wurde und im Juni veröffentlicht wird. Auch beim ORF ist jetzt großes Zittern angesagt.

Im Zeitraum von August 1994 bis Februar 1995 werden 44.200 Deutsche nach ihren Sehgewohnheiten befragt. Während ARD und ZDF deutlich Federn lassen müssen und pro Sendetag nur noch 33,78 Millionen Zuschauer für sich gewinnen können, schalten 92,22 Millionen auf die Programme der Privatanbieter RTL, SAT 1 & Co. Die hohen Zahlen sind übrigens Folge der Konsumation mehrer Sender an einem Tag („Channel-Surfing" mit der Fernbedienung). Innerhalb eines Jahres schalteten im Durchschnitt täglich 5,2 Millionen weniger auf die zwei öffentlich-rechtlichen Programme ARD und ZDF.

Professor: Helmut Thoma

Für die beiden TV-Elefanten bedeutet das einen dramatischen Verlust von 13,3 Prozent.

Auch beim ORF setzt das große Zittern ein. Denn bei diesen Zahlen wird den Österreichern erst klar, was das hiesige Sendemonopol bedeutet: Fernsehen vorbei am Publikum, wie „Krone"-TV-Experte Werner Urbanek messerscharf feststellt.

Völlig entspannt ist hingegen einer der erfolgreichsten Auslands-Österreicher, RTL-Chef Helmut Thoma. Ihm wird von Bundeskanzler Franz Vranitzky der Professoren-Titel verliehen. Vielleicht ein erstes Signal, das steinzeitliche Rundfunk-Monopol endlich aufzuheben? Immerhin ist es sogar verfassungswidrig, wie der Europäische Gerichtshof entschieden hat.

Kellner stahlen 17.500 Liter Bier

Die Pächter der „Grenzlandrast" an der Pyhrnautobahn in der Steiermark verlieren zunächst Millionen und dann das halbe Servierpersonal – weil es verhaftet wird. Denn die sechs Kellner, fünf Slowenen und ein Kroate, zweigten nicht weniger als 17.500 Liter Bier ab! Ihre Rechtfertigung: Sie betrachteten das Körberlgeld frech als Fahrtkostenzuschuß.

„Sterz-Köche" Bürgermeister Michael Häupl und Harry Kopietz (re.): „Wieder ein voller Erfolg"

Zwei Millionen Fans

Superstimmung auf der „Insel"

Das Wiener Donauinselfest bleibt das größte und friedlichste Spektakel der Welt. Mehr als zwei Millionen Besucher pilgern im Jahr 1995 an die „Wiener Adria", um sich kulinarisch verwöhnen zu lassen, das Mega-Feuerwerk zu bestaunen und vor allem – die Live-Konzerte der Topstars mitzuerleben. Höhepunkte sind diesmal die Auftritte des US-Rauhbeins Joe Cokker und der Kelly-Family, die eine Massenhysterie auslösten. Rund 200 ohnmächtige Teenager müssen von Sanitätern an Ort und Stelle versorgt werden. Was Organisator Harry Kopietz nicht erschüttert: „Wir waren auf alles vorbereitet."

Rauhbein Joe Cocker, „The Voice of America"

„Gemeingefährlich": Die Kelly-Family ließ 200 Teenager in Ohnmacht fallen

Schock für Hausfrau: Schüsse aus Backrohr

Schwerer Schock für eine tschechische Hausfrau, die einen Obstkuchen backen will: Das Rohr beginnt zu schießen! Ursache ist eine geladene Pistole, die der Vormieter darin versteckt hat und deren Projektile in der Hitze zünden.

Islamischer Terroranschlag gegen Ägyptens Präsident

Die fanatischen Kämpfer für einen „Gottesstaat am Nil" schlagen wieder zu: Vor dem PLO-Gebäude in der äthiopischen Hauptstadt feuern Fundamentalisten auf das Auto des ägyptischen Präsidenten Mubarak. Die Panzerung rettet sein Leben.

Umfrage: Jeder fünfte Autofahrer ist ein Raser

Alarmierendes Ergebnis einer IMAS-Umfrage vor der Reisezeit: Demnach kann jeder fünfte österreichische Autofahrer als Raser eingestuft werden. Noch beängstigender die nackten Zahlen: Rund 860.000 Lenker geben zuviel Gas.

Filmemacher hält 23jährige Bankangestellte in seinem Haus gefangen und versenkt

Psychiater sagte Verbrechen

Zunächst ein aufregendes Kriminalrätsel, dann die Aufdeckung eines makabren Verbrechens und zuletzt die Enthüllung eines beispiellosen Justizskandals: Der „Fall Ott" beschäftigt im Juni 1995 ganz Österreich und wird es wohl noch auf Jahre hinaus tun. Der 38jährige Filmproduzent hält eine 23jährige Bankangestellte gefangen und versenkt sie nach drei Tagen in der obersteirischen Salza. Psychiater warnten bereits vor 22 (!) Jahren vor der „menschlichen Zeitbombe" . . .

Das Wohnmobil, in dem der Filmemacher auf der Flucht war

Am 4. Juni melden die besorgten Eltern ihre 23jährige Tochter Sonja Svec als vermißt. Und wenden sich auch an die „Krone". Unsere Lokalredakteurin Alexandra Wehner veröffentlicht das Foto der hübschen Bankangestellten und schreibt: „Möglicherweise ist sie einem Verbrechen zum Opfer gefallen." Diese düstere Vorahnung sollte sich auf traurige Weise bestätigen.

Am 19. Juni schließlich wird Mordalarm gegeben. Eine 40jährige Wienerin, die in ihrem Auto überfallen, gefesselt und in ein Haus in der Hochstraße in Wien-Liesing gebracht und dort vergewaltigt wurde, bringt den Stein ins Rollen. Sie kann sich nämlich nach Stunden von den Fesseln lösen, läuft nackt auf den Balkon, und wird von Polizisten befreit.

Das Haus gehört dem früheren ORF-Kameramann und Filmproduzenten Wolfgang Ott. Zeugen berichten, daß er mit seinem auffälligen Peugeot-Campingwagen geflüchtet ist. In den Zimmern entdecken Kriminalisten Gegenstände, die aus der Wohnung der seit Wochen abgängigen Sonja Svec stammen. Etwa einen Staubsauger, den die Eltern eindeutig wiedererkennen. Die Großfahndung nach dem 38jährigen läuft an.

24 Stunden später ist die Jagd zu Ende. Zuerst wird in Oberösterreich der Wagen in der Nähe des Attersees gefunden. Wenig später hält Revierinspektor Werner Eigruber (33) vom Posten Schärfling einen Radfahrer an – Wolfgang Ott, der noch versucht, sich als deutscher Tourist auszugeben. Doch dem Gendarmen kommt der Wiener Dialekt des „Deutschen" spanisch vor. Der Filmproduzent wird verhaftet.

Zunächst leugnet der Verdächtige, Sonja Svec getötet zu haben, gesteht aber drei Verbrechen. Die Freiheitsberaubung der vermißten Bankangestellten, die er aber an einem Autobahnparkplatz wieder freigelassen habe. Sowie die Vergewaltigung der 40jährigen Wienerin, die nackt auf den Balkon lief, und einer 23jährigen Oberösterreicherin.

Selbstmordversuch in der Zelle

Nach diesem Verhör versucht er, sich in seiner Zelle an einem Leintuch aufzuhängen. Doch der Knopf löst sich, der Selbstmordversuch scheitert.

Am 23. Juni schließlich wird Sonja Svec gefunden. Ein Kraftwerksmitarbeiter entdeckt bei einer Wehranlage im steirischen Altenmarkt die Leiche der 23jährigen – nackt, gefesselt, mit einem Betonklotz beschwert, treibt sie im Staubecken der Salza. Die Obduktion läßt keinen Zweifel offen, die Bankangestellte

Wolfgang Ott beim Lokalaugenschein an der obersteirischen Salza – keine Spur von Reue . . .

sie nach drei Tagen im Fluß ● Experten warnten vor der „menschlichen Zeitbombe“

bereits vor 22 Jahren voraus!

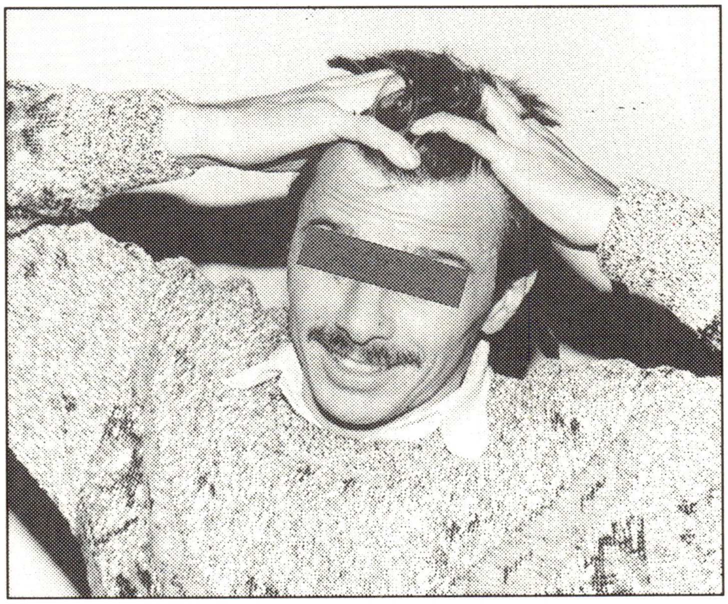

Der Täter und das Opfer: Wolfgang Ott (oben) hielt die ▲ ◀ Bankangestellte Sonja Svec gefangen und versenkte sie im Fluß

ist Opfer eines Gewaltverbrechens.

Wolfgang Ott, für den es eng wird, streitet jede Tötungsabsicht ab, gibt aber zu, Sonja in seinem Haus gefangengehalten und im Campingwagen in die Steiermark verschleppt zu haben. Dort habe er das Schlauchboot aufgeblasen, die 23jährige gefesselt und an einen Betonring gebunden, damit sie ihm nicht entwischen konnte. Auf der Salza sei ein „Unglück“ geschehen: Der Betonring wäre ins Wasser gefallen, Sonja ertrunken. Er selbst habe sich schwimmend ans Ufer retten können. Diese Version tischt er auch beim Lokalaugenschein auf, den er teilnahmslos über sich ergehen läßt. Für die Kriminalisten und den Staatsanwalt freilich ist er dringend verdächtig, die Frau getötet zu haben.

Inspektor Werner Eigruber

Sein Verteidiger Dr. Wolfgang Blaschitz empört sich jedenfalls wie alle Österreicher über das Totalversagen unserer Justiz. „Ott ist eine menschliche Zeitbombe“, meint der erfahrene Anwalt, „deren Gefährlichkeit von der Justiz trotz aller Warnungen nicht ernst genommen wurde.“

Tatsächlich warnte ein Psychiater, der bereits vor 22 Jahren ein Gerichtsgutachten über den damals 16jährigen verfassen mußte, vor weiteren Verbrechen des sexuell schwer verhaltensgestörten Filmers und Extremsportlers. Schon mit zehn Jahren war Ott wegen sexueller Belästigung von Mitschülerinnen aktenkundig geworden, zweimal stand er in der Folge wegen versuchter Vergewaltigungen vor dem Jugendgericht. Zuletzt, vor Sonja Svec, scheiterte eine Beziehung, ging es beruflich steil bergab, wuchsen ihm Schulden über den Kopf.

Die „menschliche Zeitbombe“, der niemand Beachtung schenken wollte, ist explodiert . . .

In seinem Haus hielt Wolfgang Ott die junge Frau gefangen

Auch die hübsche Lisi wurde mit dem „Rubbel-Virus“ angesteckt

Wein künftig auch in Tetrapackungen

Die einen prophezeien den „Untergang der Trinkkultur“, andere wiederum begrüßen ein neues Produkt, das praktisch ist. Jedenfalls beschließt das Parlament ein Gesetz, wonach Wein künftig auch in Tetrapaks verkauft werden darf. Die Bouteille und der Doppler sind dadurch aber wohl nicht gefährdet.

Teenager-Hysterie um „Take That“

Eine Teenager-Hysterie in England und Deutschland löst die Meldung aus, daß Sänger Robbie Williams seine vier Kollegen von der Popband „Take That“ verläßt. Das Jugendamt Berlin muß sogar ein Betreuungstelefon einrichten, um zehn- bis 14jährige Mädchen vom Selbstmord abzuhalten.

Ganz Österreich liegt im „Rubbel-Fieber“

In Österreich bricht 1995 eine neue, allerdings völlig ungefährliche Volkskrankheit aus: Es liegt im „Rubbel-Fieber“. Erraten, es geht natürlich um die gelben und fliederfarbenen Glückskärtchen, die neben den Brieflosen verkauft werden. Alleine in den ersten sechs Monaten werden 150 Millionen Rubbellose verkauft.

Zwei Arten der Glückskärtchen, auf denen Felder aufgerubbelt werden müssen, werden zu jeweils 20 Schilling verkauft. Das eine Spiel mit den gelben Losen nennt sich „Schatztruhe“, das mit den fliederfarbenen Kärtchen „Cash“. Bei der „Schatztruhe“ sind die Gewinnchancen höher, dafür liegt der maximale Auszahlungsbetrag bei 300.000 Schilling. Bei „Cash“ ist das Risiko etwas größer, dafür liegt der Höchstgewinn bei einer halben Million.

Die Rubbel-Bilanz nach sechs Monaten seit Einführung des Spiels kann sich sehen lassen: An 33,2 Millionen Einzelgewinner wurden insgesamt 1,5 Milliarden Schilling ausbezahlt.

Strohdumme Panzerknacker

In England werden die dümmsten Bankräuber der Kriminalgeschichte verurteilt. Bei ihrem Überfall auf einen Geldtransporter in Winchester ging alles schief, was schiefgehen kann. Die vier Gangster schweißten den Tresor zu heiß auf, sodaß die Beute von 190 Millionen Schilling verbrannte. In ihrer Aufregung ließen sie das Schweißgerät zurück, das ein Täter unter seinem Namen gemietet hatte. Ein weiterer Gangster hatte in seinem Kalender feinsäuberlich „Raubtag“ eingetragen.

__250 Folgen__ in 22 Jahren hat Horst Tappert als TV-Kommissar „Derrick“ gedreht. Ans Aufhören denkt der 72jährige Schauspieler, der im Juli Linz besucht und stilecht mit einer weißen Maus unterwegs ist, nicht: „Vielleicht nach der 300. Folge. Aber noch macht mir die Arbeit viel zu viel Spaß.“

Die Hitzewelle im Juli spüren natürlich auch die Rösser der Wiener Fiaker. Während der Vierbeiner rechts genüßlich das köstliche Wasser „kübelt", hat sein „Kollege" den Eimer bereits

„Kutscher, noch eine Runde!"

ausgebechert und scheint zu bestellen: „Herr Kutscher, noch eine Runde!" Der Juli 1995 ist einer der heißesten überhaupt, mit wochenlangem, stabilem Schönwetter. Umso heftiger sind natürlich die abendlichen Sommergewitter.

Pfarrer Alfred Jahn †

Mitte Juli nimmt die „Krone"-Leserfamilie Abschied von Mag. Alfred Jahn, der nach schwerer Krankheit im 77. Lebensjahr von uns gegangen ist. Jahrelang betreute er die wöchentliche Kolumne „50 Zeilen mit Gott" aus der Sicht des evangelischen Pfarrers.

Mag. Alfred Jahn bekam durch seine Warmherzigkeit und tiefe Menschlichkeit viel Zuspruch unserer Leser.

Für seine aufopfernde Arbeit, durch die er in unseren Herzen weiterlebt, sagen wir ihm an dieser Stelle ein herzliches Dankeschön.

Sein Sohn Christian führt die Kolumne „50 Zeilen mit Gott" im Sinn des Vaters weiter.

Erschütternde Todesstatistik: 1775 Selbstmorde im Jahr

Alle fünf Stunden scheidet ein Mensch freiwillig aus dem Leben

Erschütternde Statistik: Alle fünf Stunden scheidet in Österreich ein Mensch freiwillig aus dem Leben. Damit steht der Selbstmord als Todesursache noch vor den Verkehrsunfällen. Wie das Statistische Zentralamt bekanntgibt, starben 1994 insgesamt 1775 Frauen und Männer durch eigene Hand.

Auffällig die Unterschiede bei den Geschlechtern: 72,4 Prozent der Selbstmörder waren Männer, „nur" 27,6 Prozent Frauen. In absoluten Zahlen: 1285 Männer wurden mit dem Leben nicht mehr fertig, dagegen stehen 491 Frauen. Den bislang traurigen Höhepunkt in der österreichischen Selbstmord-Statistik brachte das Jahr 1986, in dem nicht weniger als 2139 Menschen den Freitod suchten.

Warum scheiden Menschen freiwillig aus dem Leben? In mehr als der Hälfte aller Fälle haben Frauen und Männer aus ihrer Sicht derart große Probleme mit Sexualität, Liebe und Ehe, daß sie keinen anderen Ausweg mehr wissen als den Tod.

Es gibt übrigens, so fanden Forscher heraus, eine „Stufenleiter" zum Selbstmord. Die größten Risikofaktoren sind desolate Familienverhältnisse, Alkoholismus, Kontaktarmut sowie das Nichtvorhandensein eines Lebenszieles. Dann kommen chronische Schlafstörungen, übertriebene Schuldgefühle, schwere Krankheiten und Todesfälle in der Familie.

101 Dalmatiner, wie in Walt Disneys berühmtem Zeichentrick-Film, sind es zwar nicht – aber immerhin gleich zwölf Dalmatiner-Welpen auf einen Streich. Und das ist Rekord! Allerdings war es für unseren Fotografen Schwerarbeit, die putzigen Hundebabys in einen Korb zu bringen.

Krone-Chronik Juli '95

● Sensationeller Erfolg für Rudi Sailer junior: Der Kitzbüheler Golf-Profi gewinnt beim Christine Vranitzky-Charity-Cup in Ebreichsdorf (NÖ) das Lochwettspiel („Skins Game") gegen die internationalen Topstars Ernie Els, John Cook und Loren Roberts.

● Der EU-Beitritt läßt in Österreich die Preise purzeln: Käse ist um 16, Rind- und Schweinefleisch um 15, Butter um 13, Trinkmilch um 12 und Joghurt um 9 Prozent gesunken.

● Fast ein Viertel der Steuereinnahmen des Bundes geht 1995 für Zinsen aus der Staatsschuld auf. Insgesamt ist Österreich (Bund, Land, Gemeinden) mit stolzen 1448 Milliarden verschuldet, das macht für jeden Einwohner 166.400 Schilling.

● Eklat um Barbra Streisand: Der Croupier eines Black-Jack-Tisches läßt die Entertainerin in einem US-Casino absichtlich gewinnen, weil er ein Verehrer ist.

29 Jahre nach WM-Finale ist bewiesen:

Das „Wembley-Tor" war doch kein Tor!

Das legendäre „Wembley-Tor" beim WM-Finale von 1966 war kein Tor! Der Lattenpendler von Geoff Hurst in der 101. Minute zu Englands 3:2-Führung gegen Deutschland (Endstand 4:2) war nicht hinter der Linie. Das beweisen 29 Jahre danach zwei Oxford-Doktoren mit Hilfe modernster Fernseh-Technik.

Das bestgehütete Geheimnis der Fußballgeschichte ist also gelüftet. Das decken die Oxford-Wissenschafter Andrew Zimmermann und Ian Reid auf. Die beiden haben eine neue TV-Technik entwickelt, monatelang geforscht, die Bilder mehrdimensional aufgelöst und per Computer die Kamera-Standorte und Brennweiten der Objektivlinsen berechnet. Jetzt liegt der unbestechliche Beweis vor: Der Ball war höchstens einen Zoll hinter dem Vorderstrich der Torlinie. Den Regeln nach also kein Tor.

Die Fußballgeschichte wird deshalb natürlich nicht umgeschrieben und dementsprechend cool reagiert denn auch „Torschütze" Geoff Hurst: „Das war doch nicht entscheidend, schließlich haben wir auch ein viertes geschossen."

Kardinal König feiert seinen 90. Geburtstag. Er ist einer der Großen unserer Kirche, der stets über Rassen und Religionsschranken hinweg das Verbindende gesucht hat. „Krone"-Kolumnist Ernst Trost erinnert sich an unvergessene Interviews: „Man spürte das Interesse des Kardinals für den anderen, dessen Erfahrung und Denken."

Endgültiges Aus für Hainburg

Die Pläne für ein großes Donaukraftwerk östlich von Wien sind endgültig gestorben. Das geht aus einer Zehnjahresvorschau der österreichischen Elektrizitätswirtschaft hervor. Damit sind die Auen mit ihrer einzigartigen Pflanzen- und Tierwelt geschützt, auch dem Nationalpark steht nichts mehr im Wege. Gut sind noch die Auseinandersetzungen der Au-Besetzer mit den Gendarmeriebeamten in Erinnerung...

Schüler dürfen aufatmen: Leichtere Rechtschreibung

Die Schüler dürfen aufatmen, Rechtschreiben wird endlich einfacher. Das Unterrichtsministerium präsentiert eine Reform, die mit 1. September 1997 in Kraft tritt. Die Beistrichsetzung wird vereinfacht, alle echten Hauptwörter, die der Artikelprobe standhalten, werden groß geschrieben. Getrennt wird nur noch nach Sprechsilben, viele Fremdwörter werden eingedeutscht. Das runde und das scharfe „S" werden auch kein Problem darstellen.

Nach dieser Reform müßten die Schularbeiten eigentlich wesentlich besser ausfallen. Traurig werden lediglich Germanisten sein. Doch wie singt der Zsupan im „Zigeunerbaron"? „Ja, das Schreiben und das Lesen sind nie mein Fach gewesen."

Baden im Meer ist die Lieblingsaktivität

Karibik ist Traumziel aller Urlaubswünsche

Die Traumziele der Österreicher für den Urlaub liegen in weiter Ferne. Wobei die Karibik die Wunschliste anführt. Bei einer Umfrage des „Ludwig-Boltzmann-Institutes" geben 41 Prozent der Befragten an, daß nur das „Baden im Meer" den Urlaub erst zum Urlaub macht. Bevorzugte Aktivität: Das lange Schlafen . . .

Jeder dritte Österreicher fährt mindestens fünf Tage im Jahr weg. Für den verdienten Urlaub wählen 90 Prozent die Sommermonate, ein Winterurlaub lockt nur magere neun Prozent hinter dem heimischen warmen Ofen hervor.

Zwei Fünftel der Reiselustigen entscheiden sich für einen Urlaub in Österreich. Weitere „Hits" sind Griechenland, die Türkei und Italien, das einen Aufschwung als Billig-Land erlebt. „Dabei dürften die Österreicher mit der Wahl ihres Feriendomizils Kompromisse eingegangen sein", vermutet Redakteurin Gabriela Gödel, „denn jeder zweite nennt die Karibik als Traumziel."

Als Lieblingsaktivität steht „Baden im Meer" an erster Stelle. Nur jeder vierte will Kultur erleben. Am faulsten sind Männer zwischen 20 und 39 Jahren, ihre bevorzugte Aktivität ist das Schlafen. Na dann, gute Nacht, Urlaubsflirt!

Schlepper-Tragödie 21 Leichen in Lkw

In einem im westungarischen Györ abgestellten Lastwagen werden 21 Leichen gefunden. Bei den Toten handelt es sich um junge Männer aus Sri Lanka, die von einer Schlepperorganisation illegal für teures Geld in das Land gebracht worden sind. Sie erstickten während des Transportes hilflos in dem überfüllten Kastenwagen.

Auch Ex-Bürgermeister Zilk und seine Dagi lieben Palmenstrände

***Der Todessturz** des 24jährigen Fabio Casartelli überschattet die Tour de France. Der italienische Olympiasieger rast bei der Pyrenäen-Talfahrt vom Col de Portet d 'Aspet gegen eine Steinmauer. Der Radfahrer, der keinen Sturzhelm trägt, prallt mit dem Kopf gegen einen Kilometerstein und zieht sich einen dreifachen Schädelbruch zu. Obwohl er mit einem Hubschrauber in das Spital nach Tarbes geflogen wird, stirbt Casartelli an den Folgen des Schädeltraumas. Doch die Show geht weiter: Fünf Tage später rollt der Spanier Miguel Indurain in Paris über die Ziellinie und gewinnt die Tour zum fünften Mal.*

In den Fängen des Heilers

● Eltern lassen ihr krebskrankes Kind nicht behandeln und flüchten mit „Wunderheiler" nach Spanien

Olivia – ein Wettlauf mit dem Tod. Die tragische Geschichte des krebskranken Mädchens, dessen Eltern die medizinische Behandlung ihrer Tochter verweigern, bewegt das Land: Dem diabolischen Einfluß eines „Heilers" verfallen, entführen Vater und Mutter die Sechsjährige aus einer Klinik und schleppen sie wochenlang durch Europa. Die Flucht vor der Schulmedizin wird zum Martyrium für das Kind.

Die dramatische Odyssee der sechsjährigen Olivia Pilhar nimmt am 18. Mai seinen schicksalhaften Lauf. Bei einer Untersuchung im St.-Anna-Kinderspital stellen die Ärzte einen Wilms-Tumor an der Niere des Mädchens fest. Eine Krebsform, die sich sehr gut behandeln läßt: Bei Früherkennung und raschem Eingreifen betragen die Heilungsaussichten rund 95 (!) Prozent.

Doch die Eltern, Helmut und Erika Pilhar, haben Greuelmärchen über die Chemotherapie gehört und sind außerdem vom Anblick bereits behandelter Kinder schockiert. Fluchtartig verlassen sie die Klinik.

Unglücklicherweise geraten sie in der Folge an einen Mann, der in Deutschland längst mit Berufsverbot belegt ist, aber in Österreich sein Unwesen treibt: der Kölner Ryke Geer Hamer.

BITTE BLÄTTERN SIE UM

„Krone"-Leser appellieren an Eltern, die dem krebskranken Kind Operation verweigern:

Laßt Olivia nicht sterben!

Bericht auf den Seiten 10 und 11

Lit 3200,- / Dr 480,- / TL 100.000.- / Ft 220,- / KN 11,- / SIT 220,- Pts 260,- / Kanar. Inseln Pts 300,- / DM 3,- / sfr 2,80 / KC-SK 40.-

Mittwoch, 19. Juli 1995 / Nr. 12.636, S 8,-

Neue Kronen Zeitung
UNABHÄNGIG

Wien 19, Muthgasse 2, Telefon 36 01-0

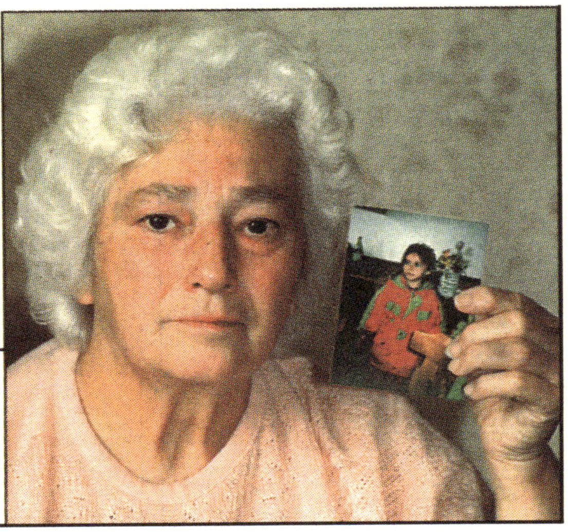

***Völlig verzweifelt** bangt Wilhelmine Pilhar, die Großmutter der sechsjährigen Olivia, um das Leben ihres Enkelkindes: „Ich verstehe meinen Sohn nicht!" Die Eltern haben sich mit dem krebskranken Mädchen in der Schweiz oder Südspanien versteckt und verweigern ihm ärztliche Behandlung. Die Großmutter hat nun auch Angst um die ganze Familie.*

◄ Wochenlang beherrscht das Schicksal des krebskranken Kindes die Titelseiten der österreichischen Medien. Millionen Leser bangen um das Leben Olivias.

▲ Mit ihrem Plüschtier unter dem Arm blickt das Mädchen hilflos zu den Fotografen. Unbeschreiblich die physische und psychische Qual des Kindes.

Das traurige Martyrium

Selbsternannter Heiler verbietet Behandlung
Tumor des Kindes so groß wie ein Fußball
Grotesker Streit um Zwangstherapierung

Sind Einschaltquoten wirklich wichtiger als alles andere? Da stellte der ORF in der „help-TV"-Sendung vom 5. Juli einen mit Berufsverbot belegten Scharlatan dem behandelnden Arzt der kleinen Olivia gegenüber. Der Außenseiterdurfte seine absurde Philosophie verbreiten und wurde von der Moderatorin und der Grünen Madeleine Petrovic unterstützt. Alle Sachargumente des Arztes hatten keine Chance.

Im Brennpunkt

Dr. med. Wolfgang Exel

Einschaltquoten über alles ?

Was droht als Folge? Krebskranke, die sich vor der medizinischen Behandlung fürchten, werden zu Kurpfuschern pilgern. In Österreich erkranken jährlich rund 30.000 Menschen an Krebs. Viele können heute schon geheilt werden – wenn sie rechtzeitig Hilfe in geeigneter Form erhalten.

Jeder verunsicherte und zu spät behandelte Krebspatient ist ein sicherer Todeskandidat. In Schwerstkranken werden durch unsachliche Berichte völlig irreale Hoffnungen erweckt. Die tragischen Folgen können doch nicht weniger zählen als die Einschaltquoten?

Verwundert bin ich aber auch über die Hilflosigkeit der Behörden (plus Ärztekammer). Wie kann es nur möglich sein, daß eindeutig entlarvte Scharlatane in Österreich ungebremst Schaden anrichten dürfen?

FORTSETZUNG

Der Deutsche Ex-Arzt lehnt sowohl Schul- als auch Alternativmedizin weitgehend ab und behauptet, Krebs durch „Konfliktbeseitigung" heilen zu zu können.

Dem selbsternannten „Wunderheiler" gelingt es, die Eltern von seinen wahnwitzigen Methoden zu überzeugen. Vater und Mutter glauben Hamer, „daß der Tumor etwas Gutes sei und Olivia bald wieder gesund werde."

Aus Angst, daß ihnen das St.-Anna-Kinderspital das Mädchen wegnimmt, und da ihnen das Gericht das Sorgerecht entzogen hat, tauchen die Pilhars mit Olivia unter. Sieben Wochen sind sie auf der Flucht.

▲ *Vater Helmut Pilhar glaubt an die „Neue Medizin" des „Heilers" Hamer, der das europaweite Medieninteresse für seine wahnwitzigen Thesen nutzt.* ▼

Während der Tumor wächst und dem Mädchen Schmerzen bereitet, lotst Hamer die verzweifelten Eltern über Kärnten, Deutschland und die Schweiz nach Spanien.

Denn in Malaga hat „Heiler" Hamer viele Jünger, die ihn im Drei-Sterne-Hotel „Las Vegas" bereits erwarten und unterstützen wollen. Nachdem die spanischen Behörden die Familie aufgespürt haben, startet ein Jet der Ärzteflugambulanz mit der Kinderärztin Marina Marcovich an Bord, um die Eltern zum Einlenken zu bewegen. Olivia, die inzwischen sichtlich unter den Strapazen leidet, soll nach Wien gebracht werden.

Indes versucht Hamer, das internationale Me-

der kleinen Olivia Pilhar

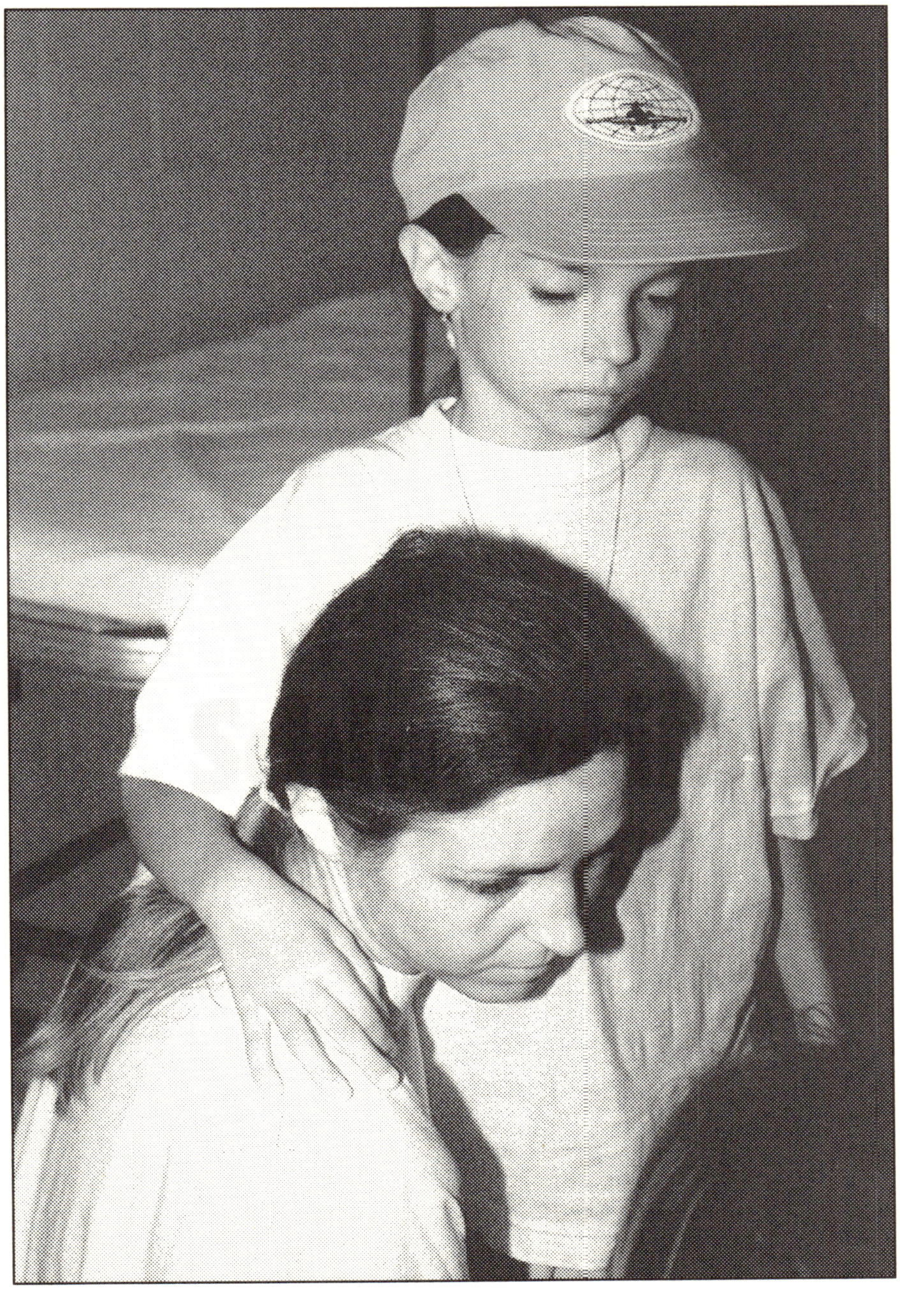

▲ „Wunderheiler" Ryke Geerd Hamer flüchtet nach Köln, um sich der Verhaftung in Österreich zu entziehen. Erika Pilhar wollte als Mutter immer nur das Beste für ihr Kind. Doch nach der siebenwöchigen Flucht ohne medizinische Behandlung ist die kleine Olivia sterbenskrank. ▶

dieninteresse – 80 Reporter aus ganz Europa sind angereist – als Plattform zu nutzen, um die irren Thesen seiner „Neuen Medizin" zu verbreiten. Im Gespräch mit „Krone"-Reporter Roland Kopt sagt Hamer: „Der Krebs ist ein sinnvolles biologisches Sonderprogramm der Natur. Die Menschen sterben nur an der Therapie . . ."

Nach Tagen nervenaufreibender Gespräche gelingt es Dr. Marcovich, die Eltern davon zu überzeugen, daß Olivia dringendst nach Wien gebracht werden muß.

Aber erneut kann Hamer die Pilhars beeinflussen. Vater und Mutter weigern sich plötzlich wieder, den bereits auf sechs Kilogramm angewachsenen Tumor chemotherapieren zu lassen. Erst als die Behörden eine Zwangsbehandlung anordnen, kann Olivia geholfen werden.

Die Chance

„Wunderheiler" Ryke Geerd Hamer versteht es perfekt, Menschen zu willenlosen und fanatischen Anhängern seiner krausen Theorien zu machen. So ist es nicht verwunderlich, daß es ihm kurzfristig zu glücken schien, auch die „bösen" Journalisten für Olivias Schicksal verantwortlich zu machen.

Dazu ein klares Wort: Wenn das Mädchen überhaupt noch eine Überlebenschance bekam, dann – nur durch eine wachgerüttelte Öffentlichkeit. Zu Drucklegung dieses Buches war noch nicht klar, ob die Sechsjährige ihren Kampf gegen den Krebs besiegen würde.

Und wenn Hamer von einer „Medienhatz" spricht, dann wohl deshalb, weil er – wenn man so will – zu recht das Opfer ist. Es geht nicht darum, die Schulmedizin kompromißlos zu verteidigen. Zu viele Fehler sind geschehen, als daß sie nicht ernsthaft diskutiert werden müßten. Aber „Wunderheilern", die Menschen in den Tod treiben, muß einfach das Handwerk gelegt werden. Und wenn das Gesetz versagt, ist das eben unsere Aufgabe.

GW/CM

Fangio †

Der Motorsport trauert um den fünffachen Formel-I-Weltmeister Juan Manuel Fangio: Der Argentinier stirbt am 17. Juli 1995 in einem Krankenhaus von Buenos Aires, in das er wenige Tage zuvor wegen einer Lungenentzündung eingeliefert wurde. Fangio hatte seit längerer Zeit an einer Nierenerkrankung gelitten, sich in einem Dämmerzustand befunden und sein Haus nur noch viermal wöchentlich zur Nierenwäsche verlassen.

Fangio, am 24. Juni 1911 in Balcare in Südargentinien als viertes von sechs Kindern italienischer Einwanderer geboren, hatte in seiner Karriere 24 GP-Rennen gewonnen, war 1951 (Alfa Romeo), 1954 (Maserati und Mercedes), 1955 (Mercedes), 1956 (Ferrari) und 1957 (Maserati) Weltmeister. Seine fünf Titel sind bis heute unerreicht. In 51 großen Preisen stand Fangio 48mal in der ersten Startreihe.

US-Computerkönig hat 129 Milliarden Schilling Privatvermögen

„Microsoft"-Gründer Bill Gates ist der reichste Mann der Welt

Bill Gates hat es endgültig geschafft: Der Gründer der US-Computerfirma „Microsoft" ist, so das angesehene Wirtschaftsmagazin „Forbes", mit einem Nettovermögen von umgerechnet 129 Milliarden Schilling reichster Mann der Welt. Und landet mit dem neuen Betriebssystem „Windows 95" einen weiteren Coup.

40 Jahre und reichster Mann der Welt: Computer-Guru Bill Gates

Der 40jährige Gründer und Vorstandschef des weltgrößten Software-Herstellers bringt mit Pomp und Getöse das 32-Bit-Betriebssystem auf den Markt. Tatsächlich ist es keine Innovation, sondern sozusagen ein Bausatz aus bereits erfolgreichen Programmen – etwa den benutzerfreundlichen Apple-Oberflächen – und notwendigen Technologien zur Integration von Software, die den Einstieg in die internationalen Daten-Highways ermöglicht.

Eine Zeitlang wurde Gates von der Konkurrenz verspottet, weil sein „Windows 95"-Start immer wieder um Monate verzögert werden mußte. Doch ab Anfang September ist es auch bei uns erhältlich. Gates revanchiert sich bei seinen Mitbewerbern mit einer in diesem Ausmaß noch nicht dagewesenen Werbekampagne, die er sich zwei Milliarden Schilling kosten läßt. Damit ist klar: „Microsoft-Windows" bleibt Nummer 1.

__Ein Phänomen__ ist Thomas Brezina, dessen Film Weltpremiere feiert. In dem Kinderkrimi lösen Mini-Detektive das „Geheimnis des sprechenden Grabes". Brezina verkaufte bereits mehr als 14 Millionen Kinderbücher mit „Tom Turbo" und der „Knickerbocker-Bande".

Sexueller Übergriff in 10.000 Meter Flughöhe

Pilot belästigt Passagierin

Auf dem Nachtflug nach Chicago verläßt ein 53jähriger Pilot einer US-Airline das Cockpit und nimmt Kurs auf eine 19jährige Passagierin, die in der ersten Sitzreihe schläft. Der Flugkapitän greift der Frau ungeniert unter den Rock. Er muß sich vor Gericht wegen des Sex-Attentats in 10.000 Meter Höhe verantworten.

Krone-Chronik Juli '95

● Pech für ein Einbrecher-Duo in Wien-Donaustadt: Die zwei Männer dringen um Mitternacht in ein Reihenhaus ein, in der irrigen Annahme, die Besitzer würden schlafen. Doch im Keller findet eine Party statt – und zwar ausgerechnet mit Polizisten! Die Täter werden fachgerecht überwältigt und diensthabenden Kollegen übergeben.

● Der weiße Disco-Anzug, den John Travolta im Kultfilm „Saturday Night Fever" trug, wird in New York um 1,4 Millionen Schilling versteigert.

● Politskandal bei der Basketball-EM in Athen: Jugoslawien feiert nach dreijähriger Abwesenheit wegen der UNO-Sanktionen mit einem 96:90-Finalsieg über Litauen ein triumphales Comeback. Doch bei der Siegerehrung zeigen die Spieler das Kampfzeichen der serbischen Tschetniks, worauf die drittplazierten Kroaten die Halle verlassen.

● Unfall beim Preisfischen in den Sportteichen im niederösterreichischen Schönabrunn: Ein 17jähriger berührt mit seiner Angelrute die 20-kV-Stromleitung und erleidet Verbrennungen.

War vor einer Nachtbar verkauft worden: „Boy", der kleine Malteser des Wieners Ernst Schlögl

Fand den Hund: Edith Klinger

Die „Krone-Tierecke" fand ihn wieder

Entlaufener Hund vor Nachtbar verkauft

Geburtstagsfest in einem Geschäft in Wien-Mariahilf. Ernst Schlögl läßt seinen „Boy" nur kurz aus den Augen – da ist der acht Monate alte Hund auch schon weg. Für den Malteser-Rüden beginnt eine Odyssee. Erst durch ein „Fahndungsfoto", das Edith Klinger in ihrer Tierecke veröffentlicht, wird er gefunden.

Und zwar bei einem Klagenfurter Architekten. Der Kärntner war das erste Mal in Wien, ging mit seiner Tochter essen. Aus der Nachtbar nebenan kam ein Mann mit dem putzigen Hündchen in das Lokal und fragte: „Wollen Sie den kaufen?" Die Tochter war von „Boy" entzückt und der Papa konnte natürlich nicht widerstehen.

Während der Hund also in Kärnten landete, versuchte sein verzweifeltes Herrl tagelang, ihn wiederzufinden. Auf ein Foto in der Tierecke der „Krone" meldet sich der ehrliche Kärntner.

Wimbledon: Becker unterliegt Sampras

Zum dritten Mal hintereinander holt sich Pete Sampras in Wimbledon den wertvollsten Titel der Tenniswelt. Im Finale fertigt der Amerikaner Boris Becker in vier Sätzen ab. Mit seiner Niederlage versäumt der Deutsche die Chance, zehn Jahre nach seinem ersten Wimbledon-Triumph den Rasentitel zum dritten Mal zu holen.

Riesenskandal im deutschen Lotto

Im deutschen Lotto-Toto platzt ein Skandal. Dauertip-Scheine wurden bei Sonderziehungen nicht berücksichtigt, weil es zu mühsam war, sie aus der Ablage zu holen. Die versprochene Verlosung von 26 Autos fand nie statt, weil die Wagen angeblich nicht lieferbar waren, in anderen Fällen wurden bestimmte Bundesländer bevorzugt.

Mollige haben mehr Spaß an der Liebe

Schluß mit den ewigen Diäten! Diesen ketzerischen Ernährungs-Ratschlag sollten Frauen sich zu Herzen nehmen. Denn eine amerikanische Umfrage beweist, daß mit fünf bis 20 Kilo übergewichtige Frauen öfter Sex haben als dünne. Und, was noch viel wichtiger ist: Die Molligen finden auch viel mehr Spaß an der körperlichen Liebe.

Staberl

Rückfallquote 70 bis 80 Prozent

Von linksfortschrittlicher Seite wird dieser Tage eben wieder lebhafte Klage über „unhaltbare Zustände" in diversen österreichischen Gefängnissen geführt. Der Komfort in den Zellen lasse zu wünschen übrig, das Essen sei schlecht, lieblos gekocht und überdies zu fett, die sanitären Einrichtungen spotteten jeder Beschreibung.

Das kommt davon, daß die vom seinerzeitigen Justizminister Broda geträumte Vision von einer endlich „gefängnislosen Gesellschaft" wegen des lebhaften Widerstandes von reaktionärer Seite leider nie in die Tat umgesetzt werden konnte! Ganz klar doch: Gäbe es keine Gefängnisse mehr, dann könnten auch die Zellen nicht unkommod und die Kost nicht zu fett sein.

Die besondere Liebe der einschlägigen Utopisten gehört jenen Straftätern, die doch für ihre Aktionen angeblich gar nichts können. Also zum Beispiel den Ladendieben, die doch nur Opfer des „Konsumterrors" geworden seien; oder den Einbrechern, die doch nicht etwa gestohlen, sondern lediglich ein bisserl „umverteilt" haben.

Vergewaltiger, Kinderschänder oder sonstige Triebtäter wiederum mögen doch überhaupt nicht eingesperrt, sondern vielmehr mit dieser oder jener „Therapie" behandelt werden; worauf man sie dann gewiß ganz gefahrlos im Kindergarten als Aufseher oder in einem Internat als Erzieher beschäftigen könne.

Ein offenbar ganz finsterer Reaktionär hingegen, der Amtsrat Walter K. aus dem Justizministerium, hat laut Bericht einer Tageszeitung verlauten lassen: „Bei Triebtätern ist mit einer 70- bis 80prozentigen Rückfallquote zu rechnen."

Nun werde ich kaum in den Verdacht kommen, die gefängnislose Gesellschaft für Triebtäter zu fordern. Aber immerhin ist einmal der seltene Anlaß gekommen, den linksfortschrittlichen Kämpfern gegen das Einsperren diverser Spitzbuben in bezug auf die Triebtäter wenigstens teilweise recht zu geben. Diese Leute sind in gewisser Weise tatsächlich an ihren Untaten schuldlos. Vielmehr hat ihnen eine unselige genetische Veranlagung übermächtige Emotionen mitgegeben, die 999 von 1000 anderen Menschen zu ihrem Glück gar nicht kennen.

Es ist ja nicht so, daß etwa die „normalen" Männer zwar auch gerne Kinder schänden würden, dies aber auf Grund ihrer Disziplin und löblichen ethischen Einstellung nicht tun. Vielmehr ist ihnen dergleichen ebenso fremd wie zum Beispiel der nur über einen Sexualmord zu erreichende Lustgewinn. Es kann also, kurz gesagt, nur jeder froh sein, den die Natur nicht mit abartigen Bedürfnissen ausgestattet hat.

Klar auch, daß ein Abartiger nicht artig wird, wenn man ihn nur lang genug einsperrt. Daraus aber die Forderung zu erheben, daß Abartige nicht eingesperrt, sondern lediglich therapeutisch behandelt gehören, ist ein frevlerisches Verbrechen.

Nicht weil sie „schuldig" sind, sondern weil die Gesellschaft vor ihnen zu schützen ist, müssen Triebtäter – bei durchaus „humanem" Strafvollzug meinetwegen – entsprechend lang ohne jeden „Freigang" in sicherer Verwahrung bleiben.

Häftling darf Anstalt unbewacht verlassen

Freigänger überfällt Frauen in Donau-Auen

Die Serie der Justizskandale um Freigänger nimmt kein Ende: Mitte Juli fällt ein wegen zwei Vergewaltigungen verurteilter 23jähriger Häftling über drei Frauen her und versucht sich an ihnen zu vergehen. Der Sex-Täter läßt nur deshalb von seinen Opfern ab, weil Passanten den Frauen zur Hilfe kommen.

Als geistig abnormer Rechtsbrecher darf der Häftling nach Absitzen von drei Jahren Strafe im Zuge des „gelockerten Strafvollzuges" per Bahn nach Wien fahren: In seine Arbeits- und Therapiestelle. Unbewacht!

Dort benimmt sich der schmächtige, eher schüchterne Mann nie auffällig. Doch bei seinem Heimweg vom Bahnhof ins Gefängnis nimmt er einen Umweg durch die Stockerauer Au und fällt dreimal über Frauen her. Dank einer Personenbeschreibung gelingt es Gendarmen des Postens Stockerau, den Sex-Täter zu fassen. Im Verhör meint er: „Ich werde mich bessern . . ."

Andreas Wandl und Hermann Wally überführen den Sex-Täter

Deutsch in Europa immer wichtiger

Deutsch ist nach Englisch zur wichtigsten Fremdsprache Europas geworden und hat Französisch sowie Spanisch an Schulen und Universitäten überholt. In Osteuropa gilt Deutsch schon als wichtigste Handels-, Konferenz- und Wissenschaftssprache. In England herrscht 1995 Mangel an Deutschlehrern.

Russen-Millionäre stürmen Riviera

Russlands Neureiche wollen ihren Vorfahren, die um die Jahrhundertwende Europas Strände stürmten, nicht nachstehen. 80.000 Russen zieht es an die Luxusherbergen an der Côte d'Azur und Riviera. Die Hoteliers reiben sich die Hände: Die Russen lassen mehr Geld da, als die „Schnorrer" aus dem Westen.

Elfjährigem das Leben gerettet

Österreicher wird zum Helden des Kölner Geiseldramas

Der Wiener Heinz Buchner ist der Held des Geiseldramas von Köln, das drei Todesopfer und zwei Schwerverletzte fordert: Er wirft sich in den Schuß, den ein Gangster auf einen Buben abfeuert, und rettet ihm so das Leben.

◀ Der Bus, in dem der Geiselganster Leon Bor (31) zwei Menschen tötete.

Der Amoklauf eines in Rußland geborenen Israeli hält am 28. Juli halb Europa in Atem. Der 31jährige Leon Bor geht an Bord eines Kölner Rundfahrten-Autobusses, zieht einen Revolver und erschießt den Chauffeur. Als ein Streifenwagen eintrifft, feuert er auf einen Polizisten und verletzt ihn lebensgefährlich. Anschließend richtet er eine 64jährige Deutsche wortlos hin.

Als der Geiselgangster, der ständig von der „Russenmafia" faselt, auf einen elfjährigen Buben anlegt, wirft sich der Wiener Heinz Buchner in den Schuß. Der 53jährige wird an der Schulter getroffen und durch die Heckscheibe auf die Straße geschleudert. Ein Sonderkommando setzt dem Geiseldrama ein Ende: Der irre Mörder stirbt in einer Salve aus 25 Schüssen.

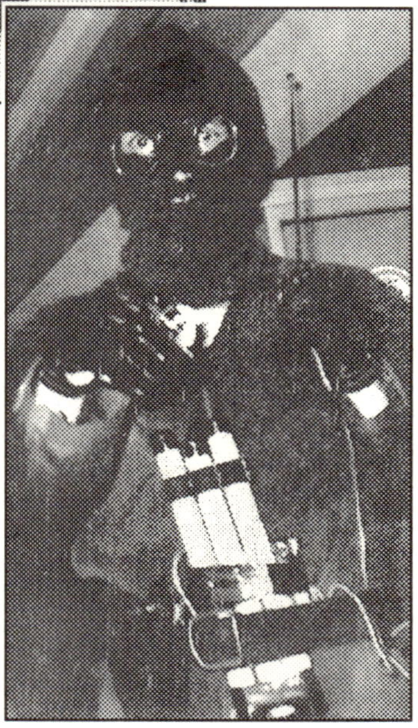

1,4 Milliarden Schilling pro Jahr für Nachhilfestunden

Österreichs Eltern geben 1,4 Milliarden Schilling für die Nachhilfestunden ihrer Kinder aus. Eine halbe Million Schüler erhalten außerhalb der Schule Unterricht. Erfreulich: Preise für Nachhilfestunden sinken.

Wobei der hohe Anteil von Nachhilfeschülern schon in der Volksschule besonders alarmierend ist. Insgesamt erhalten etwa 47 Prozent aller Schüler Nachhilfe, in der Oberstufe der AHS und der BHS sind es fast siebzig Prozent. Die finanzielle Belastung der Eltern mildert sich etwas, da die Durchschnittspreise für den Privatunterricht etwas gesunken sind. Kostete eine Einzelstunde bei einem „Hauslehrer" 1992 noch 206 Schilling, so fällt der Preis im Juli 1995 immerhin auf 191 Schilling,

Ein Prosterl in Ehren *mit Buhlschaft Maddalena Crippa mag auch Salzburgs bekannt strenger Erzbischof Georg Eder nicht wehren. Vom Kulturgeschehen abgesehen ist für ADABEI Michael Jeannée „der Glanz, die Attraktivität des Elitären, das Unvergleichliche und Unverwechselbare dieses ehedem so köstlichen Society-Kultes an der Salzach dahin".*

569 Tonnen Stahl rasen

● Mure reißt wie eine Riesenfaust Brücke und Schnellzug in die Tiefe ● Rund ein Kilometer Bremsweg, der Lokführer hatte keine Chance

● Waggons stürzen 40 Meter ab, Fahrgäste werden „hinausgespült" ● Die schreckliche Bilanz: drei Tote und mehr als 100 Verletzte

Die größten Bahnunfälle

- 26. 9. 1951. 22 Tote, als im Bahnhof Langenwang (Steiermark) ein Expreßzug in einen Güterzug donnert.
- 7. 3. 1968. Der „Wiener Walzer" entgleist bei Marchtrenk (OÖ). Vier Personen werden getötet.
- 3. 5. 1971. Das Versagen eines Fahrdienstleiters und eines Weichenstellers fordert in Fürnitz (Kärntnen) acht Todesopfer und 27 Verletzte.
- 22. 10. 1975. Bei Sierndorf (NÖ) prallt ein Schülerbus gegen einen Zug. Bilanz: sieben Todesopfer, 37 Verletzte.
- 17. 8. 1981. Ein Pendlerzug prallt im Wiener Südbahnhof gegen einen Prellbock. Drei Tote und 140 Verletzte.
- 8. 6. 1982. Nach menschlichem Versagen rast ein Zug bei Leobersdorf (NÖ) in den „Romulus": 4 Tote, 45 Verletzte.
- 20. 8. 1992. Bei einem Zusammenstoß in Grünbach (NÖ) sterben sieben Personen, 21 Verletzte.
- 13. 2. 1993. In Melk (NÖ) prallt ein Güterzug gegen einen aus Salzburg einfahrenden Eilzug: drei Todesopfer.
- 18. 2. 1993. In Wien-Hütteldorf kracht ein Regionalzug frontal gegen eine Schnellbahngarnitur: Drei Menschen werden getötet, 39 verletzt.

Die Passagiere werden regelrecht aus den Waggons „gespült", die Aufräumarbeiten dauern Tage

Drei Todesopfer, mehr als 100 Verletzte – das ist die Schreckensbilanz der Zugkatastrophe auf der Westbahnstrecke in Vorarlberg. Eine gewaltige Mure reißt am 11. August um 18.56 Uhr eine Brücke weg und erfaßt den Intercity „Niederösterreichische Tonkünstler". Der Lokführer hat keine Chance, den Triebwagen und die zwölf Waggons abzubremsen – die 569 Tonnen Stahl rasen wie in einem Horrorfilm ins Nichts.

Der IC-556 rollt in einem schweren Gewitter auf der eingleisigen Arlberg-Strecke Richtung Lindau. Mit 70 Stundenkilometern nähert er sich der Brücke, die über den Mason-Bach führt. Das harmlose Gewässer ist durch die heftigen Niederschläge zu einem reißenden Fluß angeschwollen.

Denn der Wasserfall von der Masonalpe mündet in das ansonsten harmlose Gewässer. An diesem Abend transportiert er Tausende Tonnen Schutt und Holz, die sich vor der Brücke verkeilen. Sekundenbruchteile, bevor der Schnellzug die nur 30 Meter lange Brücke erreicht, bricht der natürliche Damm. Mit unvorstellbarer Gewalt werden die Wassermassen und das Geröll gegen die Pfeiler der 100 Jahre alten Brücke gedrückt. Sie knicken wie Zahnstocher.

Lokführer Herbert Schöpf aus Nüziders hat keine Chance. Der 53jährige, der in einem Jahr in Pension gehen wollte, kann den Zug nicht mehr anhalten. Bei der in diesem Streckenabschnitt fahrplanmäßigen Geschwindigkeit von 70 km/h hätte der Bremsweg des IC mehr als einen Kilometer betragen. Wie die Untersuchungen später ergeben, geschah hier eine Katastrophe, die niemals hätte passieren dür-

Tot: Ingrid Peter (26)

ins Nichts: 3 Todesopfer

Wie eine Riesenfaust reißt die Mure die Brücke in die Tiefe – just in der Sekunde, als sich der 569 Tonnen schwere Schnellzug nähert

fen und an der niemand Schuld trägt. Falls überhaupt etwas schuld war, dann die Verspätung des Zuges – eine Minute. Wäre der IC-556 pünktlich gewesen, so wäre er bei fahrplanmäßiger Geschwindigkeit rein rechnerisch mehr als einen Kilometer weiter gewesen. Doch grau ist alle Theorie.

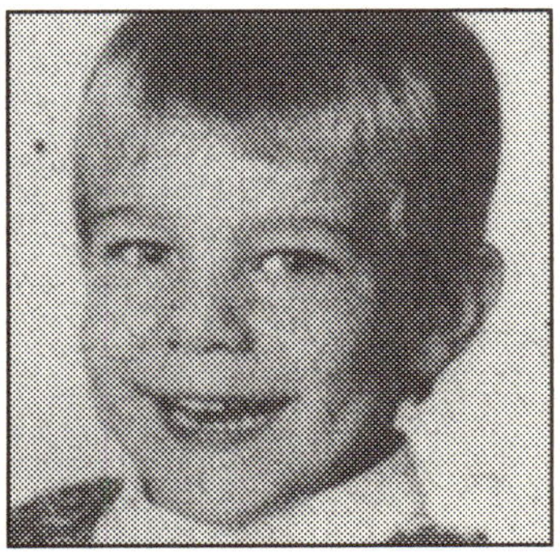

Tot: Martin Thaler (6)

Tot: Herbert Schöpf (53)

Und erbarmungslos oft das Schicksal. Die Lok und die ersten zwei „2. Klasse"-Waggons des Schnellzuges stürzen 40 Meter in die Tiefe. Ein dritter Waggon hängt an der Böschung und droht abzugleiten, ein vierter liegt umgestürzt auf den Gleisen.

Überall laufen blutüberströmte Verletzte umher, Schmerzensschreie und verzweifelte Hilferufe hallen durch die Dämmerung. Viele der 200 Passagiere sind in den Stahlmassen eingeklemmt, andere wurden beim Absturz ins Freie geschleudert oder von den Schlamm- und Wassermassen, die durch die Fenster drangen, hinausgespült.

An der Rettungsaktion sind 400 Helfer aus Österreich und der benachbarten Schweiz beteiligt. Erst Samstag früh, also zwölf Stunden nach dem verheerenden Unglück, kann die letzte Person geborgen werden. Die Aufräumarbeiten dauern gar Tage. Fünf Hubschrauber fliegen die Verletzten in Luftbrücken in die Spitäler, 100 Meter von der Katastrophenstelle muß das Rote Kreuz eilig ein Feldspital errichten.

Trotz des professionellen Einsatzes der Rettungsmannschaften kommt für drei Menschen jede Hilfe zu spät. Der Lokführer, der 53jährige Vorarlberger Herbert Schöpf, stirbt an der Unfallstelle. Ebenso wie die 26jährige Ingrid Peter aus Dornbirn. Sie hatte vor wenigen Wochen ihr Latein- und Geschichtestudium an der Innsbrucker Universität abgeschlossen und wollte ihre Eltern besuchen.

Erst in den frühen Morgenstunden wird das dritte Todesopfer gefunden, der erst sechs Jahre alte Martin Thaler aus Sieghartskirchen in Niederösterreich. Er war auf dem Weg zu seiner Großmutter in Vorarlberg.

Die „Stones“ sind nach wie vor Publikumsmagneten: 90.000 Fans reisten zum Rock-Megaspektakel an

90.000 Fans umjubeln Mick Jagger & Co.

„Stones“-Fieber im Rock-Hexenkessel

Anfang August liegt Österreich im „Rolling-Stones“-Fieber. Beim größten Rock-Spektakel, das je in der Alpenrepublik über die Bühne geht, bejubeln 90.000 Fans am Österreich-Ring Mick Jagger & Co. Mit ihrer Mega-Show beweisen die Rock-Legenden, daß sie noch lange nicht zum alten Eisen gehören.

1300 Leute sind im Einsatz, um in Zeltweg die „Voodoo Lounge“-Riesenarena aufzubauen: eine 82 Meter lange und 40 Meter tiefe Bühne. Während ihre Fans Zeltweg in eine Zeltstadt verwandeln, steigen die „Stones“ in einem Grazer Hotel ab. Und verblüffen alle und jeden. Denn statt Whisky und Wodka, wie in den alten und unvergessenen Zeiten, ordern sie kistenweise Mineralwasser und statt Gespielinnen Videospiele.

Doch die Enthaltsamkeit scheint sich zu lohnen. Denn als die Rock-Legenden Derwischen gleich über die Bühne fetzen, verwandelt sich das Waldstadion in einen brodelnden Hexenkessel. Adabeiline Karin Schiller erlebt die Rock-Götter „backstage“ und meint begeistert: „Keine Spur von Opas. Die Stones sind besser denn je.“

Von wegen müder Rock-Opa: Keith Richards in voller Aktion

Mafia verschenkt Heroin, um Kinder süchtig zu machen

Die Methoden der Drogenhändler werden immer skrupelloser: Handlanger der Türken-Mafia verschenken an Wiener Kinder Heroin, um neue Kunden zu ködern. Einmal süchtig werden sie selbst zu Dealern, damit sie sich den „Stoff" auch weiterhin beschaffen können. Für viele der auf diese Weise süchtig gemachten Jugendlichen endet der Teufelskreis mit dem „Goldenen Schuß". Erschütternde Zahl: rund 200 Drogentote 1995.

Sklavenlager für illegale Einwanderer ausgehoben

Ein Sklavenlager mitten in Los Angeles – da verschlägt es sogar den hartgesottenen Beamten der US-Einwanderungsbehörde den Atem. In einem Apartmentgebäude werden 63 illegale Einwanderer aus Thailand entdeckt, die in dem getarnten Arbeitslager seit sieben Jahren hinter Gittern gehalten werden, um zu Hungerlöhnen von zwölf Schilling pro Stunde Kleider zu nähen.

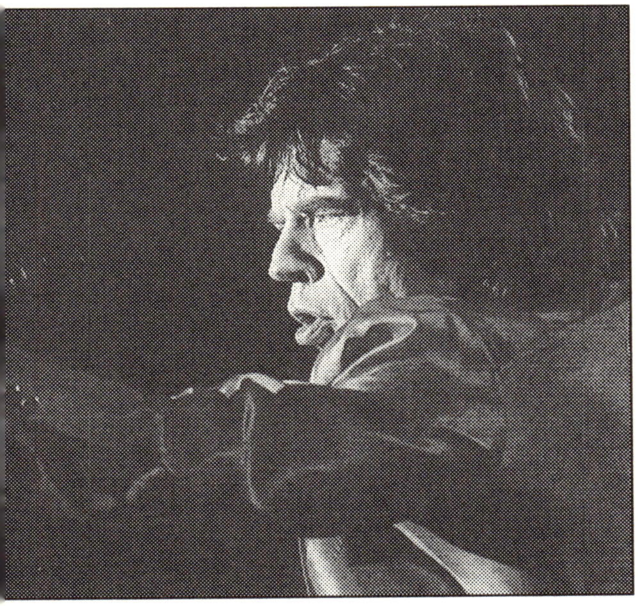

Der „King": Mick Jagger bringt seine Fans zum Kochen

Unscheinbarer Ron Wood: Rock-Gott auf der Bühne

***Die lustige Witwe. –** So einen Erbschaftsprozeß hat Amerika noch nicht gesehen. Eine Witwe kämpft mit ihrem Stiefsohn, der doppelt so alt ist wie sie, um sage und schreibe 5,5 Milliarden Schilling. Die handelnden Personen: Ex-Playmate Anna Nicole Smith (28) und Pierce Marshall, Sohn des im Alter von 90 Jahren verstorbenen texanischen Öl-Milliardärs. Kaum jemand verstand, daß der an den Rollstuhl gefesselte Howard Marshall mit 89 Jahren das ehemalige Playboy-Model heiratete. „Sie ist nichts als eine Goldgräberin", schimpft die Familie. „Es war Liebe, ich habe meine ehelichen Pflichten erfüllt", kontert die Witwe. Ein wüster Streit um das Milliarden-Erbe entbrennt: So soll der ehemalige Leibwächter aussagen, daß die Smith schon während der Hochzeitsreise ein Verhältnis mit ihm hatte.*

Krone-Chronik August '95

- Österreichs Leichtgewichts-Doppelvierer verteidigt bei der Ruder-WM in Finnland seinen Titel. Walter Rantasa, Christoph Schmölzer, Gernot Fader und Wolfgang Sigl erringen mit diesem Sieg die dritte Goldmedaille in Folge.
- Ein besonderes Geschenk zu seinem 40. Geburtstag gönnt sich Hein Simons, bekannt als ehemaliger Kinderstar Heintje: Von seinem unvergeßlichen Schlager „Mama" kommen vier Versionen im Techno-Sound auf den Markt.

Die Kastanienmotte treibt 1995 in Österreich ihr Unwesen. Konkret sind es zwei Schädlinge, die die Blätter von Tausenden Bäumen befallen: die Miniermotte und der Blattbräunepilz. Experten empfehlen das Laub im Herbst zu entsorgen und die befallenen Bäume im Frühjahr noch vor der Blüte mit umweltfreundlichen Mitteln zu spritzen.

Nach Urteil deutscher Verfassungsrichter

Große Aufregung um unsere Schul-Kreuze

Ein in Bayern als „Skandalurteil" bezeichneter Höchstgericht-Entscheid, wonach Kreuze aus Schulklassen entfernt werden müßten, bricht auch in Österreich eine Diskussion los. Doch die Spitzen der Koalition, Franz Vranitzky und Wolfgang Schüssel, stellen unmißverständlich klar: „Die Schul-Kreuze bleiben!"

Die Karlsruher Verfassungsrichter haben mit fünf gegen drei Stimmen verfügt, daß das Anbringen von Kreuzen in Schulklassen mit dem Grundgesetz unvereinbar sei. Und lösen damit in Bayern einen Sturm der Empörung aus.

Doch auch in Österreich findet das Skandalurteil politische Anhänger: Heide Schmidt vom Liberalen Forum, den Linksmarxisten Johannes Voggenhuber von den Grünen und die sozialistische Jugend. Doch Vranitzky und Schüssel sorgen sofort für eine eindeutige Klarstellung: Ein Wegräumen der Kreuze kommt nicht in Frage.

So verweist der Kanzler im Gespräch mit der „Krone" darauf, daß das Aufhängen von Kreuzen in den Schulen Bestandteil eines völkerrechtlichen Vertrages mit dem Vatikan ist: „Nur weil in Deutschland das Thema losgetreten wurde, muß es bei uns nicht aufgegriffen werden." Vizekanzler Schüssel versichert, daß die ÖVP einer Entfernung von Kreuzen niemals zustimmen wird: „Man darf mit dem Symbol des christlichen Abendlandes nicht leichtfertig umgehen."

Widerwärtige öffentliche Erpressung

Eine kleine Gruppe von Homosexuellen will mit widerwärtigen öffentlichen Erpressungsversuchen mehr Rechte für Schwule erkämpfen – indem sie androht, geistliche Würdenträger sowie Spitzenpolitiker als Homosexuelle zu „outen". Tatsächlich verbreiten diese Herren aber nur Unwahrheiten. Ihre Schändlichkeit findet mit Ausnahme der „Kronen-Zeitung" leider in fast der gesamten Presse Wortshelfer. In heuchlerischer Scheinmoral distanziert man sich zwar von den Verleumdern, nennt im selben Atemzug aber ungeprüft (!) die Namen ihrer Opfer . . .

„Outen" ist out!

Seit Wochen trommelt ein Herr Krickler aus Wien, er werde am Dienstag, dem 1. August, die Namen von vier homosexuellen Bischöfen „outen", also der Öffentlichkeit bekanntgeben. Er selbst, Herr Krickler, ist bekennender Homosexueller; er hat sich also schon selbst „geoutet". Das darf er und soll er tun können, wann, wo und sooft er will. Das Blöde ist nur, daß es niemanden interessiert, ob der Herr Krickler homo, hetero oder gar nicht sexuell ist. Deswegen, findet er, müssen vier prominente Bischöfe herhalten, um die Öffentlichkeit auf die Probleme und Benachteilung (Ungleichbehandlung etc.) der Homosexuellen in Österreich aufmerksam zu machen.

„Outen" heißt das heute. Seinerzeit in der Schule nannte man es „verpetzen", noch seinerzeitiger im Mittelalter, „an den Prangen stellen". „Verpetzt" wurde, seinerzeit, etwas Verbotenes, Böses, Schlimmes.

Wenn Herr Krickler vier prominente Bischöfe als „homosexuell" verpetzt, stellt er sie als Menschen hin, die schlimm, bös sind und eigentlich verboten gehören. Denn daß sie etwas Schlimmes und Verbotenes getan haben (wie etwa, um's in der groben Art des Herrn Krickler zu sagen, Strichbuben in der Kirche vernascht), das kann er ja keinem von ihnen nachweisen.

Es gibt allerdings ein ebenso einfaches wie ungemein effektives Mittel, Herrn Kricklers „Outing" für „out" zu erklären, noch ehe es „in" ist, und die „Kronen Zeitung" macht es vor: indem sie bei dieser unappetitlichen Menschenhatz selbstverständlich nicht mitmacht. Wenn aber alle Medien dem „Krone"-Beispiel folgen, dann wird es mit Herrn Kricklers „Outing" so sein wie mit dem Spruch: „Stell dir vor, es ist Krieg, und keiner geht hin."

Stell dir vor, der Herr Krickler „outet", und keiner druckt es ab oder veröffentlicht es in irgendeiner Weise.

Dann findet sich Herr Krickler nämlich dort, wo er mitsamt seinem „Outing" hingehört: im finsteren Mittelalter. Dann kann er sich nur noch selbst vor den Stephansdom hinstellen und die Namen der Bischöfe ausrufen und vielleicht noch dazu trommeln. Damit jedoch „outet" er sich höchstens wieder nur selbst – als einer, bei dem's nicht ganz richtig tickt im Hirnstübchen.

Trude Sagmeister

Krone-Chronik August '95

● Einer EU-Analyse zufolge ist Österreich hinter Luxemburg und Dänemark das drittreichste Land in der Europäischen Gemeinschaft.

● Nach dem Ausscheiden Salzburgs aus der Qualifikation zur Champions League tritt Otto Baric als Trainer „maximal" zurück. Sein Nachfolger ist Hermann Stessl.

● Das „rote Parteibuch" kommt aus der Mode. Zählte die SPÖ in den 70er Jahren 700.000 Mitglieder, so sind es 1995 nur noch 500.000.

● Eine Trafoexplosion in einem Umspannwerk in Wien-Liesing legt große Teile der Bundeshauptstadt stundenlang lahm.

● Weil es in Österreich bereits mehr als 600 Sekten gibt, fordert die ÖVP neue Gesetze gegen Wunderheiler und Gurus.

● Mit Verträgen um 120 Milliarden Schilling jährlich ist Frankreich der größte Waffenlieferant für Entwicklungsländer.

Lebertransplantation rettet „J.R." das Leben

In einer 16stündigen Operation pflanzen US-Chirurgen dem an Zirrhose und einem bösartigen Tumor leidenden Schauspieler Larry Hagman (im Bild mit Dagmar Koller) eine Spenderleber ein. Der 63jährige „J.R." aus der Langzeit-Fernsehserie „Dallas" hätte ohne Transplantation keine Überlebenschance gehabt, wurde aber nicht bevorzugt behandelt. Er stand „ganz normal" vier Wochen auf der Warteliste.

Im Gefängnis gut trainiert: Mike Tyson siegt nach 89 Sekunden

Tyson-Comeback ist eine Lachnummer

Drei Millionen Cash pro Kampfsekunde

Mike Tysons Comeback in Las Vegas wird – wie erwartet – zur Lachnummer. Bereits nach 89 Sekunden ist der Aufbaukampf des 29jährigen gegen den unbedarften und völlig wehrlosen Peter McNeeley zu Ende. Der Blitzsieg des „Iron Mike" dauert damit eine Minute kürzer als das Absingen der Nationalhymne.

Bereits nach sieben Sekunden landet Tyson einen bösen Treffer am Kinn. Der Gegner taumelt, kämpft aber weiter. Exakt nach 77 Sekunden fängt er einen rechten Aufwärtshaken und geht zu Boden. McNeeley rappelt sich zwar auf, doch sein Manager stürmt den Ring und läßt den Kampf abbrechen. Tyson, der wegen Vergewaltigung gesessen ist, dürfte im Gefängnis gut trainiert haben. Während das Publikum sich betrogen fühlt, kann Mike sich über ein leichtverdientes Vermögen freuen. Er kassiert 250 Millionen Schilling, also etwa drei Millionen pro Kampfsekunde.

NATO bombt die Serben

- **Kroaten suchen Entscheidung am Schlachtfeld**
- **Tudjman erobert die Krajina in Blitzkrieg zurück**
- **100.000 Serben in Lkw-Konvois auf der Flucht**
- **Rollende NATO-Angriffe als Antwort auf Blutbad**
- **US-Jets sprengen Belagerungsring um Sarajewo**

Der Krieg in Ex-Jugoslawien tritt in eine neue Phase. Nach vier Jahren erfolgloser Verhandlungen um die Wiedereingliederung der Krajina in Kroatien fällt die Entscheidung auf dem Schlachtfeld. Während Kroatien nach seiner Offensive im Siegestaumel liegt, starten serbische Kampfjets zu Vergeltungs-Angriffen. Ein Blutbad in Sarajewo wird zum Auslöser für die größte Militär-Aktion in der Geschichte der NATO.

Mit grimmiger Entschlossenheit kämpfen die Krajina-Serben bis zur letzten Patrone gegen die Übermacht der kroatischen Truppen

Am 4. August starten die Kroaten ihren Rückeroberungskrieg. Mit Artillerie- und Luftwaffenangriffen beginnt die Offensive „Gewittersturm". Knin, die Hauptstadt des von den Serben annektierten und zur eigenen „Republik Krajina" ausgerufenen Gebietes, wird stündlich von 300 Granaten getroffen. Danach setzen die kroatischen Generäle starke Panzereinheiten mit Infanterieunterstützung in Marsch. Die Serben-Hochburg wird zurückerobert. „Mit der Befreiung Knins konnte sich Kroatien von einer schweren Belastung befreien: der ständigen Bedrohung seiner größeren Städte durch Artillerie und Raketenangriffe", wertet „Krone"-Redakteur Claus Pándi die Offensive.

Tatsächlich gelingt es der Tudjman-Armee, die bisher von Serben gehaltenen wichtigsten Städte sowie Militärflughäfen wieder unter kroatische Kontrolle zu bringen. Ein Siegestaumel ist die Folge. Präsident Tudjman läßt sich als erfolgreicher Feldherr feiern.

Während die kroatischen Soldaten den Feldzug mit überschäumendem Jubel begießen, starten von den Flugbasen in Bosnien serbische Kampfjets zu ihren Vergeltungs-Angriffen. In der ersten Welle feuern die Serben Raketen gegen sieben kroatische Städte ab. Trotz dieses Rache-Schlages müssen die Krajina-Serben kapitulieren.

Inmitten der Kriegswirren kommte es zu einer Massenflucht der Serben. 100.000 Menschen strömen in kilometerlangen Lastwagenkonvois Richtung Bosnien.

Nachdem bosnische Serben mit Artilleriegeschossen Granaten auf Sarajewos abfeuern und ein Blutbad anrichten, startet die NATO am 30. August zur größten Militäraktion ihrer Geschichte. Rollende Kampfjet-Angriffe schalten Artilleristellungen, Radar-Einrichtungen, Kommandozentralen, Munitionslager und Waffenfabriken des Belagerungsringes um Sarajewo aus. US-Präsident Bill Clinton erklärt: „Die Angriffe sind angemessen und notwendig."

In Sarajewo herscht Jubel, Freude und Erleichterung über die späte, aber endlich entschlossene Militäraktion der NATO-Streitkräfte. Denn erstmals signalisiert Belgrad Bereitschaft zum Kriegs-Ende . . .

an den Verhandlungstisch

Bei einem Granatenangriff auf Sarajewo werden 37 Zivilisten getötet. Das Blutbad wird zum Auslöser für die NATO-Angriffe

▲ Nach der erfolgreichen Offensive „Gewittersturm" liegen die kroatischen Soldaten im Siegestaumel. Während Feldherr Franjo Tudjman mit Champagner und die Bevölkerung mit Bier und Schnaps feiert, starten die Serben zum Racheschlag. - Erst der NATO- Einsatz moderner US-Kampfjets zwingt die Serben an den Verhandlungstisch.

telemax

Im Niki-List-Film „Kopa Kagrana" gab es eine Szene, zu der die Leserin Liselotte F. etwas befremdet frug:

„Wo bleibt der Respekt vor einem Bischof?"

Die Szene spielte beim Würstelstand. Einer hielt den Pappendeckel hin und bat:

„Geh, gib mir an Kren!"

Die Bedienung bedauernd: „Der Kurtl is aus!"

☆

Liebe Leute, ich glaube, Kurt Krenn hat Unangenehmeres zu bestehen.

Wir alle, die wir uns ein Bäuchlein gönnen, müssen den modernen schmalen, meist mürrischen Dauerläufertypen wie Schweinchen aus der Herde Epikurs erscheinen.

Heute wird ja viel gespottet über einen, der meint, die guten Dinge des Lebens seien nicht nur für die Sünder da.

☆

Im übrigen ist „Senf und Kurt" statt „Senf und Kren" nur scheinbar eine Respektlosigkeit.

Indem man einen Namen zum Haushaltswort nimmt, ehrt man ihn sogar ein wenig. Ähnlich verhält es sich im folgenden Falle:

„Bischof" heißt im Volk nicht nur der Herr der Diözese, sondern auch das gerupfte Ärschlein des Huhnes.

Aber meine Großmutter pflegte zu sagen:

„Der Bischof ist das Beste vom ganzen Hendl und besser noch als ein Spargelkopf oder ein Sauohrwaschl."

Und so braucht man nicht zu fürchten, durch dergleichen einem Episkopus ernstlich am Zeuge zu flicken, oder gar, daß vielleicht dadurch nicht in den Himmel gekommen wird,

meint Ihr Telemax

Kauf der Sportartikelgruppe „HTM" wird zum

Milliarden-Desaster

Ein staatlicher und stattlicher Wirtschaftsskandal platzt im August 1995. Der Monopolbetrieb Austria Tabak kaufte sich als Eigentümer der „HTM" (Head-Tyrolia-Mares) in die Sportartikelbranche ein. Grobe Managementfehler und eine Fehleinschätzung des Marktes lassen das „günstige" Geschäft zum Megaflop werden und kosten Tabak-General Beppo Mauhart den Kopf.

Beppo Mauhart – muß als Tabak-General gehen, bleibt (vorläufig) ÖFB-Präsident

„Krone"-Wirtschaftschef Georg Wailand listet die Hintergründe auf:

1. Austria Tabak hat sich in eine Branche eingekauft, von der sie keine Ahnung hatte. Der Kaufpreis schien günstig, aber HTM ist mit vier Milliarden Schilling verschuldet.

Streit um Parade am Nationalfeiertag

Nach wochenlangen Diskussionen um Kosten und Sinnhaftigkeit der Militärparade am Nationalfeiertag einigt sich die Koalition auf eine „Mini-Version". Diese wird statt ursprünglich veranschlagten 50 nur zehn Millionen Schilling kosten. Auf eine Panzerparade in Wien wird verzichtet, auch die Zahl der eingesetzten Flugzeuge und Soldaten wurde deutlich reduziert.

Harald Juhnke im „Säufer-Koma"

Harald Juhnke, 66 Jahre alt, Vater zweier Söhne, Entertainer und Paradesäufer der deutschen Nation, liegt nach einem Megarausch im Koma. Begonnen hatte die Zechtour bis ins Dilirium auf der Hochzeitsfeier des Berliner Theaterchefs Jürgen Wölffer. Juhnkes Zustand bei der Einlieferung ins Spital war dramatisch. Ein behandelnder Arzt: „Seine einzigen Chancen sind eine Entziehungskur und lebenslange Abstinenz."

In 31 Stunden um die Welt. *In dieser Rekordzeit umrundet eine „Concorde" der Air France die Erde. Auf der 40.000 Kilometer langen Reise von New York aus muß das Überschall-Passagierflugzeug sechs Zwischenstops einlegen. Die 80 Passagiere zahlten sagenhafte 260.000 Schilling pro Ticket, werden dafür aber mit Champagner und feinstem Kaviar verwöhnt.*

Flop ● Mauhart & Co. müssen gehen

für Tabakwerke

2. Märkte wurden falsch eingeschätzt, man vertraute Managern, die Bilanzen manipulierten.
3. Ähnlich wie beim Konsum existieren keine verläßlichen Zahlen, einmal wird der akute Geldbedarf mit 350 Millionen, kurz darauf mit 1,5 Milliarden beziffert. Den Kopf muß einmal mehr der Steuerzahler herhalten, 1300 Arbeitsplätze sind gefährdet.
4. Den Kauf der am ärgsten verlustbringenden Sportbekleidung nahm der Aufsichtsrat erst einen Monat später zur Kenntnis.
5. Realitätsverlust: Wie konnte Mauhart im Vorjahr um den Erwerb der Skifabrik Atomic mitpokern, wenn HTM noch schlimmer in der Krise steckte?
6. Jetzt sollen teure Berater mit je 600.000 Schilling Monatshonorar (!) Rettung bringen.
7. Kredite wurden bei 50 Banken aufgenommen.
8. Fiel niemandem auf, daß die HTM-Schulden fast so hoch wie der Umsatz waren?
9. Die Kontroll-Gremien wurden kaum informiert.
10. Der Staat ist ein schlechter Eigentümer, den Schwarzen Peter haben der Finanzminister und damit alle Steuerzahler.

Nur wenige Tage nach dem Auffliegen des Skandals müssen Mauhart („Bin ein politisches Opfer") und seine Vorstandskollegen zurücktreten – mit Aussichten auf millionenschwere Pensionszahlungen . . .

Hillary Clinton erwägt einen Boykott der Monsterveranstaltung

Dunkle Wolken über der 4. Weltfrauenkonferenz in Peking

Vor UNO-Gipfel schockt China mit Hinrichtungswelle und Atomtests

In Peking findet die vierte Weltfrauenkonferenz der UNO statt. Im Vorfeld der Monsterveranstaltung kommt es zum Eklat: Einige westliche Delegationen, unter ihnen die amerikanische mit First Lady Hillary Clinton, erwägen einen Boykott, weil China mit Hinrichtungswellen und Atomtests die Welt schockiert.

Über der Konferenz, die unter dem Motto „Gleichheit, Entwicklung, Frieden" steht und trotz 40.000 Teilnehmerinnen wie üblich keine nennenswerten Ergebnisse bringt, lasten dunkle Gewitterwolken.

Nicht nur, daß China die internationale Gästeschar mit Atomtests brüskiert. Verhaftungskommandos stürmen die Wohnungen prominenter Regimegegner. Der bekannte Dissident Harry Wu, der seit Jahrzehnten gegen die Zwangsarbeit kämpft, wird zu 15 Jahren verurteilt und nach Amerika, seinen Exilstaat, abgeschoben.

Besonders schockierend die „Säuberungswelle". Polizisten zerren Strafgefangene in ein Stadion. Vor 10.000 Zuschauern verkünden Richter gegen zwölf „Rowdys, Räuber und Mörder" die Todesstrafe und lassen sie gleich exekutieren. „Um die öffentliche Sicherheit während der Konferenz zu garantieren", wie die Regierung lakonisch mitteilt.

Handys in Spitälern: Tödliche Gefahr?

Laut jüngsten Gerüchten aus den USA sollen Mobiltelefone elektronische Geräte wie Insulinpumpen oder Herzschrittmacher stören. Gesundheitsministerin Christa Krammer plant deshalb auch in Österreich ein Handy-Verbot in bestimmten Spitalsbereichen wie Intensivstationen oder Operationssälen. „Das ist eine reine Vorsichtsmaßnahme, passiert ist bisher noch nichts", erklärt sie.

DM-Blüten um 50 Millionen Schilling

Ein Ehepaar in Adnet (Salzburg) betreibt im Keller der eigenen Druckerei eine Fälscherwerkstätte und stellt erstaunlich perfekte 100-DM-Noten im Gesamtwert von 50 Millionen Schilling her. „Die besten, die wir je sahen", meint ein Mitarbeiter der Nationalbank. Das Motiv sind hohe Schulden. Doch nach einem Ehestreit bekommt die Gendarmerie einen Hinweis und stellt die Blüten sicher.

◀ *Jörg Haider sagt sich von der „Deutschtümelei" los und ist mit dem Kürzel „F" für seine Partei nicht glücklich.*

Neue Kleider für die Freiheitlichen

Haiders Absage an „Deutschtümelei"

„Als Versicherungspolizze der österreichischen Patrioten" bezeichnet Jörg Haider in einem Interview seine Bewegung. Er habe der „Deutschtümelei" eine Absage erteilt, die Blauen stünden für „Österreichs Heimatliebe und Vaterlandstreue."

Die politischen Gegner wollen an den „Gesinnungswandel" freilich nicht so recht glauben. Der Chef-Blaue kündigt jedenfalls an, mit aller Vehemenz gegen eine Besteuerung des 13. und 14. Monatgehaltes und der Besserverdiener zu kämpfen: „Das wäre der Beginn der Ausplünderung der kleinen Leute." Und während er an einer restriktiven Ausländerpolitik festhält, ist er bereit, seine Partei wieder in FPÖ zurückzutaufen. „Das ‚F' war nicht besonders glücklich", meint Haider.

Kinder für Sexspiele vermietet

Eltern kassierten von netten „Onkeln" Geld

Erschütterndes Familiendrama in Rohrbach im Burgenland: Eltern dreier minderjähriger Töchter im Alter von elf, zwölf und dreizehn Jahren vermieten die Schulmädchen an drei Pensionisten – für Sexspiele! Der Skandal fliegt auf, als Gäste in einem Freibad einen der „netten Onkel" beobachten und Anzeige erstatten. Die Eltern werden verhaftet.

Operntenor geht zweimal k.o.

Die Premiere von „Tosca" im italienischen Macerata muß abgebrochen werden, weil der Tenor durch einen Gewehr-Schreckschuß am Bein verletzt wird. Das Pech bleibt ihm treu: Bei der zweiten Vorstellung stolpert er über seine Krücke, auf die er sich seitdem stützen muß, und bricht sich das Schienbein.

84 Kilo wiegt der irische Wolfshund „Albert" und sieht auf den ersten Blick wahrlich furchterregend aus. Doch der gutmütige Vierbeiner ist in Wahrheit ein Liebling der Kinder. „Albert" besucht regelmäßig die Kinderabteilungen englischer Spitäler, muntert die kleinen Patienten auf und läßt sie sogar auf seinem kräftigen Rükken reiten.

Größte Pleitewelle der Nachkriegszeit

Neuer, trauriger Pleiterekord in Österreich: Bis zur Jahresmitte registriert der Kreditschutzverband 2263 zahlungsunfähige Betriebe mit Gesamtverbindlichkeiten von 44 Milliarden Schilling. Insgesamt wächst der Schuldenberg 1995 auf 50 bis 60 Milliarden an, der größte Brocken entfällt auf den Konsum.

Schwimm-Pin-up erobert Wien

Fünfmal Gold für hübsche Franzi

Franziska van Almsick – die bildhübsche Deutsche schreibt bei den Schwimm-Europameisterschaften in Wien Sportgeschichte. Die Modellathletin gewinnt fünfmal Gold und einmal Silber. Doch die 17jährige sorgt auch abseits des Stadionbades für Aufregung – in einem mißverständlichen Interview.

Franzi, wie die Fans sie nennen, soll nämlich einer deutschen Zeitung auf die Frage, wer ihre Lieblingsfigur in der Geschichte sei, geantwortet haben: „Adolf Hitler." Was der Goldfisch wütend dementiert. Tatsächlich sei eine solche Frage nie gestellt worden. Das Schwimm-Pin-up beteuert glaubhaft: „Meinen Sie wirklich, ich sage, daß ich Hitler liebe?!"

Sportlich katapultiert sie Deutschland in der Nationenwertung mit insgesamt zehn Goldmedaillen an erste Stelle vor den Russen (neun), sie selbst ist mit bisher elf Goldenen erfolgreichste EM-Teilnehmerin aller Zeiten.

In Wien stellt sie damit allerdings die „wahre Königin des Schwimmsports" zu unrecht in den Schatten: Die 21jährige Ungarin Krisztina Egerszegi, die zwei Goldene abräumt und als Olympiasiegerin, Weltmeisterin und Weltrekordlerin bislang noch erfolgreicher ist als die Deutsche.

▲ Franziska van Almsick: bildhübsch und mit fünf Goldenen Superstar der EM in Wien. ▶

Krone-Chronik August '95

- Weil die UNO rund 30 Milliarden Schilling Schulden hat, sollen Mitgliedsländer, die über die entsprechenden Mittel verfügen, mehr in die UNO-Kassen einzahlen, fordert Generalsekretär Boutros-Ghali.
- Im Londoner Auktionshaus „Sotheby's" kommt die berühmteste Physik-Formel der Welt unter den Hammer, Albert Einsteins 1912 niedergeschriebene Relativitätstheorie. Ausrufpreis: 63 Millionen Schilling.
- Die „Krone"-Familie trauert um Mac alias Helmut Macheck. Der liebenswerte Mensch und geniale Karikaturist stirbt im Alter von 72 Jahren.
- Die Österreicherin Uschi Profanter verteidigt erfolgreich ihren WM-Titel bei den Wildwasser-Kanuten.

Mysteriöser „Raketen-Angriff" auf Grazer Gerichtsgebäude

Ein Wahnsinniger, der offenbar einen tödlichen Haß auf die Justiz hat, deponiert in der Steiermark eine schußbereite serbische Panzerabwehrwaffe, deren Rakete auf das Gebäude des Grazer Oberlandesgerichts zielt. Den Schauplatz des Unterweger-Prozesses . . .

Ein Biologe entdeckt am Murufer die tödliche Waffe, die mit Leukoplast an einer Baustahlplatte montiert ist. Ihre technischen Daten: 300 Meter pro Sekunde Geschwindigkeit, 1200 Meter Reichweite und eine Sprengkraft von sieben Handgranaten. Wäre die Rakete abgefeuert worden, hätte sie ein fürchterliches Blutbad angerichtet. So kann sie von Experten des Entschärfungsdienstes an Ort und Stelle gesprengt werden. Die Detonation ist so stark, daß bei einigen Häusern Fensterscheiben zu Bruch gehen und sogar Auto-Alarmanlagen ausgelöst werden.

Die Suche nach dem Täter ist erfolglos, es gibt keine einzige konkrete Spur. Die Ermittler sind aber überzeugt, daß es sich um einen irren „Unterweger-Rächer handelt", der schon zuvor drei Anschläge gegen die Grazer Justiz verübt hat.

Juwelier-Räuber schießt Polizist nieder und liefert Kriminalisten „Wasserschlacht“

Wilde Jagd auf Geiselgangster

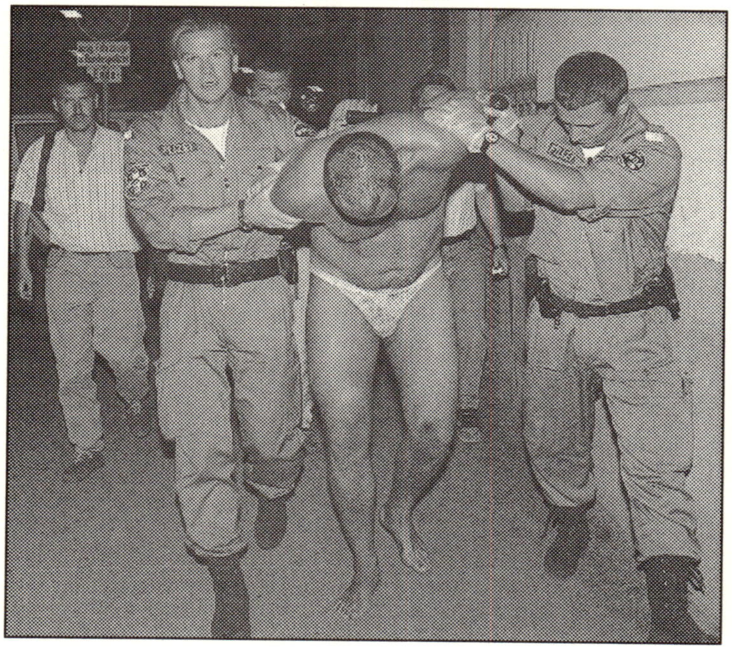

In einer spektakulären Polizeiaktion kann ein Räuber, der ein Wiener Juweliersehepaar in seine Gewalt gebracht und einen Polizisten niedergeschossen hat, verhaftet werden. Auf der Flucht nimmt der Verbrecher eine 27jährige Schwimmerin als Geisel und liefert den Kriminalisten eine wilde „Wasserschlacht“.

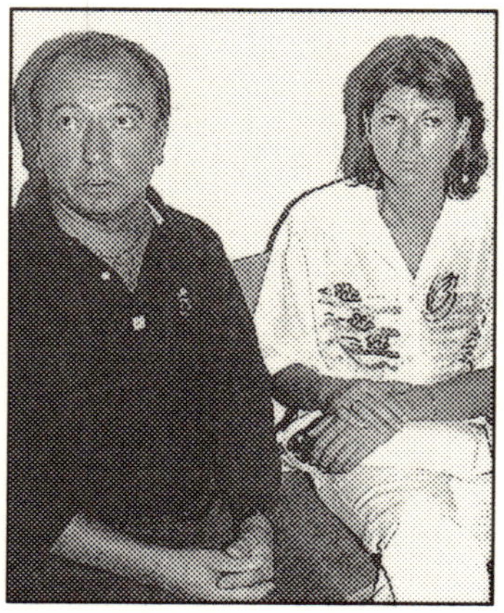

Das überfallene Juweliersehepaar

Mit einer Pistole bewaffnet überfällt ein Geiselgangster das Wiener Juweliersehepaar Uhlir in dessen Wohnung in Meidling. Er fesselt und knebelt den Mann, nimmt die Frau als Geisel und läßt sich von ihr zum Geschäft chauffieren. Dort erbeutet er Goldschmuck im Wert von 1,4 Millionen Schilling. Dann fährt er mit der Frau in die Wohnung zurück, trifft im Stiegenhaus auf den 21jährigen Inspektor Herbert Koch und streckt ihn mit zwei Schüssen nieder. Der Verbrecher flüchtet und läßt den Millionenschmuck zurück.

Trotz weniger Anhaltspunkte gelingt es Kriminalisten des Sicherheitsbüros (Gruppe Tauscher/Dr. Geiger), den Räuber auszuforschen. Als der Verbrecher merkt, daß er beschattet wird, hechtet er in die Donau, nimmt eine 27jährige Architektin als Geisel und droht sie zu ertränken. Dennoch können die Polizisten den Hünen in einem wilden Handgemenge überwältigen.

▲ „Er kämpfte wie ein Tier“, schildern Polizisten die Festnahme des Muskelprotzes. Zuvor versuchte der Gewalttäter mit einem gekaperten Ruderboot seinen Verfolgern über die Neue Donau zu entkommen. ▶

Österreich hat die meisten Beamten

Ein europaweiter Vergleich zeigt, daß Österreich die meisten Beamten hat: Während im euopäischen Schnitt nur jeder siebente Erwerbstätige ein Beamter ist, ist in Österreich gar jeder fünfte Beschäftigte ein Staatsdiener. Angesichts dieser Zahlen bekräftigt Staatssekretär Karl Schlögl, das geplante Beamten-Sparpaket mit eiserner Hand durchziehen zu wollen.

Vergewaltigung gilt als Grund für Asyl

Im früheren Jugoslawien wird die Vergewaltigung ganz gezielt als Kriegsmittel eingesetzt. Frauen und Mädchen werden auf grausame Weise erniedrigt und verletzt. Inneniminster Einem ordnet deshalb per Erlaß an, daß die Vergewaltigung in Kriegsgebieten als Asylgrund anzuerkennen ist. F-Chef Jörg Haider kritisiert die Weisung des Ministers.

Schwammerl-Mafia räumt Wälder leer

Die „Schwammerl-Mafia“ schlägt wieder zu. Ganze Suchtrupps fanatischer Italiener durchforsten mit Funkgeräten die Tiroler Wälder, karren Speisepilze und Pfifferlinge in ihre Heimat und verkaufen sie dort um 3000 Schilling das Kilogramm. Die Tiroler Bergwacht sagt dem Treiben den Kampf an und führt mit 2300 Mann eine „Aktion scharf“ durch.

US-Serienmörder tötet 24 Frauen

Ein Serienmörder ist im amerikanischen New Orleans für den Tod von 24 Frauen verantwortlich. Die grauenvolle Mordserie nahm im August 1991 ihren Anfang. Aufgrund kriminaltechnischer Untersuchungen wird ein Verdächtiger ausgeforscht: ein Polizist, der heimlich seine eigenen Spuren verwischt und somit die Ermittlungen untergraben hat.

◀ Mit Verbissenheit kämpft Monica Seles um jeden Ball. Den wuchtigen Schlägen der 1,80 großen „Tennis-Prinzessin" kann nur „Tennis-Königin" ▶ Steffi Graf Paroli bieten. Im Finale der US-Open gewinnt Steffi, trotz aller Aufregung um ihren inhaftierten Vater Peter Graf. ▼

Krone-Chronik August '95

● Einsamer Rekord eines Wiener Polizisten: In fünfeinhalb Jahren ist er 1234 Tage im Krankenstand und bezieht weiterhin sein Gehalt.

● Der deutsche Jugendbuchautor Michael Ende („Die unendliche Geschichte") stirbt in Stuttgart im Alter von 65 Jahren an Magenkrebs.

● Englands „Känguruh" Jonathan Edwards segelt bei der Leichtathletik-WM in Göteborg im Dreisprung als erster Mensch über die 18-Meter-Marke: Weltrekord mit 18,29 Metern!

● Der Wiener Erzbischof Christoph Schönborn ernennt Caritas-Chef Mag. Helmut Schüller zum neuen Generalvikar.

● Im malaisischen Kuala Lumpur entsteht das höchste Gebäude der Welt. Die 88stöckigen Zwillingstürme sind 450 Meter hoch und werden durch eine Brücke in 170 Meter Höhe verbunden.

Triumph-Come-Back von Seles endet erst im Finale der US-Open

Unglaubliches Come-Back von Monica Seles. Drei Jahre nachdem sie von einem Irren niedergestochen wurde, geht das einstige „Tennis-Wundermädchen" gleich bei seinem ersten Turnier in Toronto als Siegerin vom Platz. Seles erreicht das Finale der US-Open und unterliegt erst der phantastisch spielenden Graf.

Die Rückkehr in den Tenniszirkus wird für die ehemalige Nummer Eins zum Triumphzug. In Toronto fegt Seles alle ihre Gegnerinnen in gewohntem „Stöhn-Stil" vom Platz und verliert keinen einzigen Satz.

Und auch bei ihrem zweiten Turnierantritt ist Monika eine Klasse für sich. Erneut verliert sie bis ins Endspiel nicht einen einzigen Satz. Trotz Übergewichts (ihr kleines Bäuchlein zeichnet sich bei dem engen Dreß deutlich ab) kämpft sich Seles bis ins Endspiel der US-Open durch. Im Duell der Weltranglistenersten kann sich aber Tenniskönigin Steffi Graf durchsetzen, die trotz aller Aufregung um ihren inhaftierten Vater grandios spielt.

Erst nach dem Drei-Satz-Sieg verliert die Deutsche die Fassung und bricht aus Verzweiflung über die Steuer-Affäre ihres Vaters in Tränen aus.

Weltweiter Protest gegen

Unnachgiebig: Jaques Chirac

Chirac zündet Bomben auf Mururoa-Atoll und treibt die „Grande Nation“ in die Isolation

Trotz weltweiter Proteste, Warnungen von Wissenschaftlern und Umweltschützern läßt Frankreichs Präsident Chirac am 5. September unter dem Mururoa-Atoll im Pazifik eine Atombombe zünden. Ein internationaler Sturm der Empörung und die Isolation Frankreichs ist die Reaktion auf die nukleare Provokation.

Obwohl laut Umfragen selbst 60 Prozent der Franzosen die Wiederaufnahme der Nuklear-Tests ablehnen, ist der neu gewählte Präsident von seinem „atomaren Muskelspiel“ nicht abzubringen. Mit acht unterirdischen Explosionen im Südpazifik will er die „Sicherheit und Glaubwürdigkeit der Waffen garantieren . . .“

Eine Sicherheitsgarantie, die nach Angaben von Geologen niemals gegeben werden kann. Denn jeder vulkanische Basaltkegel, auf dem das Mururoa-Korallenatoll sitzt, ist durch vorhergegangene 120 (!) Atomtests bereits löchrig geworden. Bei weiteren Explosionen mit Millionen Tonnen Sprengkraft droht der ganze Block auseinanderzubrechen.

„Er spielt mit dem nuklearen Feuer in einer Leichtfertigkeit, als ginge es um einen offenen Kamin im Élysée-Palast“, findet Friedrich Graupe, „Anti-Atomtest-Kämpfer“ der „Krone“, den passenden Vergleich für Chiracs Verantwortungslosigkeit. Denn sollte das Atoll jemals bersten, wäre eine Umweltkatastrophe apokalyptischen Ausmaßes die Folge. Es wäre nur eine Frage der Meeresströmungen, welche und wie große Teile des Pazifiks durch Plutonium und andere radioaktive Substanzen verseucht, wie viele Staaten und Inseln unbewohnbar würden.

Die Häufung von Schilddrüsenkrebs und Leukämieerkrankungen unter der Bevölkerung Polynesiens beweist überdies, daß der vulkanische Basaltsockel von Mururoa schon porös ist.

Die Lüge vom „sicheren Atomgrab“ in 1200 Meter Tiefe wird auch von Frankreichs Paradetaucher Jaques Costeau entlarvt: Die Fische und Meerestiere rund um das Atoll sind schwer radioaktiv belastet.

Als Protest gegen Chiracs Atomwahn starten „Greenpeace“ und die „Krone“ eine

Als Reaktion auf den ersten Atombombentest im Südpazifik starten Umweltschützer in Wien eine Protestaktion: 30 Aktivisten entern die französische Botschaft und entrollen Transparente.

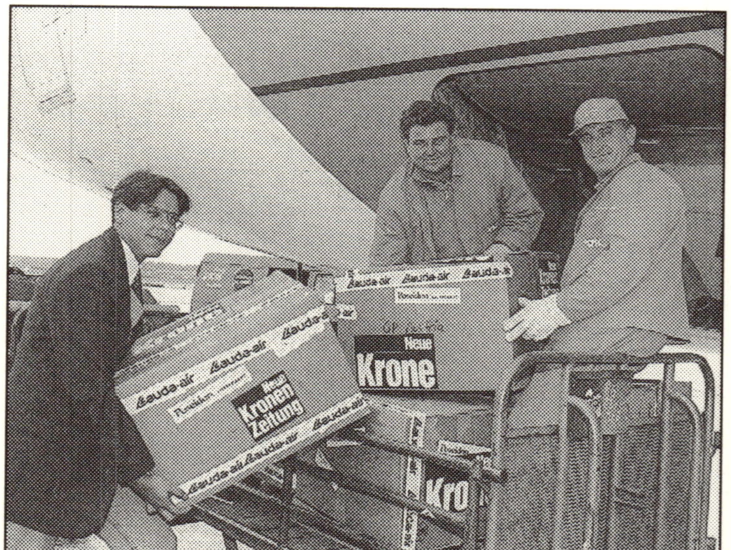

Knapp eine Million Unterschriften werden nach Paris geschickt

Frankreichs Atom-Tests

Chirac läßt das Greenpeace-Schiff „Rainbow Warrior", das die Hoffnungen der Atomgegner dieser Welt trägt, von der Marine entern

gemeinsame Aktion. Fünf Millionen Unterschriften werden gesammelt. Dank der „Krone"-Leserfamilie sowie der Unterstützung von GLOBAL 2000 und des ÖAMTC liegt Österreich mit knapp einer Million Stimmen an an der Spitze.

Außerdem stellt Greenpeace eine „Friedensflotte" auf: 35 Schiffe nehmen an der Protestfahrt teil. Die französische Marine ständig auf den Fersen, schafft es die „Rainbow-Warrior", das Flaggschiff der Umweltschützer, bis zum Sperrgebiet vorzudringen. Dem Aktivisten Heinz Smital gelingt es, bis zur Bomben-Plattform zu tauchen und die Augen der Weltöffentlichkeit auf das Atoll zu richten.

Französische Spezialeinheiten entern daraufhin die Greenpeace-Schiffe, verwüsten sie, nehmen die Besatzungen gefangen und schleppen die Boote ab. Mit der gleichen Brutalität mit der die Soldaten gegen die Aktivisten vorgehen, schreitet „Chiracs Polizei" auch in Paris ein: hundert Umweltschützer werden bei der versuchten Übergabe der Unterschriften festgenommen.

Als am 5. September die erste Bombe gezündet wird, bekommt Chirac die Folgen seiner Unnachgiebigkeit zu spüren: Wie die Explosionswellen seiner Bomben breitet sich ein Sturm der Empörung über die Welt aus. In Tahiti kommt es sogar zu revolutionsartigen Unruhen.

Mit der Zündung einer zweiten Atombombe auf dem Fangataufa-Atoll gerät die „Grande Nation" am 2. Oktober noch tiefer in die internationale Isolation.

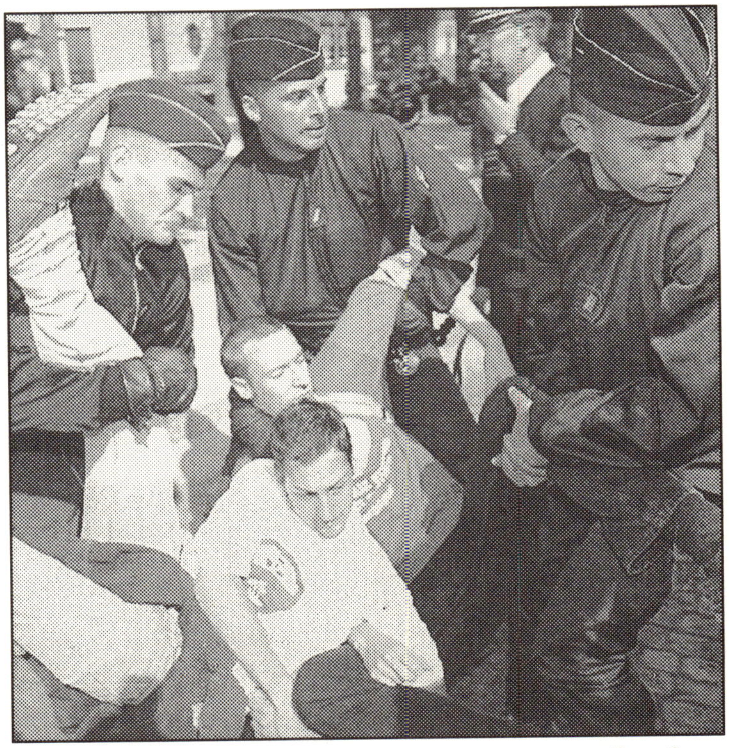

Französische Polizisten nehmen Umweltschützer in Paris fest

blick punkt

KURT SEINITZ

AUS CHINA

Anruf genügt

Wozu Staatsbesuche? Zum Beispiel deshalb: Der Bundespräsident sitzt beim Generaldirektor des großen Stahlwerks in Shanghai und versucht, ihm Österreichs umweltschonendes Corex-Stahlverfahren „schmackhaft" zu machen; eine Umwelttechnologie, bei der Österreich eine internationale Vorreiterrolle hat, und ein potentieller Milliardenauftrag aus China.

Der Bundespräsident stellt sich auf lange und schwierige Überzeugungsarbeit ein, da überrascht der Direktor mit dem Satz: Die Sache sei schon entschieden. Staats- und Parteichef Jiang Zemin habe vorher in einem persönlichen Telefonanruf gebeten, dem österreichischen Staatsoberhaupt „als besonders geschätzten Gast" entgegenzukommen.

Damit ist Österreichs Positionierung auf dem chinesischen Markt optimal gesichert (und China gilt mit enormen 60 Milliarden Dollar Devisenreserven im Gegensatz zur Ex-UdSSR als verläßlicher Zahler). Staatsbesuche sind also in jenen Ländern noch immer wichtig, in denen gesellschaftliche und wirtschaftliche Bereiche politisch entschieden werden.

Aber ist das nicht jener Jiang Zemin, dem der Bundespräsident zu Beginn des Staatsbesuches zum Thema Menschenrechte, Tibet und Atombombentests klaren Wein eingeschenkt hat? Und jener Klestil, der in Wien den Dalai Lama empfangen hatte?

Dies zeigt, daß man gegenüber Chinas Führung nicht unterwürfig aufzutreten braucht, aber auch nicht von oben herab. Auf den richtigen Ton kommt es an, was man leider von den Amerikanern und ihrer Chinapolitik nicht immer sagen kann.

***Mit dem Rallyefahren** möchte Popstar Falco 1996 beginnen. Ob er genauso erfolgreich sein wird wie Österreichs Spitzenpilot Willi Stengg (Ford), der bei der „Internationalen Mobil - Rallye" in der Region Aspang am Wechsel (NÖ) siegt, steht in den Sternen.*

Krone-Chronik September '95

- Neuseelands größter Vulkan, der 2797 Meter hohe Ruapehu, bricht am 24. September aus. Hunderte Wintersportler, die auf dem schneebedeckten Berg Ski fahren, müssen vor den Lavaströmen flüchten.
- Der ukrainische Fußballverein Kiew wird von der UEFA aus der Champions League ausgeschlossen und für drei Jahre gesperrt. Grund: Bestechungsversuch eines Schiedsrichters.
- Durch den Konsum von illegalen Diät–Pillen sterben in Deutschland sieben Menschen, Hunderte erkranken. Als prominentestes „Pillen-Opfer" erleidet Showmaster Michael Schanze einen Kreislaufkollaps.

Menschenrechte, Tibet-Problematik und Atombombentests

Klestil bei Staatsbesuch in China: Heikle Fragen offen angeschnitten

Mit Kanonensalut und Bajonettaufmarsch auf dem Tien-An-Men-Platz in Beijing steht der österreichische Staatsbesuch im Zeichen einer chinesischen Charmeoffensive. Schwerpunkt der offiziellen Visite unter der Führung von Bundespräsident Klestil sind die Verbesserung wirtschaftlicher Beziehungen.

Trotz des martialischen Begrüßungszeremoniells schneidet Bundespräsident Thomas Klestil schon im ersten Gespräch mit Staats-, Partei- und Militärchef Jiang Zemin „mit großer Deutlichkeit und Freundlichkeit kritische Fragen an, in denen wir nicht einer Meinung sind": Menschenrechte, Tibet und Atombombentests. Dennoch tut die offene Aussprache den wirtschaftlichen Beziehungen keinen Abbruch.

Die Regierungsmitglieder Vekehrsminister Klima und Umweltminister Bartenstein haben mit österreichischen Firmenvertretern Termine bei sieben chinesischen Fachministern und Regierungskommissionen.

Im Gespräch mit „Krone"-Redakteur Kurt Seinitz, der die Delegation begleitet, meint Klima über den Sinn eines solchen Staatsbesuches: „Die Firmen stellen sich oft monatelang um Termine an. Wenn der Bundespräsident kommt, sind die Kontakte sofort hergestellt."

Kontakte, die die Vorarlberger Firma Zumtobel nutzen möchte, um den Chinesen das Kaffeetrinken „beibringen" zu können. Denn im neuem „Manhattan"-Stadtteil von Shanghai hat das Vorarlberger Unternehmen einen Kaffeeverarbeitungsbetrieb eröffnet.

Klestil scherzt bei der Werksbesichtigung: „Möge China vom Teetrinken auf Kaffeetrinken umsteigen."

13 Menschen bei Amoklauf getötet

Im französischen Toulon erschlägt ein 16jähriger Lehrling seine Eltern und seinen Bruder mit einem Hammer. Anschließend schießt er mit einem Gewehr wahllos auf Passanten und tötet 13 Menschen bevor er auf offener Straße Selbstmord begeht.

Eine Million *für den Schnapser-König. Der Steirer Anton Gradwohl (Mitte) ist Österreichs bester Schnapser und gewinnt das Finale des „Krone-Memphis-Millionenschnapsens." Obwohl 30.000 Spieler teilgenommen haben, schafft Vorjahresfinalist Walter Holzer (rechts) das Unglaubliche. Er wird wieder Zweiter und erhält ein Auto im Wert von 320.000 Schilling.*

100 Milliarden Schilling

Finanzkollaps in Spitälern

Die Spitalsfinanzierung gerät 1995 an die Grenze ihrer Finanzierbarkeit. Die Kosten der 157 öffentlichen Spitäler durchbrechen erstmals die 100-Milliarden-Schilling-Schallmauer. Vor allem deshalb, da die Ausgaben jährlich um zehn Prozent gestiegen sind, deutlich höher als die Inflationsrate oder Beitragseinnahmen.

„Wenn nicht rasch eine Notoperation erfolgt, droht ein Finanzkollaps", diagnostiziert Redakteur Dieter Kindermann. Der Hauptverband der Sozialversicherungsträger fordert eine grundlegende Reform in Form eines bundesweit verbindlichen Krankenanstalten- und Ambulanzplans.

Österreicher gerät in Kugelhagel

UNO-Offizier erschossen

Ein österreichischer UNO-Offizier wird am 18. September im Zuge eines Einsatzes in der ehemaligen Sowjet-Republik Tadschikistan getötet. Das Auto, in dem Oberstleutnant Wolf Sponner (52) in der Stadt Kurgan-Tube unterwegs war, gerät in einen Kugelhagel von Scharfschützen.

„Menschliches Versagen". *Weil ein Bahnbediensteter irrtümlich ein Signal falsch stellt, donnert bei Neufeld an der Leitha ein Triebwagen gegen einen Güterzug. Die Unfallbilanz: drei Tote und zwölf zum Teil schwer verletzte Fahrgäste. Das Bild unseres „Krone"-Fotografen Helmut Horvath zeigt, daß Lokführer Gerhard Wagner keine Überlebenschance hatte.*

Galaxie am Rand des Universums

Astronomen der Europäischen Südsternwarte in Bayern entdecken eine bisher unbekannte Galaxie am Rande des Universums. Der Sternenhaufen liegt elf bis 15 Milliarden Lichtjahre von der Erde entfernt– weiter als jede andere Galaxie.

Beinahe-Katastrophe in Atom-U-Boot-Stützpunkt

In einem Atom-U-Boot-Hafen bei Murmansk kommt es beinahe zu einer Katastrophe, als ein Elektrizitätswerk wegen unbezahlter Rechnungen die Stromzufuhr abschaltet. Die Reaktoren der Boote drohen durchzuschmelzen, weil ihre Kühlsysteme ausfallen. Erst in letzter Minute kann der Atomunfall verhindert werden.

Massengrab der Serben entdeckt: 540 Todesopfer

Schock in Bosnien. Moslems und Kroaten stoßen auf ihrem Befreiungsfeldzug auf eine Horror-Spur serbischer Kriegsverbrechen. In der Nähe der westbosnischen Stadt Ključ wird das bisher größte Massengrab mit 540 verscharrten Opfern der Serben entdeckt. Die Leichen der Zivilisten sind durch Säuren entstellt.

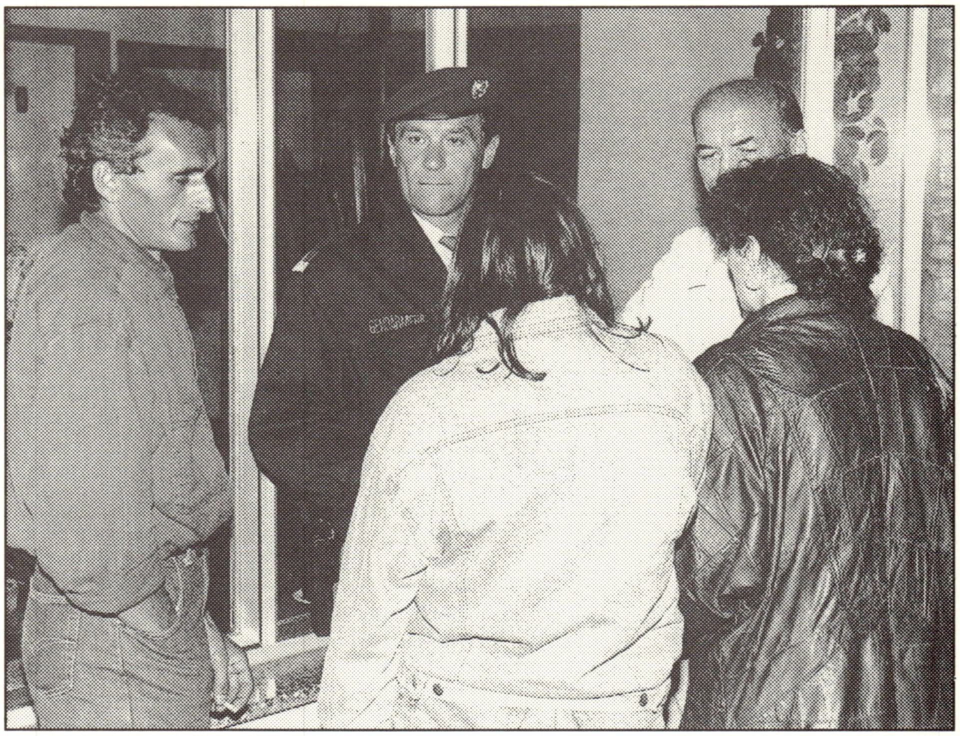

Diese Flüchtlinge wollten mit gefälschten Ausweisen über Klingenbach einreisen

Zehntausende Flüchtlinge von Menschenhändlern nach Österreich eingeschleust:

Schlag gegen die Schleppermafia

Einer der beiden Busse, mit denen die Albaner unterwegs sind

Viele der eingeschleusten Frauen müssen als Prostituierte arbeiten

Aufgrund seiner geographischen Lage und wegen seiner äußerst liberalen Gesetze entwickelt sich Österreich zur Drehscheibe der Schleppermafia. Zehntausende Flüchtlinge werden jährlich von Menschenhändlern illegal über die Grenze gebracht. Ende September gelingt der Exekutive ein Schlag gegen die Schmuggler.

Mit zwei Reisebussen versuchen Menschenschmuggler am 24. September 69 Kosovo-Albaner in Klingenbach (Burgenland) über die Grenze nach Österreich einzuschleusen. Zollwachebeamten fallen die Busse mit Schweizer Kennzeichen auf.

Bei der Kontrolle stellt sich heraus, daß zwar die Reisepässe der Insassen gültig sind, doch die für die Durchreise durch Österreich notwendigen „Schweizer Ausländerausweise" werden als Fälschungen erkannt. Im Gespräch mit den Beamten geben die Albaner an, rund 10.000 Schilling pro Person für die Schmuggelfahrt bezahlt zu haben. Die 48 Erwachsenen und 21 Kinder werden zurückgeschickt.

Zwei Tage später gelingt der Exekutive ein massiver Schlag gegen die Hintermänner des Menschenschmuggels. In Wien wird ein internationaler Schlepperring ausgehoben, der in den vergangenen Jahren etwa 5000 Menschen aus Ex-Jugoslawien illegal über die Grenze gebracht hat. Unter der Führung eines Kaffeehausbesitzers wurden die Grenzgänger nach Österreich eingeschleust. 22 Handlanger des skrupellosen Menschenhändlers werden ebenso verhaftet.

Für viele der weiblichen Flüchtlinge endete die Flucht aus dem Kriegsgebiet in einem weiteren Martyrium. Als Tänzerinnen angeheuert, landeten Dutzende Mädchen in Nachtklubs und wurden mit Drohungen und Schlägen gezwungen, als Sexsklavinnen zu arbeiten.

Krone-Chronik September '95

● Amerikas „Rock-Oma" Tina Turner singt den von „U 2"-Star Bono komponierten Titelsong für den neuen „James Bond"-Thriller „Golden Eye".

● Aus Geldgier verbrennt eine 31jährige Japanerin in Osaka ihre Tochter. Als sie für die Elfjährige die Lebensversicherung kassieren will, wird die Frau verhaftet.

● Das Ozon-Loch über der Antarktis ist 1995 so groß wie noch nie. Die schützende Schicht ist in einem Gebiet der Größe Mitteleuropas stark geschädigt.

● Dem FC Linz gelingt es, den mexikanischen Stürmerstar Hugo Sanchez zu verpflichten. Der Spieler hat allein bei Real Madrid und Rayo Vallecano 800 (!) Millionen Schilling verdient.

● In seinem letzten Sandplatzturnier des Jahres in Bukarest schafft Thomas Muster einen Tennis-Weltrekord. Mit seinem Sieg über Gilbert Schaller gewinnt er als erster elf ATP-Turniere in einer Saison.

„Die Wilde mit ihrer Maschin'." Die Abwandlung der legendären „Motorrad-Hymne" von Helmut Qualtinger bezieht sich auf den großen Zweirad-Boom, den 1995 Österreichs Frauen auslösen. Noch nie zuvor wurden so viele Feuerstühle vom „schwachen Geschlecht" erstanden.

***Ein Mann gegen den Strom.** Als gewichtiger Talkmaster führt Hermes Phettberg in seiner „Nette Leit Show" geistreiche Plaudereien mit Zeitgenossen. Bei Eierlikör und Fruchtsaft lockt Phänomen Phettberg seine Gäste aus der Reserve und garantiert spannende Fernsehabende.*

Die Lebenserwartung steigt an: Immer mehr Frauen werden 95

Bessere Lebensbedingungen, gute ärztliche Versorgung und enormer Rückgang der Kindersterblichkeit. Das sind die Gründe, weshalb die Österreicher immer älter werden. 1995 leben 4422 Menschen in der Alpenrepublik, die das biblische Alter von 95 Jahren erreicht haben. 83,5 Prozent der Methusalems sind Frauen.

„Seit zehn Jahren steigt die Lebenserwartung. Bei den Frauen gibt es diesen Trend bereits seit den späten siebziger Jahren, bei den Männern kristallisierte sich das erst später heraus", erklärt Dr. Josef Kytir im Gespräch mit „Krone" Redakteur Reinhard Kaufmann. Die nüchternen Zahlen ergeben folgendes Bild: „1952 gab es nur 416 Österreicher, die 95 oder mehr Jahre „auf dem Buckel" hatten. Nun ist die Zahl zehnmal so hoch. Die Mehrzahl der Methusalems lebt in Wien.

Auf die Hilfe des Herrn vertraut Bischof Kurt Krenn am Mittwoch, dem 6. September, im Fußball-EM-Qualifikationsmatch gegen die Iren im Wiener Ernst-Happel-Stadion. Und der Herr hilft wirklich – das österreichische Nationalteam siegt in einem kämpferischen Spiel 3:1. Held des Abends ist der Rapidler und Ex-Innsbrucker Peter Stöger, der eine Weltklasseleistung bietet und alle drei Treffer erzielt.

Saddam bettelt um politisches Asyl

Iraks Militärdiktator, der sich nach der Golfkriegs-Schlappe nicht erholt und für den es in der Heimat immer enger wird, sucht in einem Bittbrief an Mauretaniens Regierung um politisches Asyl an. Offenbar fürchtet der Despot, vor dessen Schreckensherrschaft sogar die eigene Familie geflüchtet ist, plötzlich die Rache seines geknechteten Volkes.

Die VOEST geht an die Börse

Der VOEST-Alpine-Stahl-Konzern wird privatisiert. In einem ersten Schritt werden 28 Prozent der Aktien an Anleger im In- und Ausland verkauft. Dadurch sinkt der Anteil des Staates auf 49 Prozent. Die VOEST-Alpine-Stahl beschäftigt im September 15.000 Mitarbeiter und erzielt 1995 einen Rekordgewinn von mehr als zwei Milliarden Schilling.

Slowaken liefern Kovac junior gefesselt in Hainburg (NÖ) ab

Präsidentensohn wird zum Opfer einer Geheimdienst-Intrige!

Michael Kovac, der Sohn des slowakischen Staatsoberhauptes, wird zum Opfer des Machtkampfes zwischen seinem Vater und dem populistischen Regierungschef Vladimir Meciar. Geheimpolizisten entführen den 34jährigen und liefern ihn gefesselt vor dem grenznahen Gendarmerieposten Hainburg (NÖ) ab.

Die spannendsten Spionagethriller schreibt das Leben: Acht Männer in zwei Autos zwingen den 34jährigen in einem Vorort von Preßburg, seinen Mercedes anzuhalten, und überwältigen ihn mit Pistolen und Elektroschock-Geräten. Sie foltern und fesseln den Präsidenten-Sohn, schmuggeln ihn am hellichten Tag über die Grenze nach Österreich. Um 17 Uhr meldet sich beim Gendarmerieposten Hainburg ein anonymer Anrufer: „In einem Mercedes vor ihrer Tür liegt der Sohn des slowakischen Präsidenten."

Der Hintergrund der Entführung in KGB-Stil ist bald klar. Deutsche Behörden haben bereits vor Monaten einen Haftbefehl gegen Kovac junior erlassen, weil er in Verdacht steht, an einem Millionenbetrug bei Textilgeschäften beteiligt gewesen zu sein. Da aber die Slowakei den 34jährigen natürlich niemals ausgeliefert hätte, wurde er auf äußerst unelegante Weise den Österreichern „übergeben".

Die Drahtzieher sind offensichtlich regimetreue Geheimpolizisten, die dem gemäßigten Präsidenten Kovac schaden wollen, der Meciar stürzen will. Was ihm in der Vergangenheit bereits zweimal gelungen ist . . .

*Die **„Barbie-Puppn-Doll"** (Copyright: Christina „Mörtelline" Lugner) beehrt Wien: La Toya, prominente Schwester des Popstars Michael Jackson, taucht überraschend zu einer Premierenfeier im Wiener Szene-Lokal „Brahms & Liszt" auf, wo sie sich bestens mit dem jungverheirateten Schwerenöter Franz Antel unterhält.*

***Manege frei** heißt es Anfang September wieder im „Cirkus Roncalli". Direktor Bernhard Paul und seine Künstler entführen das Publikum in ihrem Zelt vor dem Wiener Rathaus in die phantastische Welt des Varietès. „Ein genialisch inszenierter Traum", wie Adabei Michael Jeannée begeistert feststellt.*

Magistratsbeamte schützen sich mit Geheimzeichen vor Strafen

„Krone" deckt Riesenskandal um Wiener Park-Sheriffs auf

Die als schikanös und gnadenlos geltenden Rathaus-Polizisten der Gemeinde Wien haben eigene „Pickerl" entworfen, um ihre Vehikel ungestraft in Kurzparkzonen abstellen zu können. Ein eindeutiger Amtsmißbrauch, den die „Krone" im September aufdeckt.

In einer Druckerei haben die Park-Sheriffs das Geheimzeichen, ein lila „Pikkerl" mit einem verschnörkelten „G", anfertigen lassen und auf die Scheiben ihrer Privatautos geklebt. sie dienten als internes Erkennungsmerkmal und Aufforderung an die netten Kollegen, keinen Strafzettel auszufüllen.Während also die „gewöhnlichen" Autofahrer und Bürger in Kurzparkzonen kräftig „blechen" mußten, erfreuten die Beamten sich kostenloser Dauerabstellplätze. Verkehrsstadtrat Fritz Svihalek reagiert nach Auffliegen des Skandals prompt: Wer das „Geheim-Pickerl" verwendet hat, wird fristlos entlassen.

Immer mehr leben als „Singles"

Kleine Wohnungen sind gefragt, in Österreich leben immer mehr „Singles". Fast jeder dritte Haushalt besteht aus einer Person, in Wien leben die meisten „Singles". Von den 400.000 alleinstehenden Frauen sind es viele unfreiwillig – sie haben die höhere Lebenserwartung . . .

Was Schulkinder wirklich kosten

Die AK rechnet vor, was Schulkinder die Eltern tatsächlich kosten – zwischen 7850 und 26.900 Schilling pro Jahr, je nach Alter und Schulstufe. Die größten Brocken sind die Ausgaben für die Kleidung. Für Nachhilfe geben die Österreicher jährlich 1,4 Milliarden aus.

Arafat wird vom Papst empfangen

Der Aufstieg des einstigen Terroristen zum Friedens-Nobelpreisträger und Nahost-„Superstar" ist nicht zu bremsen: Im Zuge seines Italien-Besuches wird Yassir Arafrat von Papst Johannes Paul II. in dessen Sommerresidenz Castel Gandolfo im September zu einer Privataudienz empfangen.

● Pistole und „Vertrauensseligkeit" überführen 42jährigen Ex-Häftling ● Der Schwerverbrecher ist auch das „Phantom vom Wienerwald"

Garagenmord:

Eine Heeres-Pistole und seine Vertrauensseligkeit überführen einen Ex-Häftling zweier spektakulärer Verbrechen.

2. August 1995: Der 61jährige Pensionist Horst Langenecker kehrt um 2 Uhr früh von seiner Kartenrunde nach Hause. Er fährt mit dem Wagen in das Parkhaus Burggasse in Wien-Neubau. Und trifft auf seinen Mörder, der ihn mit drei Brustschüssen niederstreckt.

11. August 1995. Ein 46jähriger Geschäftsmann geht mit einer Bekannten auf dem Kahlenberg spazieren. Auf einem Waldweg werden die beiden um 20.30 überfallen. Ein Mann fordert das Paar auf, sich auf eine Bank zu setzen. Als der 46jährige nicht sofort reagiert, schießt er ihm in den Unterschenkel, läßt sich 60.000 Schilling aushändigen und flüchtet.

Zunächst ist kein Zusammenhang zwischen den zwei Verbrechen erkennbar. Die Kriminalisten beginnen mit Routineermittlungen in Zusammenhang mit dem Garagenmord. Was den Raubüberfall am Kahlenberg betrifft, so fertigen sie mit den Zeugen ein Fahndungsbild an. Wochenlang hält die Jagd nach dem „Phantom vom Wienerwald" die Öffentlichkeit in Atem.

Bis ein Untersuchungsergebnis der Experten der Spurensicherung vorliegt – beide Verbrechen wurden mit derselben Waffe begangen! Und zwar mit einer Pistole des Typs „Glock", mit der auch die Exekutive und das Bundesheer ausgerüstet sind. Charakteristisch sind die Projektile: Schweizer Armeemunition, im Handel nicht erhältlich. Der Mord und der Raub mußten also von ein und demselben Täter begangen worden sein.

Dann geht es Schlag auf Schlag: Die Kriminalisten finden heraus, daß die Munition und die Pistolen vor Jahren aus der Prinz-Eugen-Kaserne in Stockerau (NÖ) verschwunden sind. Als bekannt wird, daß österreichweit nach den Waffen gefahndet wird, werden dem Dieb, der damals Präsenzdiener war, zwei Pistolen, die sich noch in seinem Besitz befinden, zu heiß. Er wirft sie in einen Altmetallcontainer in Wien-Favoriten, wo sie am 26. August gefunden werden. Die Waffen stammen aus derselben Serie und führen die Ermittler direkt zum Dieb.

Der erinnert sich, eine Waffe an den 42jährigen Walter F. verkauft zu haben: „Ich habe ihn während einer Zugfahrt kennengelernt, und er hat mir erzählt, daß er elf Jahre wegen eines Bankraubes gesessen ist und am 14. Juli entlassen wurde." Einer der spektakulärsten Bankraube der Geschichte: Im Juli 1984 erbeutete der damals 31jährige in einer Bank in Wien-Ottakring mit einer Pumpgun 800.000 Schilling und nahm auf der Flucht in der nahen Zentrale des Bücherbundes drei Frauen als Geiseln.

Die Vertrauensseligkeit gegenüber dem Waffendieb wird Walter F. zum Ver-

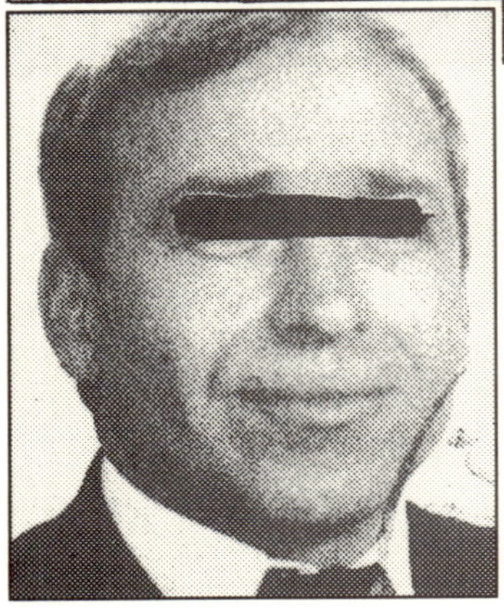

Der Bankräuber nach seiner Verhaftung 1984 (oben) und nach seiner Verhaftung 1995 (links). Unten: Die drei Frauen, die er fünf Stunden mit einer Pumpgun in Schach hielt

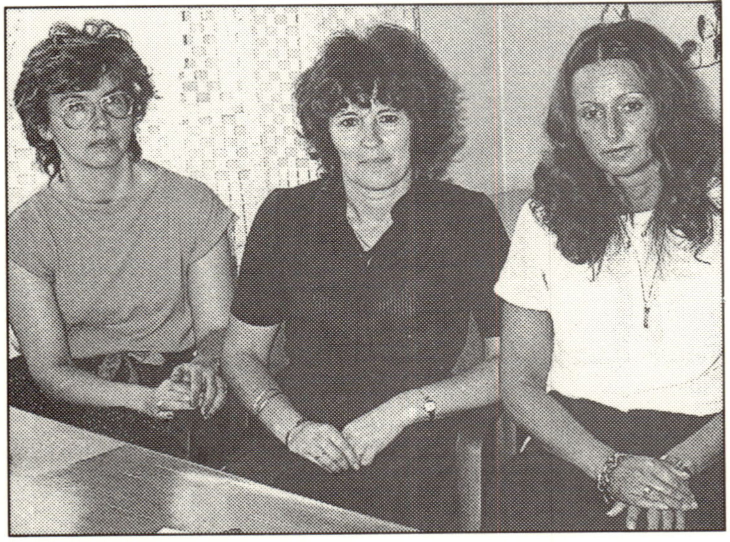

Die Kartenfreunde des Pensionisten, 24 Stunden nach dem Mord: „Horst muß da in etwas hineingetappt sein." Sie hatten recht ...

Die Jagd ist zu Ende

hängnis. Am 19. September 1995 wird er in der Wohnung seines Bruders verhaftet und legt ein Geständnis ab. Er habe dringend Geld gebraucht, wollte wieder eine Bank überfallen und in der Garage ein Fluchtauto stehlen. Der Pensionist hatte ihn dabei überrascht – das Todesurteil. Danach hatte der Ex-Häftling es auf den Mercedes des Geschäftsmannes abgesehen, den er auf dem Kahlenberg-Parkplatz beobachtet hatte. Aber er war von der Höhe der Geldbeute überrascht. Und daher „zufrieden", wie er lakonisch feststellt.

Das Parkhaus in der Burggasse, in dem der Pensionist (kl. Bild) mit drei Brustschüssen niedergestreckt wurde

Als Würstelmann bei der Wiener Staatsoper löst José Carreras eine verlorene Wette aus „Wetten daß . . .?" ein. Mit den verkauften „Burenhäuteln" sammelt der Startenor Geld für seine Leukämie-Foundation.

Originale gegen billige Drucke getauscht

Krimi um gefälschte Dürer im Stift Lambach

„Dieser Dürer-Stich ist eine Fälschung. Ein billiger Rasterdruck." Mit dieser Nachricht konfrontiert Restauratorin Mag. Karin Troschke den Kustos der Graphik-Sammlung im oberösterreichischen Stift Lambach. Bei genauer Untersuchung der insgesamt 176 Kupferstiche werden 26 Fälschungen entdeckt.

Was in Lambach also als gigantischer Schatz gehütet wurde, erweist sich zumindest teilweise als billiger Kunstdruck. Kustos Frater Benedikt Weingartner beziffert den Wert der verschwundenen Originale pro Blatt mit 100.000 Schilling bis zu einer Million.

Der Zufall führt bei der Entdeckung der Fälschungen Regie. Frater Benedikt übergibt einen für eine Proberestaurierung willkürlich ausgewählten Stich an Karin Troschke, die Präsidentin des Österreichischen Restauratorenverbandes. Und die Expertin erkennt die Imitation sofort.

Wie Recherchen im Stift selbst ergeben, wurden die Originale höchstwahrscheinlich bereits vor mehr als 30 Jahren ausgetauscht. Damals waren sie für Ausstellungen und Restaurationsarbeiten außer Haus und in barocke Bücher geklebt. Ehe die Blätter dann in einer Wiener Werkstätte herausgelöst und in Passepartouts gefaßt wurden. Da die Passepartouts unbeschädigt sind, können die Dürer-Graphiken nur in dieser kurzen Zeit zwischen Herauslösen und Neufassen ausgetauscht worden sein. Von einem Dürer-Fan, der dem Stift seine billigen Drucke unterjubelte.

Bei der – fast hoffnungslosen – Suche nach dem Täter stehen sogar Mönche unter Verdacht.

Rapid verteidigt die Fußball-Ehre

Mit einem 3:1 im Heimspiel und 0:0 auswärts gegen den rumänischen Verein Petrolul Ploiesti übersteht Rapid Wien als einzig österreichischer Verein die erste Runde in einem Europa-Bewerb und verteidigt damit Österreichs Fußballehre. Salzburg, Sturm, Austria und Tirol sind ausgeschieden.

Wieder Wirbel um Minister Einem

Wenig politisches Gefühl beweist einmal mehr Innenminister Einem, als er mitten in angespannten Budgetverhandlungen zum „Sparpaket 2" eine Liberalisierung der Ausländer-Gesetze vorschlägt, die Tür und Tor für Zuwanderer öffnen würden. Der Regierungspartner ÖVP ist entsetzt, Haider fordert den Rücktritt Einems.

Der große Albrecht Dürer (1471-1528) im Selbstporträt

Jubiläums – Bombe in der Donau: 250 Kilo, „made in the USA"

Ein Wunder, daß noch nichts passierte

Kraftwerk Wien legt Fliegerbomben frei

Einen besonders dicken „Fisch" müssen die Experten des Innenministeriums entschärfen: Am 14. September schaufelt ein Donaubaggerschiff unweit der Baustelle zum Wiener Kraftwerk Freudenau eine 250Kilo schwere US-Fliegerbombe aus dem Grundschlamm. Für die Besatzung gefährlicher Alltag.

Denn die Monster-Grabungsarbeiten zur Staustufe Wien haben bisher nicht weniger als 40 hochgefährliche Fliegerbomben aus dem 2. Weltkrieg ans Tageslicht gebracht. Warum die Donau so „Sprengstoff-verseucht" ist? Weil die Alliierten den Ölhafen, die Donaubrücken und die Lagerhäuser am Handelskai mit Bombenteppichen zudeckten. „Es ist ein Wunder, daß es noch nicht gescheppert hat", erklärt ein Mann des Entminungsdienstes, „denn die Dinger sind nach wie vor hochexplosiv". Er trägt seinen brisanten Job ebenso mit Fassung wie der Kapitän des Baggerschiffes: „Uns überrascht es nicht mehr, wenn etwas auf der Schaufel liegt."

Krone-Chronik September '95

- Aus einer Tiroler Bezirkszeitung erfährt die 27jährige Sonja Wobornik, daß nach nur sieben Monaten ihre Ehe mit dem Songcontest-Barden Tony Vegas gescheitert ist. Er hat sich in eine wohlsituierte Innsbruckerin verliebt.
- Für Verwirrung sorgt der Vorschlag Niki Laudas, anstelle von Zeltweg in der Bundeshauptstadt einen Formel-1-Grand-Prix zu veranstalten. Bürgermeister Häupl winkt ab, die Wiener geben ihm in einer Umfrage recht.
- Bei einem Tennis-Staatsligaspiel des TC Burgenland gegen Villach dreht Alexander Antonitsch durch und schlägt den Betreuer seines Gegners mit dem Racket k.o.
- Josef Cap ist seinen Job als Bundesgeschäftsführer der SPÖ los. Er wird von Brigitte Ederer abgelöst.
- Motorsportfans gedenken des 25. Todestages der Rennfahrer-Legende Jochen Rindt.
- In Italien beginnt der für vier Jahre anberaumte Mafia-Prozeß gegen den 76jährigen Ex-Ministerpräsidenten Giulio Andreotti. Gegner fürchten sich vor 2000 kompromittierenden Geheimdossiers, die er in einem Privatarchiv angelegt hat.

In Österreich sind bereits 1000 Menschen an AIDS gestorben

Aufrüttelnde Video-Clips gegen die gemeinste Krankheit der Welt

AIDS ist, wie „Krone"-Redakteurin Marga Swoboda in einer Reportage berührend schreibt, eine Krankheit, an der man zweimal stirbt: Der Körper zerfällt und die Seele geht an der Ächtung zugrunde. Dabei ist der Virus mitten unter uns. Eine Seuche, für die man niemand verachten darf, da sie jeden erwischen kann . . .

Und genau das wollen Hannes Rossacher und Rudi Dolezal in einer aufsehenerregenden Video-Clip-Serie begreiflich machen. In 30 Fernsehspots, die im September starten, versuchen sie zu erklären, daß wir nicht die Augen vor den Gefahren der Sex-Seuche verschließen dürfen. Zumal bereits 1000 Österreicher am tödlichen Virus gestorben sind. Publikumslieblinge sprechen schonungslos darüber, wie sie mit AIDS und Schutzmaßnahmen umgehen. So auch Rebecca Armstrong, früheres Playboy-Playmate, heute 28 und AIDS-krank. Sie hat, wie sie sagt, alles zu spät begriffen. Und will jetzt andere davor bewahren.

AIDS-Model Rebecca (28)

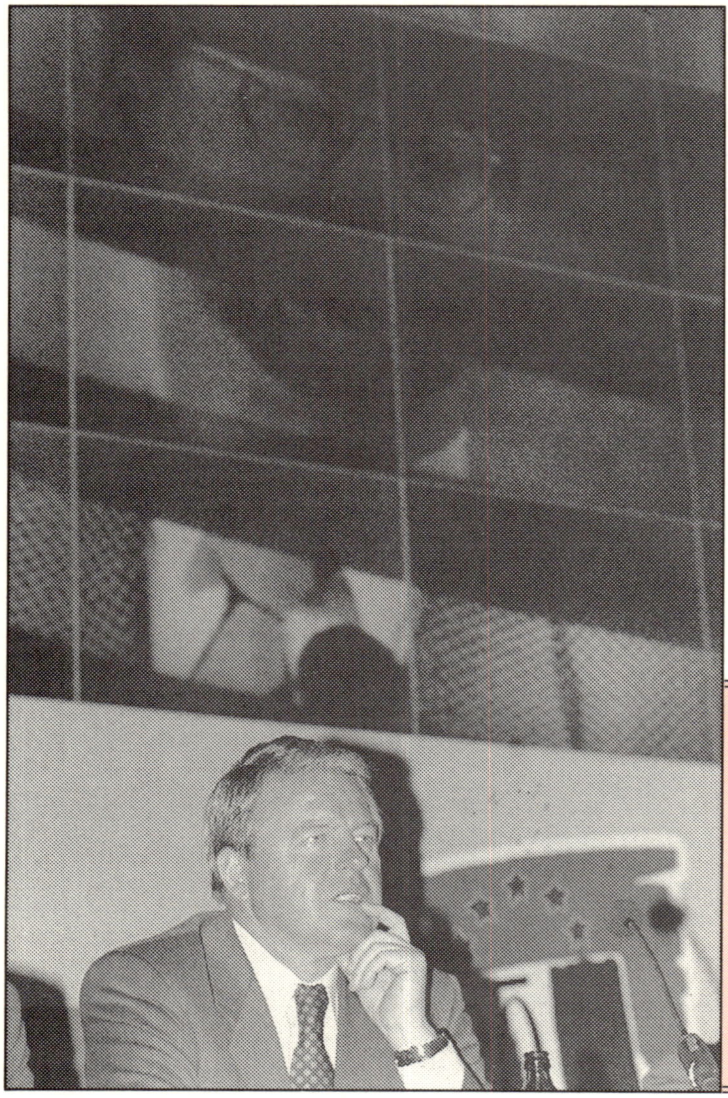

Ernste Miene macht am Bundesparteitag Franz Vranitzky. Seiner SPÖ weht nach desaströsen Budgetverhandlungen der Wind ins Gesicht. Gleichsam drohend erscheint auf der Videowand über ihm der deutsche SPD-Vorsitzende und Ehrengast Rudolf Scharping, dessen Partei die größte Krise seit 1945 durchmacht.

Folge verantwortungsloser Umweltpolitik

Die Russen sind vom Aussterben bedroht

Als Folge jahrzehntelanger verantwortungsloser Umweltpolitik in der früheren Sowjetunion – etwa durch oberirdische Atomtests – sterben die Russen buchstäblich aus. Das ist das Resultat einer Untersuchung amerikanischer Wissenschafter. So beträgt die Lebenserwartung der Männer nur 57 Jahre.

Aber auch die Geburtenrate in der früheren kommunistischen Supermacht ist niedriger als in allen anderen Staaten, macht genau die Hälfte der Todesfälle aus. Im vergangenen Jahr wurden in dem Land mit 150 Millionen Einwohnern nur 1,4 Millionen Kinder zur Welt gebracht, während drei Millionen Menschen starben. Die Neugeborenen weisen oft schwere Geburtsfehler auf, vier Prozent starben im ersten Lebensjahr. Fast 50 Prozent der Schulkinder leiden an chronischen Krankheiten.

Diese verheerenden Zustände sind das Resultat jahrzehntelanger Atomversuche, die meist ohne ausreichende Schutzmaßnahmen für die Bevölkerung durchgeführt wurden. Andere Ursachen sind die Verpestung der Flüsse durch Chemikalien, der Mißbrauch von Kunstdünger in der Landwirtschaft und Mangel an Impfstoffen.

Heiteres Bezirksgericht

Kein Tau von Geschichte

„Am sexazwanzichsten Oktober hamma in Nationäufeiadoch", sagte Hans P. im Gasthaus zu seinen Freunden. „Wegn was hamma den eigentlich? Wann i nur wißt, was an den Tag war." „Da war der Kriag aus", antwortete Karl G. „Des könntast eigentle wißn." „Ja, vielleicht der erste", meinte Hans P. „Aber der zweite war im Mai aus. I kann mi no genau erinnern. Mir habn in der Gfangenschaft Maiglöckerln gfreßn, so hungrich war ma."

„Es sads dar Patriotn", meinte ein dritter. „Am sexazwanzichstn hat der Altbundeskanzla Figl sälig Geburtstag gehabt. Der Vata des Staatsvertrages."

„Des kannst deiner Großmutter derzähln", sagte Hans P. „Aber net mir. Weil i bin amal dazuakumma, wia er in Gumpoldskirchn Geburtstag gfeiert hat. Mei Liaber! Der Poldl hat mehr vertragn wia mir alle mitananaer. Und de Feier war am 2. Oktober, net am sechsazwanzigstn!"

„Jetzt paßts aber auf, daß eich net a Schulbua zuahört", meinte der Wirt. „Wißts, warum ma den Nationäufeiertag habn? Am sechsazwanzichsten Oktoba hat der Kaiser Karl de Zita gheirat! Ja, des warn no Zeitn! Da hat a Wirt no net so vü Steuern zahln miaßn wia heut".

„Es habts ja alle mitananda kan Tau von der Geschichte", lallte der schon sehr alkoholisierte Maurer Franz J. „So was anfachs, und es wißt es net! Am sessaswanzigsten Oktoba in – wann war des gschwind? – in Fünfafuffzgajahr! Da is der letzte Russ, der letzte Besatzungssoldat, aus Österreich furt. I waß des, i war dabei. So a klaner war's, a Mongole. Der hat ma no an der Grenz untn bei Breßbuach mei Uhr wegnumma. Und deswechn hamma in Nasäufeiadag! Wäu de Uhr war österreichisches Eigndum! Wett ma um zehn Liter, daß i recht hab, es Teppn!"

Die anderen schimpften zurück. Und so landete die Runde vor dem Bezirksrichter, wo es zu gegenseitigen Ehrenerklärungen kam.

Je kleiner die Last am Rücken, desto größer die Lust am Lernen. Daher läßt der Wiener Stadtschulratspräsident Kurt Scholz in mehreren Schulen die Taschen und Rucksäcke der Kinder wiegen. Bei einigen gibt es gute Werte um zwei Kilo, manche Klassenkollegen stöhnen aber unter äußerst ungesunden zehn Kilogramm!

Party-Droge löst Hirnschäden aus

Die Party-Droge „Ecstasy", vor allem in der Wiener Rave- und Clubbingszene gefährlich „in", schädigt wichtige Nervenbahnen im Gehirn und führt bei regelmäßigem Konsum zu geistigem Verfall. Das ist das alarmierende Ergebnis einer US-Studie.

„Killer-Hunde" beißen nicht

Auf die angeblichen „Killer-Hunde" – etwa Rottweiler, Doggen und Bullterrier – gehen einer behördlichen Statistik zufolge nur 0,4 Prozent aller Hundebisse, an den restlichen 99,6 Prozent sind die „harmlosen" Rassen schuld.

Studie des ÖAMTC beweist: Das Geld liegt auf der Straße

Unnötige Stauungen kosten uns jährlich 87 Milliarden Schilling

Wenn es nach den Ergebnissen einer Studie des ÖAMTC und der Wirtschaftsuniversität Wien geht, so gibt es keinerlei Argumente gegen einen vernünftigen Endausbau des österreichischen Straßennetzes: Denn allein durch Staus entstehen Jahr für Jahr durchaus vermeidbare Kosten von 87 Milliarden Schilling!

Das Geld, das angeblich an allen Ecken und Enden fehlt, liegt also auf der Straße – 87 Milliarden Schilling, das ist beinahe das gesamte veranschlagte Budget-Defizit für 1996. Wobei der Autor der Studie, Dr. Klaus Schierhackl, nicht einmal von der teuersten Variante ausgeht.

Er präsentiert von drei Szenarien nur das realistische. Die nackten Zahlen lesen sich so:

- In den Blechkolonnen werden 341 Millionen Liter Benzin und 267 Millionen Liter Diesel unnötig in die Luft geblasen – genügend Treibstoff, um alle in Wien zugelassenen Autos ein Jahr lang zu betreiben.
- Die Staus kosten jeden einzelnen Österreicher, vom Säugling bis zum Großvater, 10.000 Schilling pro Jahr.
- Jährlich vergeuden wir in Staus 361 Millionen Stunden, das sind rund 41.210 Jahre verschenkter Wirtschaftskraft und lebenswerter Freizeit.

Messerscharfer Schluß des ÖAMTC daher: Es ist unbedingt notwendig, Österreichs Haupt-Staupunkte zu entschärfen. An den Mitteln für eine Südumfahrung Wiens oder Klagenfurts – um zwei wichtige Beispiele zu nennen, kann es nach diesen volkswirtschaftlichen Berechnungen nicht fehlen.

Die Mafia mischt sogar bei unseren Müllgeschäften mit

Jährlich verschwinden in Österreich Tonnen Sondermüll. Für gefährliche Stoffe werden zwar Entsorgungs-Beträge kassiert, die Giftbomben landen aber auf illegalen Deponien oder im Ausland.

Das Geschäft mit der Sondermüll-Entsorgung in Österreich ist ein neues Betätigungsfeld für Kriminelle. Die Strafen sind lächerlich gering, obwohl von der Rotlicht-Szene über Geheimdienste bis zur Mafia alle kräftig mitmischen. So wurde beispielsweise giftige Klärschlacke gestreckt und in Sizilien als Kunstdünger verkauft . . .

Menschlich betrachtet

VON PROFESSOR REINALD HÜBL

Lieber Helmut!

SEHR GLÜCKLICH hatte er nicht dreingeschaut, unser Herausgeber Hans Dichand, als ich ihm im Februar mitteilte, daß ich mich nach 45 Intensiv-Jahren in Zeitungsredaktionen und nach fast 17 Jahren Tätigkeit als Ombudsman schön langsam von dieser Aufgabe zurückziehen möchte.

Er und ich waren zuerst ratlos, wer denn die wichtige Arbeit im Dienst der Krone-Leser übernehmen könnte. Dann hat er Dich, Helmut Zilk, meinen

Lichtblick am Mittwoch

Vorgänger, als meinen Nachfolger aus dem Hut gezogen. Nur einem Dichand fällt so ein Geniestreich ein. Und Du hast gesagt: „Wenn der Hübl damit einverstanden ist, mach' ich es." Ich bin sehr einverstanden! Alles Gute, Helmut!

So danke ich jetzt vielen Menschen für das Vertrauen, das sie mir geschenkt hatten, wenn sie um Hilfe baten – in manchem Jahr waren es 10.000 Briefe! – ich danke dem eingeschworenen Team von fachkundigen, fröhlichen Kolleginnen und Kollegen in der Redaktion. Ich danke Politikern, Beamten und Firmenchefs, die uns so oft geholfen haben zu helfen.

Ja und meiner Marianne, Ehefrau, Journalistin und Mutter unseres Sohnes, der will ich eine Liebeserklärung machen: Sie hat immer mit Geduld zugehört, wenn der Ombudsman Probleme hatte, ist mir mit Hausverstand und Klugheit zur Seite gestanden und war – wie die Frau von einem Pastor – für viele hilfesuchende Menschen die erste Anlaufstelle. Danke, Marianne!

Diese Kolumne aber, das „Menschlich betrachtet", schreibe ich weiter. Täglich und mit großer Freude.

Wiens Altbürgermeister kämpft für das Recht unserer Leser

Helmut Zilk löst Reinald Hübl als Ombudsman der „Krone" ab

„Nach 16 Jahren kehre ich nun wieder in die ‚Kronen Zeitung' heim, von der ich dereinst für eine späte, aber interessante Politkarriere Abschied nahm", begrüßt Wiens Altbürgermeister Dr. Helmut Zilk die „Krone"-Leser in seiner Antritts-Kolumne. Als neuer Ombudsman wird er für ihre Rechte kämpfen.

Ab 4. Oktober heißt der Ombudsman wieder Helmut Zilk. 1975 hatte er begonnen die „Ombuds-Seiten" in der „Krone" aufzubauen. Und hat vier Jahre später die Agenden an Reinald Hübl übergeben. „Ich war glücklich, daß nach meinem Ausscheiden einer der profiliertesten Journalisten dieses Landes mein ‚Amt' übernahm", zeigt sich Zilk von der Arbeit Hübls beeindruckt. Denn die Leistung, die der Professor erbracht hat, schlägt sich in einer Zahl nieder: 50.000 Menschen haben seit 1979 bei der „Krone" Hilfe gesucht und sie auch gefunden.

Neuer „alter" Ombudsman Zilk mit Redakteurin Gabriela Gödel

Als neuer Ombudsman möchte Zilk jenen Menschen, die unverschuldet, aber auch durch ihre eigene Schuld mit Problemen ihres Lebens nicht fertig werden, zur Seite stehen. „Benachteiligung, Unrecht, Erniedrigung und Verfolgung in kleinen – für die Betroffenen aber oft schwerwiegenden – Fällen werden unsere ganze Aufmerksamkeit finden", verspricht Zilk.

Unter der Redaktionsleitung von Gabriela Gödel wird sich das Ombudsmanteam besonders jenen Fehlleistungen und Mängeln widmen, die ihre Wurzeln im Versagen von Organisationen in Staat und Gesellschaft haben und das Leben der Bürger unnötig belasten.

Jahrhundert-Prozeß: Freispruch für O.J.

Mit einem unerwarteten Urteil endet der US-Prozeß des Jahrhunderts in Los Angeles: Nach nur vierstündiger Beratung sprechen die Geschworenen den Ex-Footballstar O.J. Simpson einstimmig vom Vorwurf des Doppelmords an seiner Ex-Frau und deren Begleiter Ron Goldman frei. Viele glauben an ein politisch motiviertes Urteil, da die Tatsache, daß es rassistische Polizisten gibt, im Prozeß schwerer wog, als die DNA-Analysen. O.J. kann nie wieder desselben Vergehens angeklagt werden.

Österreicher siegen bei Rallye-WM-Lauf

Großartiger Sieg von Johann Schachinger und „Krone"-Lokalredakteur Reinhard Kaufmann bei der zur Weltmeisterschaft zählenden „RALLYE SANREMO" in Italien. Mit ihrem Mazda GTR gewinnen die beiden Niederösterreicher die Wertung der seriennahen Fahrzeuge. Im Ziel beträgt ihr Vorsprung auf die Zweitplazierten Tagliani/Risso sensationelle 6:57 Minuten. Damit beweisen Schachinger/Kaufmann, daß auch in Österreich ausgezeichnete Motorsportler zu Hause sind.

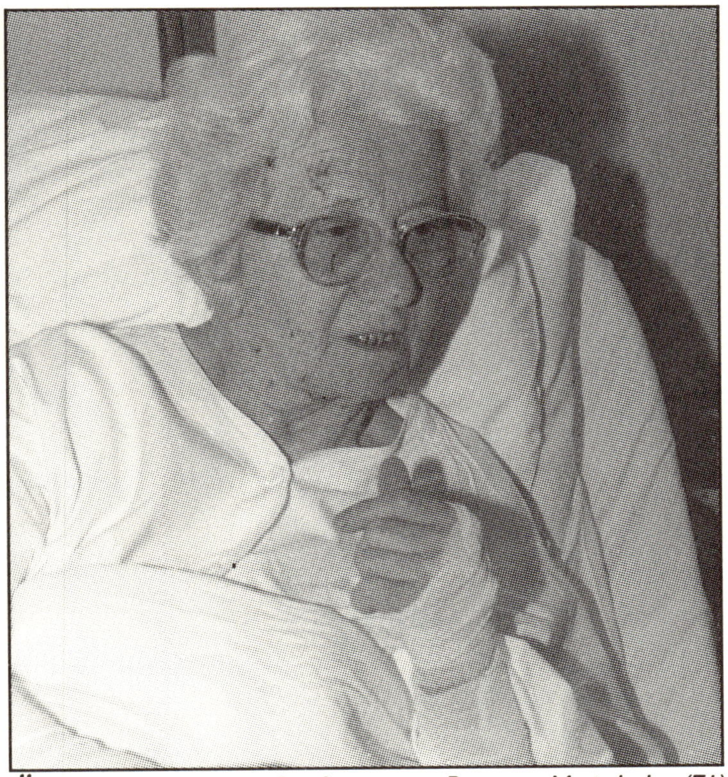

Öffnete den explosiven Brief mitten im Postamt: Maria Loley (71)

Der aus Syrien stammende Arzt Mahmoud Abou-Roumie (47)

Briefbomben im Vorfeld der Neuwahlen ● Ermittlungen beginnen bei Stunde Null

Neuer Terror schockt Österreich

Im Vorfeld der Neuwahlen schockt eine neue Briefbombenwelle – die insgesamt vierte seit Dezember 1993 – Österreich. Die Zielscheiben der Terroristen sind diesmal eine prominente Flüchtlingshelferin und zwei ausländische Ärzte. Zu den Anschlägen bekennt sich wieder die „Bajuwarische Befreiungsarmee".

Die Attentäter haben für ihre feigen Anschläge einen symbolträchtigen Termin gewählt: Montag, den 16. Oktober. Der Tag, an dem Altbürgermeister Helmut Zilk als Zeuge im Briefbomben-Prozeß aussagt.

Stapo-Pressemann Robert Sturm: „Beginnen von vorne."

Die erste Sprengladung explodiert in der Praxis des Arztes Mahmoud Abou-Roumie. Dem Syrer, der seit Jahren in Stronsdorf im nördlichen Niederösterreich ordiniert, zerfetzt es die linke Hand. Wenige Minuten später detoniert die zweite Briefbombe in den Händen der 71jährigen mehrfach ausgezeichneten Caritas-Flüchtlingshelferin Maria Loley. Die Frau öffnet das Kuvert im nur wenige Kilometer entfernten Postamt Poysdorf und wird ebenfalls schwer verletzt. Eine dritte Bombe, die an einen südkoreanischen Frauenarzt gerichtet ist, kann in letzter Sekunde abgefangen werden. Die kriminaltechnische Auswertung bringt ein alarmierendes Ergebnis.

Die jüngsten Briefbomben sind eine raffinierte technische Weiterentwicklung ihrer Vorgänger. Der Sprengstoff ist diesmal nicht in Plastik-Trinkhalme, sondern in dünne Metallröhrchen gefüllt. Was die Höllenmaschinen noch gefährlicher macht: Die Splitterwirkung zieht schwerere Verletzungen nach sich, zudem sind die Kuverts nicht mehr so dick und als Briefbomben daher praktisch nicht mehr erkennbar.

Zu den Anschlägen bekennt sich wieder die „Bajuwarische Befreiungsarmee". Die Staatspolizei ist nicht klüger als zu Beginn der Ermittlungen vor zwei Jahren. Feststeht lediglich, daß das Bombenhirn nicht in „klassischen" Neonazi-Kreisen zu finden ist. „Wir beginnen bei den Ermittlungen völlig von vorne und stellen Untersuchungen in alle Richtungen an", erklärt ein Fahnder. Einige Spuren würden auch in das linksradikale Lager und zu ausländischen Geheimdiensten führen.

Werte Leser: Aus produktionstechnischen Gründen konnten Personen, die in den aktuellen Berichten über die jüngste Briefbomben-Serie und die Neuwahlen genannt werden, im Namensregister nicht mehr berücksichtigt werden. Wir bitten um Verständnis.

Walt-Disney als Musical

Das Walt-Disney-Musical „Die Schöne und das Biest" erlebt im Wiener Raimundtheater Europa-Premiere. „Diese Produktion ist ein technisches Wunderwerk der Perfektion", ist Redakteur Karlheinz Roschitz begeistert. Ethnan Freeman als Monster und Caroline Vasicek als Belle überzeugen.

Trotz seiner Erfolge mit dem Benetton/Renault wechselt Deutschlands Formel-1-As Michael Schumacher für 500 Millionen Schilling zu Ferrari. Ein Duell Berger-Schumi scheint für 1996 vorprogrammiert.

Piloten wechseln Rennstall und treten vor den Traualtar

Formel-1-Rochade: Berger zu Benetton und Schumi zu Ferrari

Rochade der Giganten: Mit Ende der Rennsaison wechselt Österreichs Formel-1-Haudegen Gerhard Berger von Ferrari zu Benetton. Im Gegenzug steigt Deutschlands Superstar Michael „Schumi" Schumacher von der „Renault-Rakete" in den Ferrari um.

Nach wochenlangem Taktieren ist der finanzielle Mega-Deal der beiden Rennpiloten perfekt: Der Siegfahrer Michael Schumacher einigt sich mit Fiat-Boß Agnelli und unterschreibt einen Zweijahresvertrag für Ferrari. Als Gage erhält „Schumi" die Rekord-Summe von 500 Millionen Schilling. „Es ist eine große Herausforderung", begründet der Deutsche den Rennstall-Wechsel.

Im Gegenzug kehrt Gerhard Berger zu Benetton zurück. Er rechnet sich in den Renault-Raketen größere Siegeschancen für 1996 aus. „Ich seh' dort mehr Möglichkeiten, Rennen zu gewinnen. Und freue mich auf das bei aller Professionalität relaxte Leben in diesem Team. Außerdem hat Benetton eine modernere Fabrik als McLaren und Ferrari", erklärt er in einem Interview mit Heinz Prüller. Wie viele Piloten hat auch der Tiroler im Vertrag eine Extra-Prämie für den WM-Titel – fünf Millionen Dollar zusätzlich.

Privat unterschreiben beide Formel-1-Asse Verträge fürs Leben: Schumi heiratet Freundin Corina, und Berger gibt in Monte Carlo seiner portugiesischen Freundin Ana das Ja-Wort.

1996 wird Berger als „Benetton-Pilot" um den Weltmeistertitel kämpfen

Mochovce liegt auf Eis!

Kampf gegen den Todesreaktor vor unserer Haustür vereint Österreich

Ein Jahr nach Beginn des Kampfes gegen Mochovce liegt der slowakische Todesreaktor auf Eis. Da sowohl die Kredite der Osteuropabank wie auch der EU eingefroren sind und den Slowaken das Geld fehlt, kann der Schrottreaktor nicht fertiggebaut werden.

Doch der Weg zu diesem Ziel ist hart und steinig. Immer wieder versucht die Atom-Lobby mit Propagandatricks und Lügengeschichten die Fertigstellung des Schrottreaktors russischer Bauart durchzupeitschen.

„Die Lebenden werden die Toten beneiden" – Mit dieser Warnung eines Experten, der die Folgen eines Reaktorunglücks beschreibt, beginnt Anfang November '94 die Berichterstattung in der „Krone". Eine Berichterstattung, die dank der Mithilfe der Umweltschutzorganisation GLOBAL 2000 zu einer Aufklärungskampagne über die Atomgefahr vor unserer Haustür wird. Nahezu Tag für Tag werden neue Skandale rund um den Todesreaktor bekannt.

Wehrt euch! Die Atomgefahr vor der H…

Sonntag, 30. Oktober 1994 / Nr. 12.378, S 8,-

Neue Kronen Zeitung UNABHÄNGIG

Wien 19, Muthgasse 2, Telefon 36 01-0

Irma la Douce bald in Wien! „Irma la Douce" Shirley MacLaine kommt nach Wien! Im Rahmen einer großen Europa-Tournee gastiert der Star in der dritten Jänner-Woche im „Ronacher", wo Shirley in einer 100-Minuten-Show zeigen wird, was sie, trotz ihrer 60 Jahre, noch drauf hat. Details bei – ADABEI

SPORT • SPORT • SPORT

„Champions League" wackelt! Nach dem Urteil eines Schweizer Gerichts wackelt die millionenträchtige „Champions League", in der heuer auch Österreichs Fußballmeister Austria Salzburg spielt: Die Vermarktungs-Rechte sollen demnach nicht Europas Verband, sondern den Klubs gehören.

Das Traumziel ist erreicht: 1,2 Millionen gegen Mochovce

Bericht Seiten 12/13

Freitag, 17. Februar 1995 / Nr. 12.487, S 8,-

Neue Kronen Zeitung UNABHÄNGIG

Wien 19, Muthgasse 2, Telefon 36 01-0

Heute mit FERNSEH UND RADIO WOCHE

„Grünes Monster" Madeleine Petrovic

Espresso Grande & Milde Natur — AKTION! jedes 1/2 kg 10.- billiger! EDUSCHO

mazda Rainer LEIHWAGEN

◄ *Zu Beginn der Kampagne war „Mochovce" für viele ein bedeutungsloser Name. Dank unserer Berichterstattung und der Aktionen von GLOBAL 2000 unterschreiben 1,2 Millionen gegen den Todesreaktor* ▼

Mitte Jänner '95 decken die Grünen auf, daß selbst eine Studie der slowakischen Atombehörde – eine hundertprozent atomfreundliche Institution – bestätigt: Mochovce wird sich nie und nimmer rechnen.

Zusätzlich beweisen die Fakten, wie sie in dem offiziellen Bericht der Atombehörde festgeschrieben sind, daß das AKW die westlichen Sicherheitsstandards nicht im mindesten erfüllt und in Westeuropa niemals eine Betriebsgenehmigung erhalten würde. Die Liste der Schäden ist furchterregend:

- Gravierende Mängel an den Schweißnähten der Reaktordruckbehälter.
- Minderwertige Betonmischungen.
- Ständige Pannen im elektronischen Steuer- und Überwachungssystem.
- Schlampige und ungenügende Qualität der Bauteile der Haupt- und Notkühlkreisläufe.
- Rostschäden an wesentlichen Installationseinrichtungen aller Reaktorblöcke.
- Grobe Schäden an den Brennelementkörben, die bei Betrieb die höchstradioaktiven Brennstäbe aufnehmen würden.
- Inkompetente Qualitätskontrollen.

„Anti-Atom-Team" der Umweltschutzorganisation GLOBAL 2000

BITTE BLÄTTERN SIE UM

1,2 Millionen Stimmen

Mahnmal des Atomwahnsinns: Die Schrottreaktoren des slowakischen Kernkraftwerkes Mochovce: 160 Kilometer von Wien entfernt

FORTSETZUNG

Das Papier ist ein schriftlicher Beweis dafür, daß eine Finanzierung des Atomkraftwerkes grob fahrlässig wäre und vor allem: daß eine Reperatur des Schrottmeilers, sofern dies technisch möglich ist, so teuer käme, daß Mochovce nie wirtschaftlich wäre.

Gleichzeitig entlarvt die Studie die Lüge vom billigen Atomstrom. Selbst der Informationsdirektor von Mochovce muß zähneknirschend bestätigen, daß die Fertigstellung des AKW ein „wirtschaftlicher Super-GAU" wäre.

Davon abgesehen gelingt Greenpeace die wissenschaftliche Bestätigung, daß der Schrott-Reaktor in einer erdbebengefährdeten Zone liegt. Bei einem Erdstoß in der Slowakei würden die tödlichen Strahlen binnen Stunden Österreich erreichen, weil in Mochovce eine strahlenhemmende Beton-Schutzhülle fehlt.

Angesichts dieser beängstigenden Fakten und dem halbherzigen Widerstand der meisten österreichischen Politiker wächst der Volkszorn der Bürger gegen den Steinzeitmeiler.

Niki Lauda unterzeichnet die Unterschriftenliste gegen Mochovce

Erst als Umweltministerin Maria Rauch-Kallat, Wiens Bürgermeister Michael Häupl und die Grünen das „Anti-Atom-Schwert" ergreifen, erwachen Österreichs Volksvertreter aus ihrer Passivität.

Spät aber doch tritt die Republik geschlossen gegen den Todesreaktor auf. Im Parlament wird ein historischer Fünf–Parteien-Entschließungsantrag als Zeichen einer klaren und unmißverständlichen Anti-Atompolitik verabschiedet.

Als die Mochovce-Betreiber schließlich das zur Erlangung eines Kredites der Osteuropabank (EBRD) nötige Hearing kurzfristig abblasen und in Bratislava ein Pseudo–Hearing veranstalten, ist klar, daß die Atomlobby in einer Sackgasse ist.

Eine Blöße, die sich Anfang März beim EU-Hearing in Brüssel bestätigt: Bei der Anhörung im Europa-

gegen den Todesreaktor

Riesiger Erfolg der „Krone"-Leser: EU und EBRD streichen sämtliche Kredite für den Fertigbau von Mochovce!

Anti-Atom-Kleber als Zeichen des Protests: Ex-Miss World Ulla Weigerstorfer unterstützt die Aktion

parlament gibt es die nächste Schlappe für die Betreiber. Sie können die wesentlichen Fragen nicht beantworten und werden öffentlich der Lüge überführt.

Die Antwort bekommen die Mochovce-Vertreter postwendend: Sowohl die EBRD als auch die EU legt sämtliche finanzielle Mittel für den Reaktor auf Eis, weil eine Umrüstung selbst mit den beantragten neun Milliarden Schilling weder sicher noch wirtschaftlich wäre. Daß die mächtige Atom-Lobby somit in die Knie gezwungen werden kann, ist ein riesiger Erfolg der „Krone"-Leserfamilie.

Denn 1,2 Millionen Österreicher setzen ihren Namen auf die „Krone"-Coupons und „GLOBAL 2000"-Unterschriftenlisten. Ein beispielloser Protest, der den Widerstand der Bevölkerung gegen den Atom-Wahnsinn widerspiegelt.

Ein Erfolg, der aber auch Dutzenden prominenten Unterstützern der Aktion zu verdanken ist. Von Niki Lauda über Ulla Weigerstorfer bis zu Jaques Costeau spannt sich der Bogen der Mitstreiter.

Gleichzeitig wäre das „Traum-Ergebnis" nie erreicht worden, hätten nicht Tausende Atomgegner in Eigeninitiative Unterschriften gesammelt. Freilich können wir uns nur vor einer kleinen Auswahl an Mitstreitern verbeugen – stellvertretend für das riesige Heer an selbstlosen Vertretern und Organisationen, die tatkräftig auf den „Anti-Mochovce-Zug" aufgesprungen sind.

Angefangen vom rührigen Lokführer Alfred Erhard, der mit seinem Bauchladen auf dem Wiener Südbahnhof auf „Stimmenfang" war, über die Mitarbeiter von „Ankerbrot" bis hin zu Hunderten Kindern, die ein 60 Kilometer langes Protestband von Wien nach Bratislava spannten.

Ein Etappensieg, der maßgeblich den Experten von GLOBAL 2000 zuzuschreiben ist. Sie setzten im Parlament den Entschließungsantrag durch, leiteten einen Stimmungswandel in der Osteuropabank ein und schweißten die Mehrheit der EU-Parlamentarier zu einer Anti-Mochovce-Resolution zusammen.

Bleibt nur zu hoffen, daß die Vernunft siegt und die Verantwortlichen in der Slowakei das endgültige „Aus" für Mochovce beschließen.

Kinder spannen ein 60-Kilometer-Protestband nach Bratislava

Der Nervenkrieg bei den Budgetverhandlungen endet mit dem Bruch Schüssel-Vranitzky

Statt Weihnachtsfrieden aufwendiger Wahlkampf im Advent

Neuwahlen nach Budgetpoker und Bruch der Koalitionspartner

Am 17. Dezember sind die Österreicher zur wichtigsten Parlamentswahl seit 25 Jahren aufgerufen. Nach dem Scheitern der Budgetverhandlungen platzte im Oktober die große Koalition. Eine Lawine von gegenseitigen Schuldzuweisungen sowie ein aufwendiger Advent-Wahlkampf ist die Folge.

Fünf Minuten vor Mitternacht scheitern am 12. Oktober die sechswöchigen Budgetverhandlungen endgültig. Nach 19 vergeblichen Verhandlungen der Koalitionspartner ist der Bruch unabwendbar. „Eine Partnerschaft, die kein Budget zustande bringt, ist keine mehr. Ich strebe weder eine Minderheits-Regierung noch einen fliegenden Wechsel an. Die einzige Konsequenz daraus sind Neuwahlen", stellt VP–Chef Schüssel fest und wirft der SPÖ vor, daß sie zuwenig sparen wolle.

Bundeskanzler Vranitzky wiederum versichert, die Regierung sei nur deshalb geplatzt, weil die Sozialdemokraten die VP-Pläne nach tiefen Einschnitten ins Pensions- und Arbeitsmarktsystem nicht akzeptiert habe.

Am Freitag, dem 13. Oktober, tritt das Parlament zu einer Sondersitzung zusammen, um mit den Stimmen aller Parteien Neuwahlen zu beschließen.

Doch nicht nur die Budgetverhandlungen liegen damit auf Eis, sondern auch bei den wichtigen Reformvorhaben geht nichts mehr. Das Staatsdefizit steuert auf astronomische 160 Milliarden Schilling zu, und eine Reihe wichtiger Gesetzesbeschlüsse (Finanzausgleich zwischen Ländern und Bund, Reform des Gesundheitswesens, CA-Privatisierung, Zusammenlegung der Sozialversicherungsträger, Post-Ausgliederung, etc.) bleibt auf der Strecke.

Allein durch den fehlenden Abbau von Spitalsbetten und durch die verzögerte Einführung von Selbstbehalten im Gesundheitswesen überschreiten die Spitalskosten erstmals die 100-Milliarden-Schilling-Grenze.

Bleibt zu hoffen, daß die Wähler die richtige Entscheidung treffen, um ein weiteres Budget-Desaster zu verhindern.

Motor Kommentar

VON HORST KAHLERT

Diesel-Pkw-Boom

1995 ist das „Jahr der Diesel-Pkw". Selbstzünder unter der Motorhaube sind in Mode. Kein Wunder: Sparsamkeit ist nicht nur beim Budget, sondern auch beim Autofahren angesagt.

Die technischen Entwicklungen auf dem Pkw-Dieselmotor-Sektor sind noch immer nicht auf dem Höhepunkt. Sie gehen rapid weiter. Und Prognosen, daß bis zum Jahr 2000 Automobile mit einem Verbrauch von drei Litern auf einhundert Kilometer auf dem Markt sein werden, scheinen dank der rasanten Dieseltechnik-Fortentwicklung Realität zu werden. Daß Dieseltreibstoff außerdem um einiges billiger ist als Benzin, heizt den Trend zu Selbstzünder-Motoren noch weiter an.

Seit 1991 ist der Marktanteil von Diesel-Pkw bei den Neuzulassungen ständig gestiegen: Waren es 1991 noch 22,1%, stieg diese Zahl 1992 auf 26,2%, 1993 auf 31,6% und 1994 auf 39,9%. Im ersten Halbjahr 1995 betrug der Anteil der Diesel-Pkw bei den Neuzulassungen schon 41,1%. Insider rechnen damit, daß er noch weiter steigt. Daß dadurch der Treibstoff-Gesamtverbrauch in Österreich stark zurückgeht, gibt den Umweltschützern Grund zum Jubeln.

Bleibt nur zu hoffen, daß der Finanzminister nicht auf die Idee kommt, den Dieseltreibstoff drastisch zu erhöhen, um auf diese Weise verlorene Einnahmen aus der Mineralölsteuer zu lukrieren . . .

Horoskop für 1996

Neue Kronen Zeitung

Frau Helga verrät Ihnen Ihre Zukunft

Glückskinder & Pechvögel im Jahr der Sonne

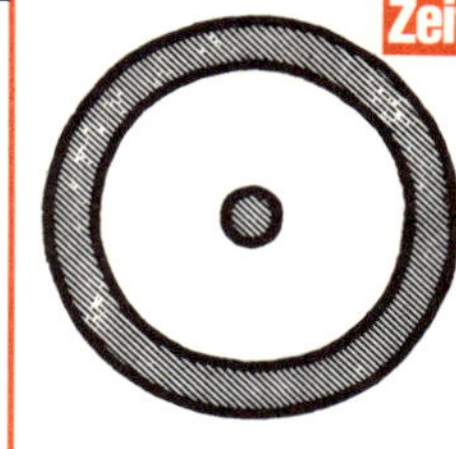

Ab dem 21. März 1996 übernimmt der Planet Sonne die Herrschaft für die nächsten 12 Monate. Die Sonne symbolisiert Großzügigkeit, Freude und Stärke, aber auch Selbstüberschätzung und Verschwendungssucht.

Die Geburtsdaten der Glückskinder 1996:
23. 3., 25. 3., 3. 4., 10. 4., 21. 4., 2. 5., 6. 5., 9. 5., 29. 5., 1. 6., 20. 6., 27. 6., 9. 7., 18. 7., 13. 7., 25. 7., 2. 8., 4. 8., 30. 8., 7. 9., 16. 9., 20. 9., 6. 10., 15. 10., 24. 10., 27. 10., 5. 11., 11. 11., 23. 11., 26. 11., 1. 12., 4. 12., 15. 12., 31. 12., 1. 1., 6. 1., 15. 1., 24. 1., 5. 2., 6. 2., 9. 2., 14. 2., 4. 3., 8. 3., 9. 3., 13. 3., 22. 3.

Die Geburtsdaten der Pechvögel 1996:
28. 3., 15. 4., 17. 4., 28. 4., 15. 5., 11. 6., 12. 6., 1. 7., 29. 7., 19. 8., 22. 8., 26. 9., 30. 9., 10. 10., 14. 11., 30. 11., 23. 12., 29. 12., 18. 1., 31. 1., 26. 2., 27. 2., 29. 2., 19. 3.

Das sagen Ihnen die Sterne über Leben, Liebe und Beruf

Widder: 21. 3. bis 20. 4.

Liebe: Ihr Widder-Stolz begnügt sich nicht mit halben Sachen. 1996 geht es stürmisch zu: Im August kann ein Mars-Venus-Quadrat zu einer Trennung führen, die Sie sehr bereuen werden. **Gesundheit:** Vorsicht ab Mai: Saturn und ein starker dissonanter Neptuneinfluß schwächt Sie und macht Sie vor allem anfällig für Ansteckungskrankheiten. **Erfolg:** Sie verfügen über genügend Ehrgeiz und Ideen, um Ihre Position zu verbessern. Verkaufen Sie sich nicht zu billig!

Stier 21. 4. bis 20. 5.

Liebe: 1996 wird es Ihnen nicht leicht gemacht. Im März kommt es durch ein Venus-Jupiter-Trigon zu einem Liebes-Hoch, im August folgt eine schwere Krise, dennoch kommt es bei vielen spätestens im Dezember zu einer wunderschönen Versöhnung. **Gesundheit:** Nur im Februar etwas kritisch, sonst sind Sie in Topform. **Erfolg:** Als Stier geben Sie erst auf, bis Sie bekommen haben, was Sie wollten. 1996 ist Ihr Jahr. Gute Chancen für Berufswechsel und Prüfungen.

Zwillinge: 21. 5. bis 21. 6.

Liebe: Die kosmischen Einflüsse sind 1996 sehr widersprüchlich und immer nur von kurzer Dauer, sodaß es gefühlsmäßig ein ständiges Auf und Ab gibt. Auch wenn das andere Geschlecht 1996 bei Ihnen nicht die Hauptrolle spielt, werden Sie in puncto Erotik nicht zu kurz kommen. **Gesundheit:** Auch hier wechselhaft, aber mit Tendenz zur Besserung. **Erfolg:** Glückssträhne im Juni! Ihnen gelingt alles. Bei vielen steht ein Umzug ins Haus und bringt eine vorteilhafte Wende.

Krebs: 22. 6. bis 22. 7.

Liebe: Saturn hilft Ihnen gleich zu Jahresbeginn, richtige Entscheidungen zu treffen. Bei einigen kann es sich um einen Heiratstermin handeln, bei anderen um eine erwünschte Trennung. **Gesundheit:** Beste Zeit für Kuren und Rehabilitäten im März. **Erfolg:** Anfang April kann es durch negative Merkur- und Jupiter-Einflüsse zu unerträglichen Spannungen am Arbeitsplatz kommen. Am besten, Sie gehen in dieser Zeit auf Urlaub. Superchancen im November!

Löwe: 23. 7. bis 23. 8.

Liebe: 1996 kommen Sie sexuell und gefühlsmäßig auf Ihre Rechnung. Nur im November ist Vorsicht geboten. Da könnten einige Löwen in eine Liebesfalle tappen. **Gesundheit:** Sie schätzen Ihre Leiden meist schlimmer ein, als sie wirklich sind. Achten Sie im Mai speziell auf Herz und Kreislauf. **Erfolg:** Die besten Aspekte sind Anfang Dezember: Pluto und Merkur sorgen für Spielgewinne, Geldgeschenke oder positive Erbschaftsangelegenheiten.

Jungfrau: 24. 8. bis 23. 9.

Liebe: Lassen Sie sich nicht drängen, 1996 neigen Sie zu Fehlentschlüssen. Liebeshoch im März: Ihr Glück finden Sie mit einem Stier oder einer Waage. Krise im Juli, an dieser ist vermutlich ein Zwilling schuld. **Gesundheit:** Keine Übertreibungen im Juli. In diesem Monat besteht erhöhte Verletzungsgefahr. **Erfolg:** Sie haben echtes Jupiter-Glück: Prüfungen werden bestanden, Aufstiegschancen, eine neue Wohnung ist in Sicht. Im Mai und November: Glück im Spiel.

Waage: 24. 9. bis 23. 10.

Liebe: Mit Geduld und List schaffen Sie bis Ende 1996 alle Konkurrenten und Hindernisse aus dem Weg. Bis dahin haben Sie aber einige Zweikämpfe auszustehen: Kritischste Zeiten sind Februar und April. **Gesundheit:** Überlisten Sie im August den gesundheitsstörenden Saturn und Mars, indem Sie auf Urlaub gehen. **Erfolg:** „Schuster bleib bei Deinem Leisten". Lassen Sie sich nicht zu Dingen überreden, von denen Sie nichts verstehen, dann verlieren Sie 1996 kein Geld.

Skorpion: 24. 10. bis 22. 11.

Liebe: Ende Jänner, Anfang Februar werden die Weichen gestellt. Langjährige Beziehungen vertiefen sich, disharmonische Verbindungen zerbrechen und machen Platz für neue. Gefahr im September: Liebe macht blind, Sie lassen sich zu sehr von Äußerlichkeiten täuschen. **Gesundheit:** Streß, Hektik, Ärger im Mai. Alles in allem aber zufriedenstellende Gesundheit. **Erfolg:** Sie zählen zu den Aufsteigern des Jahres. Setzen Sie alles auf eine Karte – Sie gewinnen!

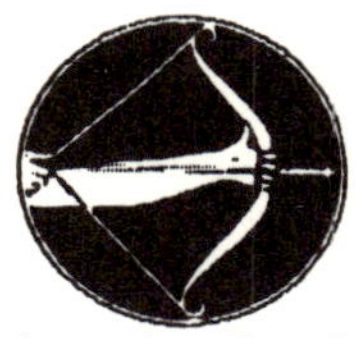

Schütze: 23. 11. bis 21. 12.

Liebe: 10. Februar bis 7. März ist die beste Zeit des Jahres für die Liebe. Selbst die eingefleischtesten Singles unter den Schützen lassen sich da zum Heiraten überreden. **Gesundheit:** Für Sie sollte 1996 gelten: Vergeuden Sie niemals Ihre Energien für Unnötiges. Schonen Sie vor allem Ihre Leber! **Erfolg:** Für große Berufs- und Finanzvorhaben merken Sie sich den Oktober vor! Merkur macht da alles möglich. Sie können sogar Ihre ärgsten Konkurrenten überholen.

Steinbock: 22. 12. bis 20. 1.

Liebe: Sie sind kein Heißblut, aber steter Tropfen höhlt den Stein. Freuen Sie sich auf ein ungewöhnliches Jahr mit überraschenden Wendungen. **Gesundheit:** Sie sind so widerstandsfähig, daß Ihnen nicht einmal die Mars-Attacken im April etwas anhaben können. **Erfolg:** Vom 18. bis 27. März haben Sie eine totale Glücksperiode, wie sie nur alle 12 Jahre vorkommt (Jupiter-Mars-Merkur-Saturn-Sextil). Alles, was Sie anfassen, bringt Geld, Erfolg und Freude.

Wassermann: 21. 1. bis 19. 2.

Liebe: Was am Jahresanfang mit Liebesleid beginnt, steigert sich bis April in einen Glücksrausch, auf ein Mißverständnis im August folgt im November ein Happy-End. **Gesundheit:** Die Sterne meinen es gut mit Ihnen, hüten Sie sich aber vor Übertreibungen. **Erfolg:** Im April zahlt jemand seine Schulden zurück, und ein anderer luchst Ihnen das Geld wieder ab. Ab Juni kehrt Ruhe ein, spätestens dann wissen Sie exakt, was Sie wollen und können Ihr Ziel mühelos erreichen.

Fische: 20. 2. bis 20. 3.

Liebe: Liebesglück durch Venus, Jupiter und Sonne. Sie finden im März entweder den Traumpartner oder erobern eine verlorengegangene Liebe wieder zurück. Kurze Krise im Juni: Da taucht jemand mit älteren Rechten auf und macht Probleme. **Gesundheit:** Mars wird im Juli und November aggressiv: Da könnten Sie anfällig für Gicht oder Wirbelsäulenbeschwerden werden. **Erfolg:** Beruflich läuft alles nach Wunsch. Ihre Glückstage: 2. bis 7.2., 23. bis 29.3., 15. bis 18.10.1996.

PERSONENREGISTER

BILDNACHWEIS

AP (21), Günter Artinger (2), Gerhard Bartel (9), Christof Birbaumer (2), BMW (1), Castrol (1), Manfred Cobyn (1), Contrast (2), Franz Crepaz (1), DPA (2), Bettina Eder (2), Horst A. Egger (2), EMA (2), EPA (8), Gerhard Fally (3), GEPA (4), GLOBAL 2000 (1), Gerhard Gradwohl (1), Wolfgang M. Gran (1), Klemens Groh (10), Clarissa Gruber (3), Hipp-Foto (1), HOPI-Pressefoto (3), Helmut Horvath (1), Walter Horvath (2), Christian Jauschowetz (3), Martin A. Jöchl (12), Reinhard Judt (1), Ernst Kainerstorfer (6), Keystone (3), Chris Koller (13), Kövesdi (1), Pedro Kramreiter (1), London Features (1), Jock Maislinger (2), Ernst Mayerhofer (1), media BIZ (1), Martin Menzel (3), Gino Molin (9), Christian Mrozowski (1), ORF (12), Polygram (1), Reuters (21), Fritz Schaler (1), Max Scherer (1), Erwin Schickinger (1), Andi Schiel (43), Sven Simon (1), SIPA-Press (3), Walter Sittig (1), Sokol (1), TBF (1), Peter Tomschi (19), TOPPRESS (1), UIP (1), Vienna Paint (1), Viennareport (9), Votava (3), Gerhard Walter (1), Warner Bros (1), Ute Rojšek-Wiedergut (1), Josef Wittmann (1), Zach-Kiesling (1), sowie aus dem Archiv der „Kronen-Zeitung“ (39).

Schutzumschlag: AP (2), Bettina Eder (1), GLOBAL 2000 (1), Gerhard Gradwohl (1), Klemens Groh (1), Bernhard Holzner (1), Martin A. Jöchl (1), Ernst Kainerstorfer (1), Gino Molin (1), Reuters (2), Andi Schiel (1), Peter Tomschi (1), Ernst Weingartner (1).

Für die Mitarbeit danken wir unseren Kollegen, den Kolumnisten, Redakteuren, Reportern, Fotografen und Karikaturisten der „Kronen-Zeitung“, ohne deren Unterstützung dieses Buch nicht gestaltet hätte werden können. Insbesondere dem unermüdlichen und kreativen Layouter-Team Werner Galli, Hermann Müller, Hermann Riedl, Herbert Szokoll und Fritz Tomicek sowie den sorgfältigen Archivaren Hildegard Gstöttner und Martin Kriegel. Ihre Geduld verdient höchste Bewunderung.

GW/CM